Zu diesem Buch Osama bin Laden ist weder ein Verrückter noch ein Landesverräter. Er entstammt einer reichen saudischen Familie, und sein Handeln folgt dem Vorbild der politischen Elite Saudi-Arabiens. Denn die Saudis spielen seit langem ein doppeltes Spiel auf dem internationalen Parkett. In einem fast unüberschaubaren politischen und finanziellen Netzwerk begegnen sich Protagonisten, die unterschiedlicher nicht sein könnten: Fanatische Anhänger des Islam treffen auf respektable Finanzfachleute, Vertreter amerikanischer Ölkonzerne auf Abgeordnete der Taliban und Personen aus dem Umkreis des amerikanischen Präsidenten auf die, die den Terrorismus fördern …

Die Autoren Jean-Charles Brisard, geboren 1968, war Politik- und Wirtschaftsberater und gründete eine eigene Wirtschaftsauskunftei, die er heute leitet.
Guillaume Dasquié, geboren 1966, ist Wirtschaftsjournalist und Chefredakteur des Online-Magazins «Intelligence Online», publizierte zuletzt «Secrètes Affaires» (Flammarion, 1999). Er lehrt an der Universität Marne-la-Vallée.

Jean-Charles Brisard
Guillaume Dasquié

Die verbotene Wahrheit
Die Verstrickungen der USA
mit Osama bin Laden

Aus dem Französischen von Karola Bartsch,
Eliane Hagedorn und Jutta Kaspar

Rowohlt Taschenbuch Verlag

**Wir danken Didier Thomas-Radux
für seine wertvolle Mitarbeit.**

Das Vorwort der Autoren zur Taschenbuchausgabe
wurde von Martina Bergmann übersetzt.

Veröffentlicht im Rowohlt Taschenbuch Verlag GmbH,
Reinbek bei Hamburg, November 2002
Copyright © 2002 der deutschsprachigen Ausgabe
by Pendo Verlag GmbH, Zürich
Die Originalausgabe erschien im November 2001 unter dem Titel
«Ben Laden. La vérité interdite» in den Éditions Denoël, Paris
Copyright © 2001 by Éditions Denoël, Paris
Umschlaggestaltung: any.way, Wiebke Buckow
Satz: TimesTen PostScript PageMaker bei
Pinkuin Satz und Datentechnik, Berlin
Druck und Bindung: Clausen & Bosse, Leck
Printed in Germany
ISBN 3 499 61501 0

Die Schreibweise entspricht
den Regeln der neuen Rechtschreibung.

Inhalt

Vorwort zur Taschenbuchausgabe **11**
Prolog **18**
Einleitung **22**

I. Die geheime Verbindung zwischen den USA und den Taliban **29**

1. Laila Helms, Beruf:
Lobbyistin der Taliban **31**
2. Das State Department
als «Fürsprecher» der Taliban **37**
3. Eine Ferngasleitung für die Taliban **43**
4. Mullah Omar, ein lästiger Verbündeter **48**
5. Verhandlungen um jeden Preis **53**
6. Chronik verbotener Verhandlungen
(5. Februar bis 2. August 2001) **62**

II. Saudi-Arabien, Reich aller Gefahren **71**

7. Zwischen Erdöl und Koran **73**
8. Die saudi-arabischen Netzwerke
des Fundamentalismus **92**

III. Bin Laden – der Mythos des Abtrünnigen **111**

9. Libyen: Ein Terrorist wird geboren **113**
10. Familiäre Bande **120**
11. Die Galaxie bin Laden **129**

IV. Khalid bin Mahfouz:
ein Vermögen im Dienst des Terrorismus 149

12. Bankier des Terrors **151**
Schlussbemerkung **182**

Anhang 185

Anhang I:
Chronologie **187**
Anhang II:
Der internationale Haftbefehl
gegen Osama bin Laden (März 1998) **192**
Anhang III:
«Red Notice» von Interpol **196**
Anhang IV:
Eine Mitteilung des amerikanischen
State Department (1996) **202**
Anhang V:
Eine Mitteilung der CIA über
Osama bin Laden (undatiert) **205**
Anhang VI:
Bericht über das wirtschaftliche Umfeld
der Familie bin Laden **209**

«Und strebe mit dem, was Gott dir zukommen ließ, nach der jenseitigen Wohnstätte, und vergiß auch nicht deinen Anteil am Diesseits. Und tu Gutes, so wie Gott dir Gutes getan hat. Und suche nicht das Unheil auf der Erde, Gott liebt ja nicht die Unheilstifter.»

Der Koran, zitiert nach der GTB-Ausgabe, Gütersloh 1987, S. 299.

In diesem Buch geht es um «*Einrichtungen und das Umfeld von Einrichtungen, die aufgrund ihrer Vielschichtigkeit und Undurchsichtigkeit direkt oder indirekt Verbindungen mit dem wirtschaftlichen, finanziellen oder terroristischen Umfeld des Osama bin Laden erleichtert haben könnten*». Die Einrichtungen und Personen, die hier angeführt werden, können auf keinen Fall von vornherein und pauschal mit den terroristischen Aktivitäten, derer Osama bin Laden verdächtigt wird, gleichgesetzt werden. Dies wird in der Presse allzu oft nicht berücksichtigt. In dem Bericht wurde darauf geachtet, die Einrichtungen, die mit der Familie bin Laden nur gewöhnliche Geschäftsverbindungen hatten, von denen zu unterscheiden, die direkte Verbindungen mit Osama bin Laden aufweisen oder aufwiesen.

Vorwort der Taschenbuchausgabe

Im Mai 2002 sind Osama bin Laden und seine Schergen genauso bekannt wie Bill Gates und seine Software. Ein Treppenwitz der Geschichte. Ich erinnere mich daran, dass ich ziemlich genau ein Jahr zuvor in London mit einem Bankier spazieren ging, dessen Dienste als Anlageberater die Kunden vom Persischen Golf besonders schätzten. An diesem Tag trafen wir uns, glaube ich, zum vierten Mal. Eine gewisse Vertrautheit stellte sich ein, das Gespräch drehte sich nicht mehr ausschließlich um die Schandtaten der Geschäftsleute im Mittleren Osten. Als wir auf St. James's Park zusteuerten, erzählte er mir vom Alltag seiner Eltern, die nördlich von Beirut in irgendeinem Städtchen am Mittelmeer lebten.

Die Passanten drehten sich nach uns um, denn er beklagte lautstark und nachhaltig die Unfähigkeit seines Vaters, sich vernünftig mit seiner Enkelin zu unterhalten, einer englischen Collegeschülerin, deren Leidenschaft einer kleinen Naturschutzvereinigung galt. Später, Richtung Pall Mall, kamen wir am Travellers' Club vorbei, jenem legendären Ort, den auch er hin und wieder aufsuchte und wo sich trifft, was im London der aristokratischen Söldner und abenteuerlustigen Diplomaten Rang und Namen hat. Unvermittelt senkte er seine Stimme und sah sich gelegentlich um. Von den Familiengeschichten waren wir zu den Geldgeschäften der islamistischen Terroristen übergegangen.

Wir sprachen über die Geschäfte einer Bank aus den Vereinigten Arabischen Emiraten, die ihre Mittelsmänner in Islamabad hatte und besonders vom pakistanischen Geheimdienst

---

* Bericht von Guillaume Dasquié

dazu benutzt wurde, al-Qaida und den Taliban unter die Arme zu greifen. Wie so oft war die Rede von einem saudischen Religionsführer, der mit einem der 4000 zur königlichen Familie gehörenden Prinzen verbündet war und dessen Gewährsleute über Dubai und die britischen Jungferninseln einen Geldkreislauf zugunsten Osama bin Ladens organisiert hatten. Offiziell war bin Laden damals nichts als ein schlichter Terrorist, vom FBI gesucht, wie es sich eben gehörte; jenseits der Grenzen westlicher Länder wollte jedoch kein Diplomat etwas von ihm wissen. Die zahllosen Erdölverträge mit Saudi-Arabien setzten eben ein gewisses Verständnis für die Besonderheiten der religiösen Diktatur unter König Fahd und dem Prinzen Abdallah voraus. Im Klartext: Um der Festnahme eines beliebigen Schurken willen riskiert man nicht die Verärgerung eines so wichtigen Geschäftspartners. Also wurde zu dieser Zeit über solche Geschäfte, wenn überhaupt, im Flüsterton gesprochen – und das galt selbst für zwei harmlose Spaziergänger im Londoner Nieselregen … eigentlich gerade für sie, denn die City hielt die Hand über Dutzende dieser um die Bohrlöcher in den Golfstaaten angehäuften Vermögen.

Seit 1998 hatte das Magazin «Intelligence Online» mehrere Berichte über diese wohltätigen Vereinigungen, über diese aus den Emiraten, aus Pakistan und Saudi-Arabien stammenden Gesellschaften veröffentlicht, die, ohne ein grösseres Geheimnis daraus zu machen, al-Qaida finanzierten. Jedes Mal waren unsere Informanten ziemlich nervös geworden. Einige wollten uns sogar das Versprechen abnehmen, dieses Thema künftig nicht mehr zu behandeln. Aber der 11. September hat alles verändert. Osama bin Laden und seine Gefolgsleute sind öffentliche Personen, ihre Geschichte wurde Gegenstand Hunderter von Fernsehsendungen. In zunehmendem Maße drängte sich die Frage nach den Gründen für das Entstehen ihrer Bewegung und ihrer raschen Ausbreitung in den vergangenen zehn Jahren auf. Nach dem «Wie» wollte nun jeder wissen, «warum» es möglich gewesen war.

Dieses Buch, die «Verbotene Wahrheit», lieferte erste Erklärungsansätze. Am 14. November 2001 in Frankreich veröffentlicht, fasste es unsere dreijährigen Recherchen über politische Rückendeckung, über Geldflüsse, Ölspekulationen und das Stillhalten der Diplomaten zusammen. Sie hatten einen Freiraum für diese rückwärts gewandten Anhänger des heiligen Kriegs und ihre ziemlich krude politische Lehre geschaffen, die ebenso sehr auf den Koran wie auf die Kalaschnikow schwört. Nach den Terroranschlägen wollten wir das Buch so schnell wie möglich veröffentlichen, denn in dem Augenblick, wo sich alle militärischen Aktionen auf Afghanistan konzentrierten, schien es uns wichtig, sich gerade nicht auf dieses Land zu fixieren. Wir wollten den Blick auf unsere nähere Umgebung richten und dieses schwer kontrollierbare Zusammenspiel von Begehrlichkeiten aller Art erklären, ohne die bin Laden und seine Gefährten eine Gruppe bewaffneter Spinner geblieben wären, die in der fernen Wüste vor sich hin predigen. Wir wollten dieses wilde Durcheinander von Nachlässigkeiten, von persönlichen Interessen und politischem Kalkül entwirren, das vom glatten Parkett des Londoner Außenministeriums über die Marmorfußböden der Ölfirmen in Houston, Texas, bis zu den tiefen Teppichen einiger Genfer Treuhandgesellschaften reicht.

Keinen Augenblick lang hatten wir uns die Konsequenzen ausgemalt, die diese 270 Seiten haben könnten. Schon gar nicht wollten wir, dass sie Bestandteil der sich vor unseren Augen abspielenden Ermittlungen würden. Vergebliche Liebesmüh, denn ihr Inhalt ist uns über den Kopf gewachsen. Das wurde schon im Dezember 2001 deutlich. Wenige Tage vor Weihnachten bekamen wir Besuch von einer Sonderermittlungskommis-

13

sion des Sicherheitsrates der Vereinten Nationen. Ihre Mission: die Geldkreisläufe zu rekonstruieren, mittels derer bin Laden seine Aktivitäten hatte entwickeln können. Das Gespräch fand in einem unauffälligen Nebengebäude der Pariser UNESCO-Zentrale statt; es drehte sich ausschliesslich um diese Geldkanäle und die Paralleldiplomatie, die den Taliban und Osama bin Laden zu Macht und Einfluss verholfen hatten. Zwei Stunden konzentrierter Diskussion im Beisein von acht Diplomaten, die gerade das ganze Ausmaß der Verflechtungen begriffen hatten und ihre Bestürzung über die schweren, gegen Saudi-Arabien erhobenen Vorwürfe nicht verhehlten. Von Indien bis zu den USA spiegelten die Mitglieder dieser Kommission das Dilemma der großen Nationen wider. Jede hatte irgendwann einmal aus Geldgier den Kampf gegen den Terrorismus hintangestellt, um die Beziehungen zu den Monarchen der Golfstaaten oder um Pipeline-Projekte in Zentralasien nicht zu gefährden. Für die Zukunft verpflichteten sie sich, all dies zu überprüfen – wenn auch dem einen oder anderen eine gewisse Angst davor deutlich anzumerken war.

In dem Maße, wie die ausländische Presse das Buch beachtete, nahm auch eine ganz andere Art von Reaktionen zu – nämlich solche von aggressiver, manchmal sogar beleidigender Natur. Französische Bankiers, amerikanische Ölfirmen und Geschäftsleute aus den Golfstaaten, die es sich in irgendeinem der Steuerparadiese Europas oder auf den Antillen bequem gemacht hatten, konnten mit unseren Enthüllungen gar nicht gut leben. Sie, deren Reichtum auf Familiengeheimnissen und vielleicht einigen Wortwechseln auf den Schotterpisten privater Flugplätze gründete ... Einer von ihnen, und gewiss nicht der Unbedeutendste, Yeslam Binladin, Halbbruder von Osama und seit Sommer 2001 Schweizer Staatsbürger, Kopf eines weit verzweigten Netzes von Offshore-Gesellschaften, hat von je-

14

der Möglichkeit Gebrauch gemacht, die das Schweizer Recht bietet, um dieses Buch aus dem Verkehr ziehen zu lassen – weil ihn unser Projekt als solches störte. Den Inhalt unserer Dokumentation hat das Gericht, das ein Verbot aussprach, nicht einen Augenblick lang in Frage gestellt. Dieses Urteil ist Beleg dafür, dass nicht alle Wahrheiten ans Tageslicht gelangen sollen, ganz besonders nicht im Land des Bankgeheimnisses. Dennoch (und trotz des unerwarteten Beistandes durch die Schweizer Justiz) ist Yeslam Binladin einem Ermittlungsverfahren wegen massiver Geldwäsche nicht entkommen. Anfang März 2002 wurde überstürzt Anklage gegen ihn erhoben. Untersuchungsrichter Renaud von Ruymbeke, ein ausgewiesener Experte für Fälle dieser Art, ließ uns als Zeugen laden – in unserer Eigenschaft als Autoren des vorliegenden Buchs.

Jenseits dieser konkreten Entwicklungen spürten wir, dass nach dem 11. September nicht nur Recherchen wie den unseren (und es gibt weitere!) neue Bedeutung zukam, sondern dass sich auch allgemein etwas verändert hatte: vielleicht die Wahrnehmung bestimmter Umstände, gewiss eine neue Blickschärfe, und der allgemeine Eindruck, dass man sich von nun an etwas genauer mit dem befassen sollte, was in der Welt vor sich geht. Die Terroristen haben uns in Angst und Schrecken versetzt, aber sie haben uns letztlich auch ein Stück Aufmerksamkeit gegenüber unseren Gesellschaften zurückgegeben. Niemand wird mehr über die weltweite Geschäftemacherei, über Machtkämpfe und Rivalitäten spotten. Jeder wird im Gedächtnis bewahren, welche Früchte ein am anderen Ende der Welt aufkeimendes Hassgefühl zeitigen kann, weil keines der reichen westlichen Länder ein unmittelbares Interesse darin sieht, sich damit zu beschäftigen.

Und dort, in dieser «anderen Welt», wo das Undenkbare entstanden ist, wo man jene jungen Männer erzogen und fanatisiert hat, die Flugzeuge in Türme steuern, was hat sich in diesem Teil der Welt verändert? Nichts, oder nur ganz wenig. Gewiss, ein überreiches Angebot militärischer Mittel soll zur Vernichtung der terroristischen Lager führen. Sicher, die Herrschaft des Bösen, der Talibanmilizen, hat sich aufgelöst, nachdem sie so lange von der Nachsicht der westlichen Staaten und der Generosität einiger Ölkonzerne profitiert hat. Und in den Bergregionen Afghanistans werden die Verbündeten von gestern und ehemaligen Herren des Landes unter den Schlägen der Alliierten eben wieder zu Herren ihrer Ziegen.

Das Spektakel der Entmachtung der Taliban oder der Bombenangriffe auf eine letzte in den Bergen Afghanistans verschanzte Legion von al-Qaida-Kämpfern hat eines deutlich aufgezeigt: Wir haben der Abstrafung des Fußvolks beigewohnt und nicht einmal des ganzen. Ein Bild wird man nicht so leicht vergessen: Geradezu burlesk, wie sich der Talibanführer Mullah Omar noch Anfang Januar 2002 auf einem ganz normalen Motorrad aus seinem Versteck in der südafghanischen Provinz Hermand absetzen konnte, wo doch das Land seit etlichen Wochen unter der Kontrolle westlicher Militärs stand.

Die Vollstrecker der Schandtaten sind in die Flucht geschlagen worden, aber ihre Befehlsgeber bleiben ungestraft. Wer sind sie? Jene islamischen Banken mit Sitz in den Vereinigten Arabischen Emiraten, jene religiösen Führer, denen in Saudi-Arabien die geistige Macht zukommt und deren Seilschaften wir beschreiben, einige dem Königspalast nahe stehende saudische Prinzen, deren verborgene Bündnisse wir aufdecken, die pakistanischen Obrigkeiten, denen viel an einem starken sunnitischen Regime auf der anderen Seite der Grenze gelegen ist? Die grausame, aber unleugbare Wahrheit ist, dass auf der Arabischen Halbinsel, wo der Großteil der von den Industrienationen benötigten Erdölreserven lagert, die Macht weiterhin in den Händen von Wüstendiktatoren liegt, deren Neigung zur Vetternwirtschaft und Gerontokratie uns seit einem halben Jahrhundert beständige, leicht korrumpierbare Verhandlungspartner und damit höchst profitable Öleinkäufe wie Waffenverkäufe sichert. Die Emire und Könige dieser Region, die ihre Völker in Unterwürfigkeit und Angst halten, haben schon immer den Koran vorgeschützt, wenn sie ihre Stellung rechtfertigen wollten, und stets Kompromisse mit den radikalsten der Religionsführer geschlossen, damit sie auch ja niemand aus ihren Palästen vertreibt. Da stehen sie nun und sind fast erstaunt, dass ausgerechnet einer der getreuen Soldaten ihrer Verbündeten, nämlich Osama bin Laden, die Wurzel all der weltweiten Turbulenzen ist, die ihre westlichen Geschäftsfreunde so sehr verärgern.

Dieses eng geknüpfte Netz von verbotenen Verbindungen, der gewichtige Einfluss der religiösen Extremisten gerade in den Ländern, in denen der Schlüssel zum Wohlergehen unserer Handelssysteme liegt, unsere fortdauernde Blindheit gegenüber den nahezu allmächtigen Herrschern, deren Archaismus den Islam entstellt, unsere Inkonsequenz, wenn sie mit unseren Petro-Dollars Organisationen in der ganzen Welt finanzieren, die ihre radikalen Pläne in die Tat umsetzen sollen – all diese Umstände sind es, die in Wirklichkeit den Aufstieg des Osama bin Laden erklären. Gleichzeitig bringen sie die Unverantwortlichkeit dessen ans Tageslicht, was wir hierzulande etwas schamhaft «Paralleldiplomatie» nennen – ganz so, als wollten wir uns noch einmal selbst versichern, dass die von ihr gedeckten Verbrechen uns wirklich nicht kümmern müssen, dass das eine nie mit dem anderen in Berührung kommt. Genau hier liegt der Fehler.

Prolog

Das Gespräch fand in einem der Salons des Plaza Hotels von New York statt, einem Ort, so schmucklos und unspektakulär wie das Leben derer, die im Verborgenen den Kampf gegen den Terrorismus führen. Ende Juli des Jahres 2001 traf ich mich dort mit John O'Neill[1], einem ehemaligen Koordinator der Terrorismusbekämpfung in den USA, inzwischen die Nummer zwei des New Yorker FBI und verantwortlich für die nationale Sicherheit. Nachdem er die Hälfte seines Lebens im Dienst des FBI gestanden hatte, war er im Alter von 50 Jahren in das New Yorker Büro übergewechselt, in das von allen Agenten hoch geschätzte «Flagship Office». Ich hatte John O'Neill bei einem Abendessen im Pariser Marais-Viertel kennen gelernt. Gemeinsam mit dem stellvertretenden Direktor der DST (Direction de la Surveillance du territoire), verantwortlich für den Kampf gegen den Terrorismus, und dem ehemaligen Leiter der Anti-Terror-Abteilung der Pariser Staatsanwaltschaft Alain Marsaud hatte ich eine «Chefrunde» organisiert. New York war John O'Neills Territorium, sein Revier sozusagen. Er kannte jeden Winkel der Stadt. War man mit ihm unterwegs, so hatte man den Eindruck, die Stadt sei von ihm selbst entworfen worden und gehöre ihm. Überall wurde er wie ein Freund empfangen, überall war er bekannt und beliebt. Er war nie «außer Dienst» und hantierte ständig mit seinem Mobiltelefon und seinem elektronischen Organizer, als müsse er sich seine Mission in Erinnerung rufen.

O'Neill war ein Rebell in einer Welt, in der die Verwaltung Vorrang vor der Aktion hatte. Mit den Untersuchungen der Terroranschläge der al-Qaida betraut, war er nach dem Attentat gegen den Zerstörer *USS Cole*, bei dem am 12. Oktober 2000 im

Hafen von Aden 17 Besatzungsmitglieder den Tod gefunden hatten, in den Jemen gereist, um die Verzögerungstaktik der amerikanischen Diplomaten in dieser Angelegenheit kritisch unter die Lupe zu nehmen. Dabei war es zu schweren Differenzen zwischen den Diplomaten des State Department und den Untersuchungsbeamten des FBI gekommen. Erstere wollten die jemenitische Regierung schonen, um gewisse politische Lockerungen zu bewahren, während Letztere eine schnelle Überführung der für das Attentat Verantwortlichen anstrebten. Zwei Gesichtspunkte und zwei Auffassungen, die nicht zu vereinbaren waren. Nach ersten Spannungen wegen der Bewaffnung der FBI-Agenten und der Auslieferung «zweitrangiger» Verdächtiger an die amerikanischen Behörden brach im Februar ein offener Kampf aus, der im Juli 2001 mit der Intervention von Barbara Bodine, der amerikanischen Botschafterin im Jemen, seinen Höhepunkt erreichte. Sie hatte versucht, die Einreise von John O'Neill und seiner «Rambo»-Truppe – so die jemenitischen Behörden – zu verhindern. Dabei war das FBI laut John O'Neill in der Lage, eine Beteiligung von Osama bin Ladens Terrornetz an dem Attentat nachzuweisen.

Dieser Zwischenfall erinnert an die Kontroverse in den siebziger Jahren zwischen dem amerikanischen Sicherheitsberater und dem Außenminister, damals Henry Kissinger, um die Kontrolle der Sicherheitspolitik; sie gipfelte damals in einer Bevormundung der Handlungsorgane durch die Diplomaten, was zur Lähmung des Staatsapparats beitrug.

In der abgehobenen Atmosphäre des China Club im obersten Stock eines Hochhauses mit Blick über ganz Manhattan erzählte John O'Neill von seinen Auseinandersetzungen mit der amerikanischen Botschafterin, seiner Enttäuschung angesichts der fingierten oder tatsächlichen Ohnmacht des State Department und vor allem von den Problemen im Zusammenhang mit Osama bin Laden. Für ihn ging alles von Saudi-Arabien aus, alles war über diese Schiene zu erklären.

«Alle Antworten, alle Schlüssel zur Zerschlagung von Osama bin Ladens Organisation liegen in Saudi-Arabien»,[2] sagte er mir und unterstrich dabei «die Unfähigkeit der amerikanischen Diplomatie, irgendetwas bei König Fahd zu erreichen», wenn es um dieses Terroristennetz ging. Der Grund? Es gab nur einen: das Erdöl. Konnte das schwarze Gold die Vereinigten Staaten daran hindern, Ermittlungen gegen eine der größten Terrororganisationen der Welt einzuleiten? Ja, aus dem einfachen Grund, dass die amerikanische Regierung sich selbst auferlegt hatte, die Ermittlungen nicht als Druckmittel gegen ihre saudi-arabischen Freunde einzusetzen.

Im Zuge der Untersuchungen nach dem Attentat gegen US-Militäreinrichtungen in Dhahran vom 25. Juni 1996, das 19 Todesopfer unter den amerikanischen Soldaten gefordert hatte, begab sich John O'Neill persönlich nach Saudi-Arabien, um bei König Fahd eine Zusammenarbeit mit den Behörden zu erwirken. Vergebene Liebesmüh: Der saudische Nachrichtendienst nahm allein die Verhöre der Hauptverdächtigen vor, während das FBI lediglich sachdienliche Hinweise sammeln sollte, um die Untersuchungen voranzubringen. Was die Beziehungen zwischen der al-Qaida und Saudi-Arabien betrifft, so sind die Schlussfolgerungen, zu denen der Bericht über «Das wirtschaftliche Umfeld der Familie bin Laden»[3] kommt, nicht weiter verwunderlich: Sie belegen, dass entgegen den verschiedenen öffentlichen Erklärungen im Juli 2001 noch enge Verbindungen zum saudischen Königreich bestanden. Der Bericht sieht wenig Chancen für eine positive Entwicklung der Lage und kritisiert die äußerst «politische» Führung des FBI sowohl in der Außen- wie auch in der Innenpolitik.

Die Enthüllungen John O'Neills, eines der besten amerikanischen Terrorismusexperten, lassen die Verbindungen zu Osama bin Laden in einem zynischen Licht erscheinen. Sie zeigen, dass die Staatsräson Vorrang vor dem Anti-Terror-Kampf hat. Weil nichts diese Überzeugung zu ändern vermochte, und vor allem auch aus Enttäuschung verließ John O'Neill im August 2001 das FBI, um seine neue Stelle als Sicherheitchef des World Trade Center anzutreten …

Am 11. September 2001, als das erste Flugzeug in einen der Zwillingstürme einschlug, befand er sich in einer Sitzung zum Thema Sicherheit des WTC. Als Experte verließ er das Gebäude, um die Hilfskräfte zu alarmieren und den Polizeieinsatz zu koordinieren, dann begab er sich zurück in den Turm, um bei der Evakuierung zu helfen. Das wurde ihm zum Verhängnis.

Auch heute noch ist John O'Neills Zeugnis ein wesentlicher Bestandteil im Kampf gegen den Terrorismus. Es macht die beiden Hauptprobleme des Westens gegenüber diesem Netz deutlich: das Erdöl und seine geostrategischen Folgen; Saudi-Arabien und seine religiösen und finanziellen Ambitionen.

1 Treffen von Jean-Charles Brisard und John O'Neill.
2 Gespräch mit Jean-Charles Brisard am 22. und 23. Juli 2001.
3 Siehe Bericht Anhang VI, S. 216.

Einleitung

Washington, 26. Januar 2001. Amerika ist wie erlöst. Nach wochenlanger Polemik über die Auswertung der Lochkarten kommt die Wahl des neuen Präsidenten der Vereinigten Staaten endlich zu einem Ausgang. An jenem Tag bezieht George W. Bush seine Wohnung und vor allem das Oval Office im Weißen Haus. Die internationale Presse steht dem Aufstieg des Gouverneurs von Texas zum ersten Mann der USA eher skeptisch gegenüber.

Am Abend dieses Tages treffen sich im National Press Club Building in der 14th Avenue mehrere europäische Journalisten an der Bar.

Während sich nur einen Katzensprung entfernt die republikanische Regierung einrichtet, wird hier schon die texanische Kultur der neuen Herren kritisch kommentiert. Es kommt zu einem lebhaften Meinungsaustausch mit den amerikanischen Kollegen, vor allem mit denen von der *Washington Post*, deren Redaktion nur einige hundert Meter entfernt auf der anderen Straßenseite liegt. Die Europäer, die der umjubelten Amtseinführung beigewohnt haben, zeigen sich beunruhigt über den Mangel an internationaler Offenheit des neuen Präsidenten. Über sein Bestreben, die Todesstrafe auszuweiten, die in vielen anderen Ländern längst abgeschafft wurde, über seine Unkenntnis der israelisch-palästinensischen Problematik und seine wenig nuancierten Aussagen zur Position der USA in der Welt, Aussagen, die viele Beobachter und Entscheidungsträger des alten Kontinents vor den Kopf gestoßen haben. Die zurückhaltenderen Vertreter der französischen und deutschen Presse kommentieren seine starren Positionen und erahnen darin bereits viele Themen, die zu künftigen Verstimmungen führen können.

Andere, weniger feinsinnige Journalisten beschränken sich auf die Aufzählung von Tatsachen: Bisher war Bush jun. nur dreimal ins Ausland gereist, seine außenpolitischen Kenntnisse beschränken sich auf die Weltsicht der texanischen Ölkonzerne – sicherlich die mächtigsten der Welt, vor allem aber die Finanziers seiner Wahlkampfkampagne –, und schließlich weist der neue Präsident entscheidende Wissenslücken in den Regionen auf, die zu den kritischsten der Welt zählen, allen voran Zentralasien. Bei einem während des Wahlkampfs etwas bissig geführten Interview war George W. Bush nicht in der Lage gewesen, den Namen des pakistanischen Staatschefs zu nennen[1]: der verdiente General Pervez Musharraf, ein wichtiger Verbündeter des Pentagons in Islamabad, der mit einer den USA vorwiegend feindlich gesonnenen Bevölkerung und Regierung auskommen muss. Seit seinem Wahlsieg hat Bush zumindest gelernt, diesen Namen korrekt zu schreiben.

Nun sind Journalisten in erster Linie Experten für plakative Kommentare, welche die Dinge nicht in ihrer Komplexität erfassen. Auch wenn Bush jun. nicht die Welt bereist hat und nicht der diplomatischen Elite angehört, kennt er sich gleichwohl in den großen Weltgeschäften aus.

Er lebte noch im näheren Umfeld seiner Eltern, als sein Vater George Bush Chef der CIA war,[2] und wie viele Sprösslinge bedeutender texanischer Familien gründete George W. Bush bereits früh kleine Dienstleistungsunternehmen in der Ölbranche, die mit dem Ausland zu tun hatten. In dieser Funktion arbeitete er schon bald mit Geschäftsleuten aus dem Mittleren Osten, vor allem aus Saudi-Arabien, zusammen, so etwa als Direktor der Harkan Energy. Auch seine engen Berater verfügen über Erfahrung in der Führung internationaler Geschäfte, die sie ebenfalls Bush sen. und den texanischen Ölmagnaten zu verdanken haben. An erster Stelle wäre da die schöne, sanftmütige und rätselhafte Condoleezza Rice zu nennen. Selbst die Zeitung *People* interessiert sich für sie. Immer wieder wird ihre Karriere angeführt: Professorin an der Stanford University, erfahrene Sowjetologin und als frühere Sicherheitsberaterin von Bush sen. zuständig für die ehemalige Sowjetunion. Doch von 1991 bis 2000 war Mrs. Rice auch Vorstandsmitglied der Chevron-Gruppe, eines der weltgrößten Ölkonzerne, in dem sie vor allem für die Standorte Kasachstan und Pakistan[3] verantwortlich war.

Die Männer und Frauen, die sich am 26. Januar 2001 im Weißen Haus niederlassen, sind nicht so isolationistisch, wie man annehmen könnte – selbst wenn ihre internationalen Beziehungen leicht nach Öl riechen. Das haben einige Leute in mehreren tausend Kilometern Entfernung bereits begriffen.

5. Februar 2001: Ein Donnerschlag erschüttert die gewöhnlich eher gedämpfte Atmosphäre der internationalen Diplomatie. Die sonst so zurückhaltenden Beamten der UNO zeigen ihre Überraschung. Weniger als zwei Wochen nach der Amtseinführung des neuen amerikanischen Präsidenten kommt eine unerwartete Nachricht aus Kabul. Zu diesem Zeitpunkt stellt allerdings noch niemand einen Bezug zu George W. Bushs Wahlsieg her. An diesem Tag erklären sich die Taliban zum ersten Mal in ihrer kurzen Geschichte zu Verhandlungen über ihre internationale Anerkennung bereit. Die Koranschüler entfernen sich von der harten Linie. Der Mann, der diese Nachricht in aller Deutlichkeit formuliert, ist kein anderer als der talibanische Außenminister Abd-el-Wakil Mutawakkil. Um seinen Worten die gewünschte Wirkung zu verleihen, wählt er als Forum nicht eine der großen arabischen Tageszeitungen, sondern die britische Tageszeitung *The Times*. Er richtet seine Botschaft also an die angelsächsische Welt.

Natürlich leidet sein Land unter den internationalen Sanktionen, von denen es seit dem Beschluss des UNO-Sicherheitsrats vom 18. Dezember 2000, seit zwei Monaten also, zunehmend betroffen ist. Der afghanische Außenminister sucht verständnisvolle und mächtige Gesprächspartner, um den Druck auf sein Land zu lockern, um vom IWF finanzielle Hilfen bewilligt zu bekommen und somit offiziell wieder die Verhältnisse von vor 1996 herzustellen, als Saudi-Arabien und die Vereinigten Staaten die Taliban in ihrem militärischen Unterfangen – Grundlage für eine stabile Situation in Afghanistan – bestärkten. Im Gegenzug signalisiert Mutawakkil gegenüber seinen Gesprächspartnern Kompromissbereitschaft in mehreren heiklen Punkten, an erster Stelle hinsichtlich der Auslieferung eines gewissen Osama bin Laden.

Aus welchem Grund vertritt die Taliban-Diplomatie an diesem 5. Februar eine solche politische Linie? Wie sicher kann sie sein, dass die Botschaft von der neuen amerikanischen Regierung positiv aufgenommen wird? Sind dieser spektakulären Ankündigung geheime Treffen zwischen Vertretern der Republikaner und der Taliban vorausgegangen? Vor der Beantwortung dieser Frage sind einige Feststellungen nötig.

Vom 5. Februar bis zum 2. August 2001 haben vor dem Hintergrund von Erdöl- und geostrategischen Interessen mehrere geheime, äußerst gewagte Diskussionen zwischen den Amerikanern und den Taliban stattgefunden. Sie schlossen die Bereitschaft der Taliban ein, Osama bin Laden zu verraten, ohne dass die Amerikaner das Ausmaß des Einflusses dieses saudi-arabischen Religionschefs auf die afghanische Führung erkannt hätten. Die Selbstmordattentate vom 11. September sind die ebenso tragische wie voraussehbare Folge solchen Verhaltens. Die folgenden Seiten beschreiben das teuflische Räderwerk, das großenteils vom saudi-arabischen Königshaus in Gang gesetzt und durch den Zynismus eines Teils der republikanischen Partei begünstigt wurde.

Warum hat ein Teil der Akteure, deren Verantwortung durch die Hintergründe des Deals deutlich wird, die Gefahren nicht sehen wollen? Die Lage Afghanistans vermag einige Antworten darauf zu geben. Das Land ist der Schlüssel zur Vorherrschaft in Zentralasien und hat bei Russen, Amerikanern und Saudis stets Begehrlichkeiten geweckt. In Washington gilt es als bevorzugtes Durchgangsgebiet für Erdöl und Gas aus Zentralasien. Und für die Familie al-Saud, die von Riad aus mit eiserner Hand das saudi-arabische Königreich regiert, bedeutet die Machtergreifung der Taliban eine unerwartete Erweiterung ihres Einflussbereichs in Zentralasien. Ihr wahhabitischer Islam sunnitischer Prägung passt hervorragend zur Islam-Auslegung der Taliban. Von Anfang an sehen sie in diesen Gotteskriegern verlässliche Glaubensbrüder, die ihnen eine Ausweitung ihrer Erdölgeschäfte in diesem Teil der Welt ermöglichen – und vor allem die Eindämmung der Vorherrschaft des benachbarten Iran, der einen Islam schiitischer Prägung vertritt.

Wie hätte ein so kleines Land, regiert von einer Gruppe religiöser Fanatiker, verstrickt in so viele energiepolitische Interessenkonflikte und erschüttert von Machtkämpfen mit weltweiten Auswirkungen, nicht zum Ausgangspunkt der Krise werden sollen, die den Anfang unseres Jahrhunderts erschüttert?

1 Vorfall während eines Interviews mit dem Sender *WHDH-TV* am 3. November 1999.
2 George Bush war von 1976 bis 1977 Leiter der CIA und wurde 1981 Vizepräsident unter Ronald Reagan. Von 1989–1993 war er Präsident der Vereinigten Staaten.

26

3 Das im Norden Afghanistans gelegene Kasachstan (ehemalige Sowjet-republik) hat von den Experten zur Aufspürung von Lagerstätten den Beinamen «Neu-Kuwait» bekommen. Der kasachische Boden hat heute gesicherte Erdölreserven von 15 Milliarden Barrel, die geschätz-ten belaufen sich auf 65 Milliarden. Der Konzern Chevron hat sich durch sein Konsortium Tengizchevroil den Hauptanteil an diesem Markt gesichert.

I

Die geheime Verbindung
zwischen den
USA und den Taliban

1. Laila Helms, Beruf: Lobbyistin der Taliban

Sie heißt Laila Helms, lebt in Washington, und bei ihren Familienbeziehungen liegt es fast auf der Hand, dass sie nicht abseits der finsteren Winkel unserer Welt bleiben würde. Denn Laila ist niemand anderes als die Nichte von Richard Helms, einem ehemaligen Direktor der CIA und einstigen Botschafter im Iran. Die Jugend der aufgeweckten Amerikanerin afghanischen Ursprungs war geprägt von den turbulenten Beziehungen zwischen ihrem Herkunftsland und ihrer Wahlheimat. Bereits in den achtziger Jahren, als sie an der Ostküste der USA lebte, setzte sie sich für die Sache der Mudjaheddin ein, die damals gegen die sowjetische Besatzungsmacht kämpften. Zu diesem Zeitpunkt wurde sie Mitglied der amerikanischen Organisation Friends of Afghanistan, die – wenngleich regierungsunabhängig – vom State Department und vom Weißen Haus unterstützt wurde und die Sympathie der öffentlichen Meinung für die Mudjaheddin fördern sollte. Eine Art westliche Außenstation des heiligen Krieges, der in der Ferne gegen die UdSSR geführt wurde. In dieser Funktion organisierte Laila Helms beispielsweise am 20. März 1986 den Besuch des obersten Mudjaheddin Sayyed Muhammad Gailani in den Vereinigten Staaten. Ganz nebenbei hatte der Chef der afghanischen Guerilla im Laufe dieser Reise, genauer am 21. März 1986, in Washington ein langes Gespräch mit dem damaligen Vizepräsidenten George Bush sen.[1]

Die Wechselfälle der Geschichte, ihre guten Kontakte zu den religiösen Führern Afghanistans, aber auch ihre Beziehungen haben Laila Helms im Laufe der Zeit bei den Mächtigen Amerikas zu einer bedeutenden Lobbyistin Afghanistans gemacht.

Beeinflusst von der amerikanischen Politik in diesem Teil der Welt, unterstützte sie lange die islamischen Führer, die in der Gunst der US-Regierung standen. Ab 1995 gehörte sie zu den Interessenvertretern der Taliban in Washington, die sich mit dem Segen und den Petro-Dollars Saudi-Arabiens und dem Wohlwollen des amerikanischen State Department anschickten, die Macht in Kabul zu übernehmen.

Im Laufe der letzten sechs Jahre koordinierte sie im Namen der Taliban verschiedene Aktionen, mit denen sich diese Gehör verschaffen wollten, vor allem bei den Vereinten Nationen. Daran änderte sich auch nach 1996 nichts, als der Taliban-Chef Muhammad Omar (nach Massenhinrichtungen ohne Gerichtsverfahren) in den Augen der amerikanischen Regierung ein weniger guter Umgang geworden war. Unbeirrt verfolgte sie ihren Weg weiter, auch als 1997 die Taliban dem Fundamentalistenführer Osama bin Laden Unterschlupf gewährten, und sogar noch nach 1998, nachdem dieser als Auftraggeber der Attentate gegen die amerikanischen Botschaften in Nairobi und Daressalam für schuldig befunden worden war. So drehte Laila Helms im Jahr 1999 für NBC einen Dokumentarfilm über das Leben der afghanischen Frauen, für den ihr der Fernsehsender zwei Wochen lang ein Drehteam in Afghanistan zur Verfügung stellte.[2] Das Ergebnis: ein Propagandafilm, der die Lebensbedingungen der afghanischen Frauen in einem äußerst optimistischen Licht darstellt. Weder NBC noch irgendein anderer amerikanischer Sender hat den Film je ausgestrahlt.

So sonderbar es erscheinen mag, der Aktivismus von Mrs. Helms ist in den USA nichts Außergewöhnliches. Auch andere Vertreter der Taliban genossen dort noch bis vor sehr kurzem durch unterschiedliche, mehr oder minder unauffällige Strukturen offizielle Anerkennung. So zum Beispiel das amerikanische Büro des islamischen Emirats von Afghanistan, eine Art Konsulatsstelle auf der anderen Seite des Atlantiks, die einen halb amtlichen Status besaß, da die Herrschaft der Koranschüler nie offiziell von den Vereinigten Staaten anerkannt wurde.[3] Dennoch verfügte diese Vertretung im August 2001 noch über Räumlichkeiten in einem Haus in Queens, New York, wo Abdul-Hakim Mudjahid, informeller Vertreter der Taliban in Nordamerika, residierte.

Nach dem 5. Februar 2001 und dem Antrag auf offizielle Anerkennung der Taliban wurde natürlich Laila Helms damit betraut, in Washington die neuen amerikanisch-afghanischen Beziehungen zu koordinieren. Sie legte dabei ein solches diplomatisches Geschick an den Tag, dass es ihr innerhalb weniger Wochen gelang, ein Treffen zwischen hohen Beamten der Bush-Regierung und Abgesandten Mullah Omars zu arrangieren. Die Kontakte zu ihren ehemaligen Partnern – jetzt Teil der amerikanischen Regierung – aus der Zeit des Kriegs der Mudjaheddin gegen die UdSSR erwiesen sich als äußerst wertvoll. Denn im republikanischen Lager sitzen heute jene Beamten, die einst den Guerillakrieg der Islamisten unterstützt hatten, um Moskau zu destabilisieren, erneut in Schlüsselpositionen – unter diesen Bedingungen wertvolle Verbündete.

Zwei Monate später bahnten sich erste Ergebnisse an. Vom 18. bis zum 23. März 2001 stattete Rahmatullah Hashimi, Reisediplomat der Taliban und persönlicher Berater von Muhammad Omar, den Vereinigten Staaten einen Kurzbesuch ab. Das war kurz nach der Sprengung der tausendjährigen Buddha-Statuen von Bamiyan. Trotz der angespannten Atmosphäre organisierte unsere Lobbyistin verschiedene Treffen für den jungen afghanischen Würdenträger. Nach den Worten des amerikanischen Journalisten Wayne Madsen[4], Spezialist für Sicherheitsfragen und ehemaliger Offizier des Nachrichtendienstes, erklärten sich mindestens zwei Abteilungen der Regierung zu einem Gespräch bereit: die zentrale Leitung der CIA[5] und der Nachrichtendienst des State Department[6]. Es gelang ihr, in diesem medienorientierten Land für ihren Kunden zwei Interviews bei Sendern zu organisieren, die sich bei politischen Entscheidungsträgern großer Beliebtheit erfreuen – der ABC und dem National Public Radio. Eine ideale Gelegenheit, das Image der Taliban aufzupolieren und somit die Verhandlungen zu erleichtern.[7]

Wie nun ist dieser Besuch zu bewerten? Ist er lediglich auf das Geschick von Mrs. Helms zurückzuführen? Wer sind die Auftraggeber? Und vor allem, welcher Logik unterliegt diese Reise?

Tatsächlich waren die Vereinigten Staaten von Anfang 1999 bis August 2001 ständig darum bemüht, die afghanische Frage zu regeln. Einzige konkrete Veränderung: Die Republikaner beschlossen, die von der Clinton-Regierung eingeleiteten Schritte zu beschleunigen. Die Erklärung des talibanischen Außenministers vom 5. Februar 2001 beweist nur, dass auch die Herren von Kabul zu einer schnellen Einigung zu kommen wünschten.

Auf beiden Seiten waren die Interessen klar definiert. Zugunsten seiner Energiepolitik sollte Washington die schrittweise internationale Anerkennung der Taliban unterstützen. Im Gegenzug würden Letztere eine pazifistischere politische Linie vertreten, dem Fundamentalistenführer bin Laden kein Asyl mehr gewähren und sich bereit erklären, in ihren internationalen Beziehungen die Linie der fundamentalistisch-sunnitischen Staaten zu vertreten.[8] Diese unterstützen außerhalb ihrer Grenzen die Positionen Saudi-Arabiens, des größten Finanziers radikaler Sunniten und engsten Alliierten der Vereinigten Staaten in der arabischen Welt.

Herausragende Persönlichkeiten setzten sich für das Zustandekommen dieses Tauschhandels ein, der beiden Seiten gute Dienste erweisen sollte. So traf bereits im Januar 2000 ein leitender Vertreter des State Department in Pakistan mit dem Repräsentanten der Taliban Sayyed Muhammad Muttaqi zusammen.[9] Er nutzte die Gelegenheit auch zu einem Gespräch mit Tom Simons, dem örtlichen Botschafter der Vereinigten Staaten, der nach und nach zur treibenden Kraft der Gespräche werden sollte.

Damit begann die letzte Etappe der amerikanisch-afghanischen Verhandlungen. Aus Washingtoner Sicht ging es im Prinzip darum, die ehemaligen Verbündeten auf Linie zu bringen. Denn nicht immer war das Taliban-Regime dem Weißen Haus und dem State Department ein Dorn im Auge gewesen. Ganz im Gegenteil.

Über Jahre war die Bewegung sogar als glückliche Fügung betrachtet worden. Von 1994 bis 1998 zeigten die Vereinigten Staaten relatives Wohlwollen gegenüber den Taliban. Denn von den komfortablen Gebäuden am Ufer des Potomac, von diesem Viertel Washingtons aus, in dem sich die Macht konzentriert, werden die Ereignisse in fernen Ländern auf eigene Art wahrgenommen. Die finanzielle, politische und militärische Führung – von der Weltbank bis zum Pentagon alle auf wenigen Quadratkilometern gedrängt – verfolgt auf dem Bildschirm die weltweite Entwicklung der Erdölmärkte und überfliegt die diplomatischen Depeschen, welche die Wirren des aktuellen Weltgeschehens zusammenfassen.

Was Afghanistan betrifft, waren diese Indikatoren eindeutig. Das Land ist der Schlüssel zu den Energiereserven Zentralasiens, und eine starke, unangefochtene Regierung ist Voraussetzung dafür, dass diese Situation ungestört ausgenutzt werden kann. Das heißt, selbst nach den Attentaten von Nairobi und Daressalam im Jahr 1998, selbst nachdem die Taliban Osama bin Laden offiziell Schutz gewährten, wurde noch immer verhandelt.

1 Archiv des Committee for a free Afghanistan und der Organisation Friends of Afghanistan.
2 Berichtet von Deonna Kelli, Forscherin an der East Carolina University und Koordinatorin der Association of Muslim Social Scientists.
3 Nur Pakistan, die Vereinigten Arabischen Emirate und Saudi-Arabien haben das Islamische Emirat von Afghanistan anerkannt.
4 Aussage gegenüber den Autoren.
5 Es handelt sich um das Directorate of Central Intelligence (DCI). In ihm ist sowohl der CIA-Chef vertreten als auch ein Stab, der mit der Koordination aller Aktivitäten betraut ist. Das DCI ist auch für alle heiklen Kontakte mit ausländischen Persönlichkeiten zuständig.
6 Das Office of Intelligence and Research des State Department liefert den Chefdiplomaten politische Analysen und strategische Auskünfte.
7 Am Mittwoch, den 21. März 2001 um 14 Uhr wurde Sayyed Rahmatullah Hashimi lange von dem Journalisten Juan Williams für den Sender National Public Radio interviewt. Am Freitag, den 23. März um 18.30 Uhr antwortete er für den Sender ABC News auf die Fragen Bill Redekers.
8 In erster Linie Saudi-Arabien, die Arabischen Emirate und Pakistan.
9 Archiv der amerikanischen Botschaft in Islamabad.

2. Das State Department als «Fürsprecher» der Taliban

Der Aufstieg dieser «Koranschüler» – so der Name der Gruppierung, der in der Sprache der Paschtunen mit «Taliban» wiedergegeben wird – war untrennbar mit den Interessen der Erdöl- und Gaskonzerne in dieser Region verbunden. Das erklärt, warum verschiedene Regierungen und große Ölgesellschaften auf diese Gruppe von Glaubensbrüdern setzten – die Einzigen, die in der Lage schienen, eine starke Regierung zu bilden und so Stabilität und Sicherheit zu garantieren.

Denn etwas weiter nördlich, jenseits der afghanischen Berge, lockten die reichen Bodenschätze von Turkmenistan, Usbekistan und vor allem von Kasachstan, und es galt, die geographischen Hindernisse zu überwinden. Erdöl und Erdgas, an denen diese Länder so reich sind, müssen transportiert werden, zum Beispiel durch Afghanistan. Konkret heißt das, wenn man das Erdöl und Erdgas fördern und verkaufen will, muss es entweder westlich durch Russland oder Aserbaidschan geleitet werden, dann weiter durch die Türkei zu einem Sammelpunkt am Mittelmeer, oder aber über den Südwesten, sprich den Irak, oder schließlich über den Süden, durch Afghanistan. So sollte laut Plan eine Pipeline von Chardzhou (Turkmenistan) nach Gwadar (eine pakistanische Stadt am Persischen Golf) quer durch Afghanistan führen. Dasselbe galt für eine mögliche Ferngasleitung zwischen Daulatabad (Knotenpunkt in Turkmenistan, der schon andere Gasleitungen der Region miteinander verbindet) und Multan, die durch die afghanischen Täler ganz in der Nähe von Kandahar verlaufen sollte. Für viele westliche Erdölfirmen und ihre Regierungen, allen voran die USA, war die afghanische Lösung von besonderem politischen

37

Interesse. Sie stellt eine ideale Alternative zu einer Trasse durch Russland oder den Iran dar; diese Lösungen hätten direkte Verhandlungen der USA als «Bittsteller» mit Moskau oder Teheran erfordert – ein wahrer Albtraum für Washington, das doch darauf bedacht war, den Einfluss dieser Länder in Zentralasien einzudämmen.

Die im Südosten Afghanistans gelegene Stadt Kandahar, einst berühmt wegen ihrer Oase, ist heute als Wiege der Taliban-Bewegung anzusehen. Für die Volksgruppe der Paschtunen, die im Land vorherrschend ist, hat diese Stadt große religiöse Bedeutung, ganz im Gegensatz zu Kabul, dem politischen und wirtschaftlichen Zentrum, das sich mehr nach außen öffnet. Schon zu Beginn des Widerstandes gegen die sowjetische Invasion im Jahr 1979 war Kandahar ein Sammelbecken verschiedener Stämme[1], deren muslimische Führer entschlossen waren, die Rote Armee zu vertreiben.

Nach Abzug der Kreml-Truppen im Jahr 1989 kamen in Kandahar die wichtigsten Führer der verschiedenen Paschtunen-Bewegungen zusammen, die einen äußerst radikalen Sunnismus vertreten. Denn für die Mudjaheddin, die in dieses Tal im Süden zurückkehrten, war der Krieg gegen die UdSSR vor allem ein heiliger Krieg im Namen Allahs. Eine Überzeugung, zu der Saudi-Arabien durch seine finanzielle Unterstützung und seine militärischen Berater (unter ihnen an exponierter Stelle ein junger Osama bin Laden, seines Zeichens Korrespondent der GID, des saudi-arabischen Geheimdienstes) in erheblichem Maße beigetragen hat. Während sich der Kampf mit den anderen Volksstämmen bis zu den Städten des Nordens[2] und bis nach Kabul ausdehnte, tauschten viele Paschtunen-Krieger für eine Zeit die Kalaschnikow gegen eine religiöse Unterweisung in den Schulen der Umgebung ein. Nach dem Djihad waren sie darauf erpicht, ihre Korankenntnisse zu vervollständi-

38

gen, und schrieben sich in verschiedenen Madares in der Gegend von Kandahar ein. Einige von diesen unterhielten sowohl spirituelle als auch materielle Beziehungen zu der mächtigen Koranschule von Deobandi in Indien, die bekannt ist für ihre extrem radikalen Positionen und ihren Bekehrungseifer zum reinen Islam (der Heiligenkult ist Vorschrift).

Der junge Mudjaheddin-Führer Muhammad Omar besuchte eine dieser Schulen. Als er 1990 im Alter von 27 Jahren zurückkehrte, besaß er einen gewissen Bekanntheitsgrad. Im Kampf gegen die Sowjets hatte er sich Ansehen erworben, er war berühmt für kühne Hilfsaktionen, bei denen er bisweilen sein Leben aufs Spiel setzte. Ein Heldentum, durch das er 1989 bei einem Raketenbeschuss das rechte Auge verlor. Zusammen mit anderen verkörperte er die afghanische Zukunft in einem Land, in dem den Frauen das Führen von Geschäften verboten war und in dem zahlreiche der bekannten Führer umgekommen oder geflohen waren. Für Omar fügten sich die Jahre des Koranstudiums ganz natürlich in seine Entwicklung. Seine bisherige Laufbahn als Mudjahed war bestimmt gewesen von starken islamischen Strukturen, genauer gesagt von der Hizb-Islami-Partei unter Führung von Younis Khalis, der er beitrat und für die er in den Bergen kämpfte. Doch jetzt wollte er den als unbefriedigend empfundenen Status eines Warlords gegen den eines spirituellen Führers eintauschen.

Ab diesem Zeitpunkt gibt es verschiedene Versionen seines Werdegangs, teilweise Früchte der talibanischen Propaganda. Die offizielle lautet: Getrieben von Reinheit und Frömmigkeit, verteidigte Muhammad Omar zwischen 1992 und 1994 die Armen des Tals von Kandahar und kämpfte gegen die Patriarchen verschiedener Stämme, die nicht nach den Regeln des Korans lebten. Zu jener Zeit galt er dort als eine Art Robin Hood.[3] Hier soll er einen auf die Abwege der Sodomie geratenen Kommandeur ermordet, dort – angeblich in dem Dorf Panjway – einem lasterhaften Stammesführer die Kehle durchgeschnitten haben. So wurde er zu jenem charismatischen Führer, auf den alle «Freunde» Afghanistans, genauer gesagt die pakistanischen Nachbarn und einige Geschäftsleute aus der Ölbranche, gewartet hatten.

Denn die Lage Afghanistans bereitete den Pakistani nach dem Abzug der Sowjets im Jahr 1989 und dem darauf folgenden Bürgerkrieg größte Sorge. Seit seiner Gründung im Jahr 1947 quälen den pakistanischen Staat ständige diplomatische Krisen mit seinem südlichen Nachbarn Indien. Immer wieder kommt es zu militärischen Aktionen zwischen den beiden Ländern, die um die Kontrolle über die Provinz Kaschmir streiten. Für Islamabad war es also lebenswichtig, dass der Nachbar im Norden, Afghanistan, in den Händen einer freundschaftlich gesonnenen Regierung blieb, die eine Autorität darstellte, da das Land sonst zwischen zwei Krisengebieten aufgerieben zu werden drohte. Zu diesem Zeitpunkt hing die Unterstützung, die Pakistan den Taliban gewährte, nur mehr von den wechselnden Zweckbündnissen ab.

Es hätten auch andere Parteien des bunt gescheckten Afghanistan an ihre Stelle treten können. Doch die Koranschüler vereinten mehrere Vorzüge, die von ihren Paten als besonders vorteilhaft angesehen wurden. Die pakistanische Partei Djamiat Ulema Islami, die eine Schlüsselrolle im Parlament innehatte, sah Glaubensbrüder in ihnen und drängte deshalb die Regierung, ihnen Hilfestellung zu leisten. Der pakistanische Geheimdienst ISI befand sie als reinste Emanation der Mudjaheddin der achtziger Jahre, die er selbst ausgebildet hatte und noch immer kontrollierte, ganz im Gegensatz zu den anderen afghanischen Volksstämmen, die jetzt auf Abstand gingen. Die saudische Regierung von König Fahd, Hauptfinanzier des ISI, förderte diese Bewegung. In Zusammenarbeit mit den Vereinigten Staaten hatten die Saudis keine Ausgaben gescheut, um zu verhindern, dass Afghanistan in die Hände der Sowjets geriet. Das Chaos, das zwischen 1989 und 1994 dort herrschte, hatte die saudische Führung entsetzt, sah sie doch in Afghanistan ein neues Einflussgebiet für den reinen Islam, den Wahhabismus[4], für den sie schon so lange eintritt.

Aber es spielten auch durchaus weltliche Belange eine Rolle. Der schiitische Iran[5], Grenzstaat von Afghanistan, war den religiösen Würdenträgern Saudi-Arabiens schon seit langem ein Dorn im Auge. Die inständigen Bitten des Ministeriums für Religion stießen beim König und beim Kronprinzen nicht auf taube Ohren. Geriete Kabul unter die Kontrolle Teherans, so befände sich der Schlüssel zu Zentralasien in der Hand der feindlichen schiitischen Brüder.

Diese Auffassung teilte auch Washington. Seit 1979 und der Geiselnahme in der amerikanischen Botschaft von Teheran war es eines der Hauptziele des State Department, die islamische Republik des Iran zu schwächen. Also bedeutete die Unterstützung radikaler Sunniten wie der Taliban für die amerikanischen Sicherheitsberater eine Eindämmung des schiitischen Einflusses in diesem Teil der Welt. Auch andere, mehr ökonomische Gründe bewogen sie zu dieser Haltung. Seit 1991 hatten verschiedene amerikanische Ölkonzerne, unter anderen auch Chevron, wichtige Positionen in Kasachstan, Turkmenistan und in der kirgisischen SSR inne. Die Russen weigerten sich jedoch, über eine Nutzung ihrer Pipelines zu verhandeln, das heißt, diese zu vermieten, um die Energieressourcen bis zum Knotenpunkt transportieren zu können.

Im Jahr 1994 sprach also alles dafür, die Taliban zu den lang ersehnten Befriedern dieser Gegend zu machen.

1 Noch heute spielt das Stammeswesen eine wichtige Rolle in der Struktur der afghanischen Gesellschaft. Das erklärt sich durch die Agrarökonomie in einem Bergland, die niedrige Bevölkerungsdichte und den geringen Austausch, vor allem aber durch das Fehlen eines Erziehungssystems (in den neunziger Jahren lag die Analphabetenquote bei 90 Prozent).

2 Die 15 Millionen Einwohner setzen sich aus vier Hauptstämmen zusammen: Paschtunen (40 Prozent), Tadschiken (30 Prozent), Turkmenen (Usbeken und Kasachen, 15 Prozent) und Hazara (mongolischen Ursprungs, 12 Prozent).

3 Wenn der Vergleich auch übertrieben scheinen mag, ist doch nachgewiesen, dass Muhammad Omar zur Waffe griff, um einige Tyrannen im Kandahartal zu töten. Sowohl aus Überzeugung als auch, um Rivalen aus dem Weg zu schaffen. Für einen Gesamtüberblick über den Aufstieg der Taliban-Führer siehe die ausgezeichnete Arbeit von Ahmed Rashid, Journalist pakistanischer Herkunft, *Taliban: militant islam, oil and fundamentalism in Central Asia,* Yale, 2000 (bzw. Ahmed Rashid, Taliban. Afghanistans Gotteskrieger und der Dschihad, München 2001).

4 Im 18. Jahrhundert entstandene theologische Bewegung von äußerst expansivem Charakter.

5 Es gibt einen tiefen Gegensatz zwischen dem sunnitischen und dem schiitischen Islam, der auf einem großen Schisma um die Anerkennung der Nachfahren des Propheten beruht. Die Verfechter des radikalen Sunnismus auf der Arabischen Halbinsel stehen in krassem Widerspruch zu den iranischen Schiiten.

3. Eine Ferngasleitung für die Taliban

Ein Mann sollte diesen Erwartungen und der Hilfe von außen, die den Taliban die Machtübernahme ermöglichte, Substanz verleihen.

Natürlich handelte es sich um einen Ölmagnaten. Er heißt Carlos Bulgheroni und ist weder Saudi noch Pakistani noch Amerikaner, sondern Argentinier. Und er war Generaldirektor der Energiegruppe Bridas, der viertgrößten Lateinamerikas mit Hauptsitz in Buenos Aires. In den siebziger Jahren stieg Bridas zum Ölmulti auf. Durch die Aktivitäten in Indien und Pakistan erkannte die Führung frühzeitig – bereits zwischen 1991 und 1992 – die Vorteile einer Partnerschaft mit den neuen Führern der alten Sowjetrepubliken, vor allem mit Turkmenistan. In ihren Büros in Islamabad hofften sie darauf, dass Afghanistan bald an Stabilität gewinnen und eine Regierung erhalten würde, mit der sich über den Bau von Ferngasleitungen und Pipelines zwischen Turkmenistan und Pakistan verhandeln ließe. Im Januar 1992 schloss Carlos Bulgheroni ein erstes Abkommen mit der turkmenischen Regierung über die Ausbeutung des Gasfeldes von Daulatabad ab. Und am 16. März 1995 gelang es ihm, die pakistanische und die turkmenische Regierung zu einer prinzipiellen Einigung über den Bau einer Pipeline zu bewegen, die durch Afghanistan verlaufen sollte.[1]

Ab diesem Zeitpunkt bemühte sich Bulgheroni um die Beteiligung anderer Erdölfirmen an diesem Unternehmen, vor allem um die der zwölftgrößten US-Ölgesellschaft Unocal.

Die 1890 in Santa Paula gegründete Union Oil Company of California, die seit 1983 den Namen Unocal Corporation trägt, verkörpert eine Erfolgsgeschichte auf dem Energiesektor.

Mitte der neunziger Jahre avancierte sie unter der Leitung ihres damaligen Präsidenten Roger Beach zu einem der zehn wichtigsten amerikanischen Ölkonzerne. Als erfahrener Unternehmer sah Beach sofort, welche Möglichkeiten das Angebot seines Partners Carlos Bulgheroni barg. Er beschloss sogar, auf dessen Dienste zu verzichten und ohne die Beteiligung von Bridas direkt vor Ort zu investieren.[2] Um sich seinen Handlungsspielraum zu erhalten und finanzielle Unterstützung zu bekommen, wandte er sich an einen anderen Konzern, die saudi-arabische Delta Oil.

Am 21. Oktober 1995 unterzeichneten die Firmenchefs von Unocal und Delta Oil ein Abkommen mit dem turkmenischen Präsidenten Saparmurat Niyazov über Gasexporte in Höhe von 8 Milliarden US-Dollar. Auch der Bau einer Ferngasleitung durch Afghanistan war vorgesehen.[3] Die Bauarbeiten sollten sich auf rund 3 Milliarden US-Dollar belaufen. Von nun an ging es bei der Unterstützung der Taliban nicht mehr nur um geostrategische, sondern vor allem um ökonomische Interessen.

Ein eigenartiger Begleitumstand war die Entscheidung des saudischen Geheimdienstes GID unter Leitung von Prinz Turki al-Faisal, die Taliban massiv zu unterstützen, indem er ihnen vor allem Kommunikationsmittel lieferte, aber auch etwa ein Dutzend schwarze Pick-ups japanischer Herkunft mit den beliebten getönten Scheiben. Gleichzeitig ließ Saudi-Arabien alle anderen aus usbekischen oder tadschikischen Volksstämmen hervorgegangenen Parteien fallen, die nun mit leeren Händen dastanden, den Rückzug antraten und an Boden verloren. Mit solch umfassender Unterstützung marschierten die Fundamentalisten Richtung Kabul und ergriffen zur allgemeinen Zufriedenheit am 27. September 1996 die Macht. Einige Monate zuvor war Robin Raphael, für das südliche Asien zuständige

Staatssekretärin im amerikanischen Außenministerium, nach Kandahar gereist, um die Entwicklung abzusegnen. Am 19. April 1996 erklärte sie: «Wir sind auch besorgt, dass hier wirtschaftliche Möglichkeiten verpasst werden, wenn die politische Stabilität nicht wiederhergestellt werden kann.»[4] Eine klare Aussage.

Im Ausland wurde die Unterstützung der Fundamentalisten von angesehenen politischen Kreisen fortgesetzt. Zwei der einflussreichsten amerikanischen Forschungsinstitute im Bereich der Außenpolitik setzten sich für sie ein. Es handelt sich um den angesehenen Council on Foreign Relations[5] (ein wahrer Tempel der amerikanischen Diplomatie, zu deren Mitgliedern Botschafter, ehemalige Minister sowie die Diplomatenkaste der Georgetown University und der angesehenen Johns Hopkins School gehören) und die Rand Corporation (ein Forschungszentrum, das vorrangig im Dienst des Pentagons, der Verteidigungsindustrie und des Energiesektors arbeitet). Barnett Rubin, der Afghanistan-Spezialist des Council on Foreign Relations, erklärte im Oktober 1996: «Die Taliban haben nicht die geringsten Verbindungen zu der radikal-islamischen Internationale. In Wirklichkeit verabscheuen sie diese sogar …»[6] Welche Weitsicht! Solche Erklärungen wurden einen Monat nach der Machtübernahme abgegeben, zu einem Zeitpunkt also, als die Koranschüler bereits vom «islamischen Emirat Afghanistan» sprachen, als sie ihren spektakulären Aufstieg den Dollars der fundamentalistischen Diktatur Saudi-Arabiens verdankten – vor allem den religiösen Führern dieses Landes, das für einen orthodoxen und archaischen Islam kämpft –, als Muhammad Omar sich als Führer der Gläubigen ausgerufen und den Titel «Mullah» angenommen hatte und als die Taliban den ehemaligen prokommunistischen Präsidenten Muhammad Najibullah ohne Gerichtsverfahren hingerichtet hatten, obwohl dieser Zuflucht bei der UNO in Kabul gefunden hatte. Kommentar überflüssig!

Am Ende dieses furchtbaren afghanischen Winters, Anfang 1997, schien die Sache beschlossen. Als die religiösen Milizen 90 Prozent des Landes unter Kontrolle hatten, nahmen Erdöl-experten und ehemalige Diplomaten, die in die Geschäftswelt übergewechselt waren, ihre Arbeit auf. Die geplante Ferngas-leitung sollte bald Wirklichkeit werden. Unocal erweiterte sein Team in Islamabad und schickte mehrere Vertreter nach Kabul und vor allem nach Kandahar, in die Hochburg ihrer wertvol-len neuen Verbündeten. Die Ölgesellschaft scheute auf keinem Gebiet vor Ausgaben zurück. So bekam das Studienzentrum Afghanistan von der Universität Nebraska 900 000 US-Dollar, die es in verschiedene Infrastrukturprojekte in Kandahar inves-tierte. Bedeutende Persönlichkeiten beteiligten sich an dieser mildtätigen Aktion. Zum Beispiel Gerald Boardman, ehemali-ger Verantwortlicher der USAID (US Agency for Internatio-nal Development), einer karitativen Organisation, die direkt dem State Department untersteht. Mithilfe der Gelder der Unocal finanzierte er unter dem Deckmantel humanitärer Ak-tionen der Universität von Nebraska erzieherische Projekte der Taliban in Kandahar.[7] Unocal stellte maßgebliche Männer ein. So wurde etwa Robert Oakley engagiert, der ehemalige Botschafter der Vereinigten Staaten in Pakistan, um sich um die diplomatische Seite des «pactole afghan» zu kümmern. Er richtete sich in Islamabad in den Büros der CentGas, des örtli-chen Konsortiums der Erdölfirma, ein.[8]

Auf saudi-arabischer Seite wollte neben Delta Oil die gesam-te königliche Familie von der Hegemonie der Taliban, dieser jungen aufrührerischen Brüder, profitieren, die jetzt dafür sorgten, dass Ordnung herrschte. Das begriff auch die argenti-nische Bridas schnell. Nach dem Verrat durch Unocal suchte

46

sein Konzern neue Partner und näherte sich dem saudi-arabischen Unternehmen Ningharco[9] an, das Turki al-Faisal, dem Leiter des Nachrichtendienstes GID, nahe steht.[10]

1 *FT Energy Newsletter.* East European Energy Report, 27. März 1995.

2 Ein Alleingang, der dazu führte, dass Bridas Unocal in den Vereinigten Staaten verklagte. Der argentinische Konzern gewann nach einem mehrjährigen Gerichtsverfahren.

3 *Oil & Gas Journal,* 30. Oktober 1995.

4 Erklärung von Robin Raphael gegenüber der AFP während ihres Afghanistan-Besuchs: «We are also concerned that economic opportunities here will be missed, if political stability cannot be restored.»

5 Herausgeber der Zeitschrift *Foreign Affairs,* international einflussreichste Zeitschrift für Geostrategie und politische Verteidigung.

6 Interview mit *The Times* am 14. Oktober 1996.

7 Nach Ahmed Rashid, Kap. 2, Anm. 3

8 Das Kapital von CentGas setzt sich folgendermaßen zusammen: Unocal 70 Prozent, Delta Oil 15 Prozent, die russische Firma Gazprom 10 Prozent, die staatliche turkmenische Gesellschaft Turkmenogas 5 Prozent.

9 Ein Abkommen, über das zum ersten Mal im *Journal of Commerce* vom 3. November 1997 berichtet wurde.

10 Zu den Einzelheiten der saudischen Genealogie siehe Kapitel 7 und 8.

4. Mullah Omar,
   ein lästiger Verbündeter

Während sich die politische und geschäftliche Lage positiv entwickelte, setzten im Frühjahr 1997 im Norden des Landes erneut heftige Kämpfe ein. Damit begann für die Taliban die Zeit der «offiziellen» Ungnade, in deren Verlauf die Koranschüler noch dazu wiederholt politische Fehler begingen, die ihre Verhandlungspartner zwangen, sich von ihnen zu distanzieren.

Bei Offensiven gegen die Stadt Mazar-i-Sharif unter Führung des Kommandanten Ahmed Masud und vor allem unter der des usbekischen Generals Rashid Dostum kam es zu Kämpfen von seltener Grausamkeit. Zahlreiche Fälle von Folter wurden nachgewiesen. Zwischen Mai und August 1997 kosteten die blutigen Auseinandersetzungen fast 10 000 Menschen das Leben. Zur selben Zeit erließen die Taliban, die im Süden, in Kabul, die Macht übernommen hatten, immer restriktivere Vorschriften. Die Frauen schienen die ersten Opfer des Regimes zu sein. Die internationale Gemeinschaft begann, wenn auch noch recht verhalten, sich zu empören. Doch der 28. September 1997 brachte eine wahre Kehrtwende in den Beziehungen zwischen der afghanischen Führung und dem Rest der Welt. An jenem Tag stattete die EU-Kommissarin für humanitäre Angelegenheiten Emma Bonino Afghanistan einen Besuch ab, um sich vor Ort selbst ein Bild zu machen. Sofort erkannte sie den Archaismus der Koranschüler. In Begleitung mehrerer Journalisten und Leiter humanitärer Organisationen stellte sie die katastrophalen Bedingungen für das Leben der Frauen, den Erziehungssektor und die öffentlichen Freiheiten fest. Auf der Fahrt kam es zu mehreren Zwischenfällen. Einige Mitglieder ihrer Delegation wurden von der Polizei festgenommen.[1]

Während jetzt auf der einen Seite die Taliban ihr wahres Gesicht zeigten, wurde auf der anderen bin Laden zu einem Problem für Afghanistan.

Seit etwa zwei Jahren hatten die fundamentalistischen Sunniten saudischer Abstammung die Vereinigten Staaten zu ihrem Feind Nummer eins erklärt. Von ihrem Hauptquartier Khartum im Sudan aus planten sie mithilfe ihrer Stützpunkte in bestimmten, nicht von der Armee kontrollierten Teilen des Jemen erste Aktionen gegen die Imperialisten, die den saudi-arabischen Boden, Heimat der heiligen Stätten des Islam, besudelten. Osama bin Laden gehörte zu ihren Anführern.[2] Nachdem er zur Freude der religiösen Obrigkeit die herrschende Regierung wegen ihrer unterwürfigen Haltung den USA gegenüber öffentlich heftig kritisiert hatte, verlor er die saudi-arabische Staatsbürgerschaft. Damals galt er bereits als Drahtzieher des Attentats vom 25. Juni 1996 gegen militärische Einrichtungen im saudischen Khobar. Es hieß, er rekrutiere dank seiner finanziellen Mittel eine politische Bewegung gegen die Sowjetmacht unter den ehemaligen arabischen Kämpfern, die als Verfechter des reinen Islam galten und die gegen die Korruption der herrschenden Monarchie kämpfen würden. Zu jener Zeit wurde er mehrmals in der afghanischen Stadt Djalalabad gesehen, der Hochburg des Fundamentalistenführers Gulbudin Hekmatyar, seines ehemaligen Waffenbruders im Guerillakampf gegen die Rote Armee und vor allem früheren Chefs des neuen starken Mannes im Lande, Muhammad Omar.

Diese erste Rückkehr nach Zentralasien, das er 1991 verlassen hatte, fand im Mai 1996 statt, als sich sein Beschützer, der sudanesische Staatschef Omar al-Bashir, auf eine Pilgerreise ins saudi-arabische Mekka begab. Um nicht die Beziehung zwischen seinem Gastgeber und dem saudischen Königshaus zu belasten, flog Osama bin Laden nach Pakistan und begab sich von dort aus für einige Wochen nach Djalalabad.[3] Seine beiden Söhne Saad und Abd-ur-Rahman blieben zunächst im Sudan, folgten ihm aber sechs Monate später. Zu Anfang des Jahres 1997, nach mehreren erfolglosen Offensiven gegen das Regime des libyschen Obersten Moammar Gaddafi,[4] ließ er sich endgültig in Afghanistan nieder.

Den Behörden von Präsident Clinton fiel diese Persönlichkeit vor allem durch einen «informellen» Bericht auf, den Wayne Downing erstellt hatte. Als die Behörden von Riad nach dem Attentat von Khobar dem FBI die Genehmigung verweigerten, Ermittlungen in Saudi-Arabien vorzunehmen, wurde er vom Pentagon beauftragt, unauffällig außergerichtliche Untersuchungen durchzuführen, die bestimmte Hintergründe erhellen sollten. So gilt Downing als der erste leitende Offizier der amerikanischen Armee, der «das Phänomen bin Laden» erkannt hat.[5]

Die Entwicklung des Taliban-Regimes und die Freundschaften, die sie mit den neuen Feinden Amerikas schlossen, durchkreuzten mehr und mehr die Hoffnungen der Ölgesellschaften, des Handelsministeriums und der Diplomaten. Trotz wiederholter optimistischer Prognosen seitens der Verantwortlichen der Firma CentGas kritisierte die damalige Außenministerin Madeleine Albright anläßlich einer Dienstreise in Islamabad offen die neue Regierung von Kabul. Washington distanzierte sich offiziell von den Taliban. Der Bruch vollzog sich in den folgenden Monaten und war im Sommer 1998 abgeschlossen.

Ende Juli verwies die Regierung in Kabul regierungsunabhängige Organisationen des Landes. Weiter im Norden brachten die Taliban die Opposition zum Schweigen und nahmen endgültig Mazar-i-Sharif ein; jetzt leistete nur noch eine Hand voll Unbeirrbarer um Kommandant Masud Widerstand, doch sie beherrschten nur abgelegene Bergregionen und weniger als fünf Prozent des Landes. Bei der Eroberung der Stadt wurden Exekutionen vorgenommen, vor allem wurden zehn iranische Diplomaten erschossen. Damit war in den Augen vieler internationaler Regierungschefs ein Punkt erreicht, an dem es kein Zurück mehr gab. Doch das war nicht alles. Am 7. August 1998 kam es in Nairobi und Daressalam zu Attentaten auf die amerikanische Botschaft. Finanziert wurden sie von bin Laden, logistische Unterstützung leistete das Netz des Islamischen Djihad und der Djamaa Islamiyya, zwei seit langer Zeit verbündete Terrorbewegungen, die in Ostafrika bestens Fuß gefasst hatten. Am 20. August antworteten die USA mit 75 Cruise-Missile-Luftanschlägen auf Ziele um Khost und Djalalabad, wo sich die Trainingslager der al-Qaida befinden, sowie auf eine pharmazeutische Fabrik im Sudan. Am nächsten Tag verurteilte Muhammad Omar die Angriffe und verkündete, dass er bin Laden gerne Gastrecht gewähre.

Ende des ersten Akts. Die amerikanische Regierung brach alle direkten Beziehungen zu Kabul ab. Allerdings nur für sechs Monate.

Die Konsequenz: Für den Augenblick war das Erdölprojekt fehlgeschlagen. Die Bewegung Feminist Majority startete in allen Teilen der Vereinigten Staaten eine Kampagne gegen den Konzern Unocal[6] und beschuldigte ihn der Unterstützung einer Diktatur, welche die Versklavung der Frauen zur Grundlage ihrer Sozialpolitik macht. Hillary Clinton erklärte öffentlich und mit Nachdruck ihre Sympathie für diese Aktionen. Nach und nach zog Unocal seine Leute ab und schloss die Büros in Afghanistan und Pakistan. Doch im Washingtoner Referat für asiatische Angelegenheiten des Außenministeriums bedauerte man diese unglückliche Verkettung von Umständen. Hier hatte niemand vergessen, wie ungemein vorteilhaft eine befreundete Regierung in Afghanistan war, eine Regierung, die, wie die

Koranschüler es erhoffen ließen, in der Lage wäre, das Land zu stabilisieren. So entstand die Idee, künftig eine «moderate» Taliban-Regierung zu unterstützen. Eine zynisches und selbstzerstörerisches Kalkül. Doch für viele war das Land zu wichtig, um es wegen Unstimmigkeiten mit einigen allzu kriegerischen Fundamentalisten fallen zu lassen.

1 *Agence France Presse,* 29. September 1997.

2 Siehe Kapitel 9 und 10.

3 *Le Monde du renseignement,* Nr. 290, Juni 1996.

4 Siehe Kapitel 9.

5 Fast einen Monat nach den Attentaten berief das Weiße Haus am 10. Oktober 2001 General Downing. Der Präsident übertrug ihm die Leitung der geheimdienstlichen Untersuchungen über die al-Qaida. Er arbeitete mit Condoleezza Rice zusammen, der Sicherheitsbeauftragten von Präsident George W. Bush.

6 Anhörung von Marvis Leno, einer der Anführerinnen von Feminist Majority am 9. März 1999 vor dem Senat. Unocal wird förmlich angeklagt, die Taliban unterstützt zu haben.

5. Verhandlungen um jeden Preis

Über andere Länder hätte man sofort ein drakonisches Embargo verhängt, die örtlichen Machthaber unter Druck gesetzt, eine demokratische Opposition unterstützt … Im Fall Afghanistan ist dies «nicht die vorherrschende Ansicht», verlautbarte bisweilen von Mitgliedern der Kongressausschüsse für auswärtige Angelegenheiten.

Besser noch, am 1. Februar 1999 versuchte das State Department neue Konditionen festzulegen, die den Abschluss eines für beide Seiten akzeptablen Abkommens ermöglichen sollten. Der stellvertretende Außenminister Strobe Talbott, Nummer zwei der amerikanischen Diplomatie, begab sich persönlich zu einem Treffen mit Vertretern der Taliban nach Islamabad. Er diskutierte mit ihnen über die Beweise für die Schuld von Osama bin Laden und seiner Organisation al-Qaida an den Attentaten von Nairobi und Daressalam (bereits zu diesem Zeitpunkt!), übergab ihnen einen offiziellen Auslieferungsantrag für Letzteren und stellte zukünftige Beziehungen zwischen beiden Ländern in Aussicht, sobald der Fall bin Laden geregelt wäre.

Doch schon bald wurde allen Beteiligten klar, dass diese Bemühungen angesichts der Entschlossenheit der radikalen afghanischen Sunniten wenig ins Gewicht fielen. Zu viele Länder interessierten sich dringlich für die Frage und griffen in die Gespräche ein. Also war ein anderer, diskreterer Diskussionsrahmen geboten, der in Form einer internationalen Gruppe namens «Sechs-plus-Zwei» auf Initiative der Russen und Amerikaner[1] innerhalb der Vereinten Nationen entstand.

Lakhdar Brahimi ist ein erfahrener Diplomat. Er wurde vom Generalsekretär der UNO damit betraut, die Vermittlungsgespräche mit den Taliban zu organisieren und zu leiten. Im Verlauf des Jahres 1999 war er überall zu sehen: im Tal von Kandahar in Afghanistan, in Pakistan und vor allem im saudi-arabischen Riad, wo er mit König Fahd persönlich zusammentraf, im Februar 1999 wahrscheinlich aber auch mit Prinz Turki al-Faisal, der für die Ausrüstung und Bewaffnung des pakistanischen Geheimdienstes ISI, des Taliban-Heers und der ersten Mudjaheddin-Milizen, in denen sich bin Laden in den achtziger Jahren hervorgetan hatte,[2] zuständig war. Unter dem Banner der UNO wurde Brahimi für alle Akteure auf dem Schachbrett Afghanistan zu einer zentralen Persönlichkeit. Die Vertreter des russischen und amerikanischen Außenministeriums im New Yorker UNO-Sitz waren voll des Lobes. Was lag also näher, als ihn für die Gründung und Leitung der Sechs-plus-Zwei-Gruppe auszuwählen?

Diese umfasste die sechs Nachbarstaaten Afghanistans, das heißt Pakistan, Iran, China, Usbekistan, Tadschikistan, Turkmenistan, und als «plus Zwei» Russland und die Vereinigten Staaten. Ein wahres Vermächtnis aus den Zeiten des Kalten Krieges. Frei von allen Gesetzeszwängen, aber mit dem Segen der UNO entschieden Washington und Moskau nach 20 Jahren erneut über das Schicksal Afghanistans. Die einzige beachtliche Verbesserung bestand darin, dass die beiden Regierungen sich diesmal direkt verständigten, statt die Konfrontation durch Zwischenschaltung Afghanistans auszutragen, und dass sie die strategischen Ziele der Nachbarstaaten berücksichtigten. Am 19. Juni 1999, einen Monat nachdem das FBI Osama bin Laden auf die Liste der zehn international meistgesuchten Verbrecher gesetzt hatte, begannen die «Sechs-plus-Zwei-Gespräche» in Anwesenheit der Taliban im usbekischen Taschkent.[3]

Zu diesem Zeitpunkt hegten die Vereinigten Staaten erneut die Hoffnung, die Taliban zähmen zu können. Am 4. Juli 1999 empfing Präsident Bill Clinton offiziell den pakistanischen Premierminister Nawaz Sharif. Es war zu erneuten Auseinandersetzungen zwischen Neu Delhi und Islamabad um die Kaschmir-Region gekommen. Die beiden Männer fanden eine Verständigungsgrundlage. Sharif bekam einen Zeitaufschub von mehreren Wochen, um seine Truppen aus den Bergen von Kaschmir abzuziehen, wo sie den Kader einer vom Geheimdienst ISI rekrutierten und aufgebauten Gruppe islamistischer Kämpfer schulten und berieten. Im Gegenzug würde der pakistanische Regierungschef den Leiter des ISI, General Khawadja Ziauldine, nach Kandahar schicken, wo er sich für die Auslieferung Osama bin Ladens verwenden sollte.[4] Entgegen allen Erwartungen funktionierte dieser Tauschhandel ausgezeichnet. Am 5. Oktober hatte Ziauldine eine Unterredung mit Mullah Omar, der sich zur Kooperation bereit erklärte. Nach Ansicht von Bill Clintons Beratern gab es einen Erfolg nach dem anderen. Am 7. Oktober gab der Premierminister dem ISI Order, alle Trainingslager für muslimische Fundamentalisten an der pakistanisch-afghanischen Grenze, vor allem in der so genannten «Stammeszone», zu schließen.

Doch am 12. Oktober kam es in Islamabad zu einem Putsch. Der Chef des Führungsstabs der Armee stürzte Nawaz Sharif und übernahm die Macht. Sein Name: General Pervez Musharraf. Er vertrat einen gemäßigten Islam und legte sofort eine moderate politische Haltung gegenüber dem Ausland an den Tag. Die Vereinigten Staaten waren beruhigt, wenn nun auch die Vermittlungsbemühungen für die Sharif-Regierung durch die plötzliche Veränderung zunichte gemacht waren.

In diesem Zusammenhang stimmte am 15. Oktober 1999 der Sicherheitsrat der UNO der Resolution Nr. 1267 zu, die von Kabul die Auslieferung Osama bin Ladens verlangte und anderenfalls sehr maßvolle ökonomische Sanktionen vorsah. Der

Druck wurde aufrechterhalten, doch sollte es nicht zu Missstimmungen kommen.

Im Januar 2000 begann in den Vereinigten Staaten in den Hauptquartieren der Demokraten und der Republikaner der Countdown. Von nun an bis zum November würde das Land von Kampagnen zu den Präsidentschaftswahlen bestimmt sein. Schon polierte man in beiden Lagern die Waffen und erarbeitete vor allem kluge Marketingstrategien, um den Konsumenten, der in jedem Wähler schlummert, zu umgarnen.

Selbst wenn es bei den politischen Auseinandersetzungen nicht um internationale Fragen ging, war Clintons Mannschaft darauf bedacht, bestimmte Akten abzuschließen, ehe sie ihre Koffer packte. Eine Frage der Verantwortung, aber auch der Opportunität ... Bill Clinton wusste, dass ihm trotz seines durch die Lewinsky-Affäre geschädigten Images noch Möglichkeiten blieben, seine Amtszeit mit Bravour zu beenden. Das würde auch Vizepräsident Al Gore, designierter Nachfolger des demokratischen Lagers, nicht missfallen, den man – zu Recht oder Unrecht – bereits als geistigen Erben Clintons ansah.

Zu diesem Zeitpunkt gab es auf der Welt zwei gordische Knoten, die sowohl die Partner Amerikas als auch die Experten für internationale Sicherheitsfragen in Washington beunruhigten: die besetzten Palästinensergebiete und die Ziele der Taliban in Afghanistan. Während seiner letzten Monate im Oval Office verdoppelte Bill Clinton seine Anstrengungen, konkrete Lösungen für diese Probleme zu finden.

Nachdem Muhammad Omar im Januar 2000 seinen guten Willen bezeugt hatte, erachteten es die diplomatischen Berater des Präsidenten für sinnvoll, die Gespräche wieder aufzunehmen. Am Donnerstag, den 20. Januar 2000 begab sich der Referatsleiter für südasiatische Angelegenheiten im Außenministerium nach Islamabad. Dieser Besuch von Karl Inderfurth war die erste Kontaktaufnahme zwischen der amerikanischen Regierung und dem neuen Staatschef Pervez Musharraf. Vor Ort traf der Vertreter der damaligen Außenministerin Madeleine Albright mit zwei hohen afghanischen Persönlichkeiten zusammen: mit dem talibanischen Informationsminister Amir Khan Muttaqi und dem talibanischen Botschafter in Pakistan, Sayyed Muhammad Muttaqi.[5]

Gegenstand der Gespräche war die Auslieferung von Osama bin Laden und die Normalisierung der Beziehungen zwischen der internationalen Gemeinschaft und den Taliban. Inderfurth nutzte die Gelegenheit auch zu einer Unterredung mit Tom Simons, dem amerikanischen Botschafter in Pakistan, der in den folgenden Monaten zur treibenden Kraft der Verhandlungen werden sollte.

Das Datum dieses Besuchs ist nicht ganz unbedeutend. Zwei Tage zuvor hatte der UNO-Generalsekretär Kofi Annan einen neuen Verantwortlichen für die Afghanistan-Akte ernannt. Er hieß Francesc Vendrell und bekam den Titel eines persönlichen Beauftragten des Generalsekretärs und Leiters der UNO-Sonderkommission in Afghanistan.[6] Von diesem Zeitpunkt an liefen alle informellen Gespräche mit den Taliban über ihn, und er bemühte sich, Osama bin Laden einem Gericht zu überantworten. UNO-intern waren verstärkte Aktivitäten der Sechsplus-Zwei-Gruppe zu beobachten. Im Weißen Haus wurde beschlossen, den guten Willen, den man nun endlich auszumachen glaubte, zu honorieren. 114 Millionen Dollar wurden zur Unterstützung Afghanistans freigegeben und an örtliche Organisationen verteilt, die unter Aufsicht der Taliban und der UNO standen.[7]

Von diesem Moment an herrschte zum ersten Mal seit 1998 wieder Optimismus vor. Vendrell reiste zwischen Kabul und

New York hin und her, und im Sommer tagte die Sechs-plus-Zwei-Gruppe erstmalig in Washington. Besser noch: Die Teilnehmer beabsichtigten, eine Regierungsreform in Kabul zu unterstützen, die eine Zusammenarbeit der Taliban-Führer und der Nordallianz anstrebte. Die Fortschritte waren so beachtlich, dass Vendrell die beiden feindlichen Parteien einlud, direkt an den Gesprächen teilzunehmen. Aus einem Bericht des UNO-Generalsekretärs Kofi Annan vom 17. August 2001 geht hervor, dass die Mitglieder der Sechs-plus-Zwei-Gruppe seit dem Jahr 2000 ständig mit den Taliban in Verhandlung standen.[8] Alle Mitglieder des Sicherheitsrats, Franzosen und Briten eingeschlossen, ermutigten sie.

Das amerikanische Außenministerium beschloss, wohl um nicht aus der Übung zu kommen, die bilateralen Verhandlungen mit Kabul wieder aufzunehmen. Am Mittwoch, den 27. September 2000, konnte man feststellen, dass die Erwärmung der Beziehungen zur allgemeinen Zufriedenheit voranschritt. Denn an diesem Tag hielt der stellvertretende talibanische Außenminister Abd-ur-Rahim Zahid im Washingtoner Middle East Institute einen Vortrag.[9] Darin forderte er die Vereinten Nationen auf, die Legitimität seiner Regierung anzuerkennen, und in der Zuhörerschaft erregte sich niemand angesichts dieses offenkundigen Lobbyismus. Um seinerseits zu gefallen, machte der afghanische Führer hinsichtlich des Problems Osama bin Laden viel versprechende Ankündigungen. Er versicherte, die religiöse Obrigkeit seines Landes habe eine spezielle Untersuchungskommission eingerichtet, um bin Ladens Verantwortung für die Attentate zu überprüfen und eventuelle Auslieferungsmaßnahmen einzuleiten. Zu diesem Punkt traf der Anti-Terror-Koordinator des Weißen Hauses, Michael Sheehan, sogar mit einem Mitglied der Taliban-Delegation, Abd-ul-Hakim Mudjahid, zusammen.

Einen Monat später, am 18. Oktober 2000, erkannte das Außenministerium der Vereinigten Staaten die Arbeit der Sechs-plus-Zwei-Gruppe und die Fortsetzung der Verhandlungen mit den Taliban für eine Befriedung Afghanistans an.[10] Etwa zwei Wochen später schienen diese kurz vor einem Ergebnis zu stehen. Francesc Vendrell erklärte, zum ersten Mal hätten die beiden feindlichen afghanischen Fraktionen – Taliban und Nordallianz – unter der Leitung der Sechs-plus-Zwei-Gruppe gemeinsam einen Friedensprozess erörtert.[11] Eine Stabilisierung des Landes, die dem Westen so wichtig war, schien bevorzustehen. Und man könne sicher sein, dass Osama bin Laden bald aus seinem Heiligtum verjagt werden würde.

Doch in diesem Herbst stießen solche ermutigenden Nachrichten auf Gleichgültigkeit. In den Vereinigten Staaten mobilisierten die Präsidentschaftswahlen alle politischen Klassen. Wie immer in den letzten Wochen des Wahlkampfs waren die Lager entfesselt. Die beiden Parteien und ihre Helden nahmen die ganze Aufmerksamkeit der Medien in Anspruch. Bei den letzten Meinungsumfragen war zwischen den beiden Kandidaten kaum eine Entscheidung herbeizuführen, was die Härte des Kampfes noch verstärkte.

Ende November waren alle Stimmen ausgezählt, doch pikanterweise dauerte die Unsicherheit an. Mehrere Wochen waren nötig, um zwischen den beiden Männern zu entscheiden und den Sieg des Gouverneurs von Texas, George W. Bush, zu verkünden. Als der Tumult vorüber war und man sich wieder der afghanischen Angelegenheit widmete, hatten sich die Gegebenheiten radikal verändert. In weniger als einem Monat war das diplomatische Gleichgewicht zwischen den Taliban und dem Westen zerstört. Verhandlungen und Gespräche unter Federführung der Sechs-plus-Zwei-Gruppe standen außer Frage. Auf beiden Seiten kam es zu oft misstrauischen und zornigen

Reaktionen. Am 12. Dezember 2000 setzte Michael Sheehan seine talibanischen Gesprächspartner auf die schwarze Liste. Vor dem Justizausschuss des Repräsentantenhauses verurteilte er sie mit strengen Worten, beschuldigte sie der Unterstützung des Terrorismus und forderte die internationale Gemeinschaft auf, neue Sanktionen gegen Kabul zu verhängen. Das geschah am 19. Dezember. Der Sicherheitsrat der UNO stimmte verschärften wirtschaftlichen Sanktionen gegen die Taliban zu und fror einen Teil ihres Finanzguthabens ein. Diese Zustimmung war eine der letzten diplomatischen Entscheidungen der Clinton-Regierung.

Welche Ereignisse konnten diese radikale Umkehr bewirken? Warum waren die Taliban plötzlich nicht mehr geneigt, mit ihren Gesprächspartnern zu verhandeln? Diese wetterten und schimpften ihrerseits. Die Frage ist bis heute nicht zu beantworten. Doch was auch immer der Grund für die Kehrtwende gewesen sein mag, sie sollte nicht von langer Dauer sein. Unmittelbar nach der Amtseinführung von George W. Bush veränderte sich der Ton.

1 Wie einer Erklärung vom 9. Dezember 1998 von Peter Burleigh, Botschafter der Vereinigten Staaten bei der UNO, zu entnehmen ist, brachten Moskau und Washington den Plan zur Gründung der Sechs-plus-Zwei-Gruppe bereits im dritten Quartal 1997 vor (Archiv der Vereinten Nationen). Realisiert wurde er im Frühjahr 1999.

2 Es ist heute bewiesen, dass sich Prinz Turki al-Faisal, Sohn des Ex-Königs Faisal, tatsächlich um die Auslieferung von Osama bin Laden bemüht hat, um ihn in Saudi-Arabien vor Gericht zu stellen. Im 2. Quartal 1999 hat er erste Anstrengungen in dieser Richtung bei den Taliban unternommen. Turki al-Faisal war seit 1997 Chef des saudischen

Geheimdienstes GID, am 30. August 2001 wurde er kaltgestellt. In einem in der arabischen Zeitung *Al-Sharq Al-Aswat* am 10. Oktober 2001 erschienen offenen Brief stellte er fest, dass Osama bin Laden für die Attentate von Nairobi, Daressalam und für den am 11. September 2001 auf das World Trade Center und das Pentagon verübten Anschlag verantwortlich sei.

3 Protokoll der Anhörung des UNO-Sicherheitsrats vom 31. August 1999 zur Lage in Afghanistan. Der russische Botschafter Gennadi Gatilow und sein iranischer Amtskollege Mehdi Danesh-Yazdi berichten über die Arbeitsaufnahme der Sechs-plus-Zwei-Gruppe.

4 *Le Monde du Renseignement,* Nr. 358, 21. Oktober 1999.

5 Archiv der amerikanischen Botschaft in Islamabad.

6 Archiv der Vereinten Nationen, 17. Januar 2000.

7 Im Jahr 2001 würden die Mittel für die Afghanistan-Hilfe erhöht. Sie beliefen sich jetzt auf etwa 124 Millionen Dollar. Diese Zahl gab der US-Außenminister Colin Powell am 17. Mai 2001 in einer Rede bekannt. Die Europäische Union hat seit 1998 alle Hilfen für die afghanische Regierung eingefroren, um gegen die Form ihrer Herrschaft zu protestieren.

8 Bericht des Generalsekretärs des Sicherheitsrats. UNO-Dokument Nr. A/55/1028-S/2001/789 mit dem Titel «The Situation in Afghanistan and its implications for international peace and security».

9 *United Press International,* 27. September 2000.

10 Diese Anerkennung brachte Thomas Pickering, Staatssekretär für politische Angelegenheiten, während eines Aufenthalts in Moskau zum Ausdruck. Bei dieser Gelegenheit berichtete er anlässlich einer Pressekonferenz im Spaso-Haus in Moskau detailliert von seinen Gesprächen mit dem stellvertretenden russischen Außenminister Wjatscheslaw Turbnikow über die Arbeit der Sechs-plus-Zwei-Gruppe.

11 Kommuniqué des Sicherheitsrats der Vereinten Nationen vom 3. November 2000. Das Dokument des UNO-Generalsekretärs vom 17. August 2001 erwähnt einen am 2. November 2000 aufgesetzten Verhandlungstext.

6. Chronik verbotener Verhandlungen
(5. Februar bis 2. August 2001)

Anfang des Jahres 2001 schritt Laila Helms, zuständig für die Öffentlichkeitsarbeit der Taliban, erneut zur Tat. Nach der Erklärung vom 5. Februar in der Tageszeitung *The Times,* in der die neue Regierung aufgefordert wurde, die Verhandlungen wieder aufzunehmen, organisierte sie den Besuch des Reisebotschafters Sayyed Rahmatullah Hashimi, Vertreter des Mullah Omar. Warum kam es innerhalb so kurzer Zeit zu so vielen Kurswechseln?

In der neuen Bush-Regierung sind (zu) viele Entscheidungsträger vertreten, die aus der Energieindustrie kommen, und das warf ein Problem auf. Denn alle waren sie sich der ökonomischen Interessen bewusst, die von der Stabilisierung Zentralasiens abhingen, und keiner von ihnen hatte die neuen Pläne für eine Ferngasleitung durch Afghanistan vergessen. Und waren nicht schließlich die texanischen Erdöl- und Gaskonzerne die Hauptfinanziers von Bushs Wahlkampfkampagne gewesen?[1] Das geriet natürlich auch nach dem Amtsantritt der neuen Regierung nicht in Vergessenheit, die am 29. März 2001 beschloss, das Nationale Naturreservat von Alaska für Ölbohrungen zu öffnen und das Kyoto-Protokoll über Schadstoffemissionen abzulehnen, das bei der Energieindustrie so viel Missfallen erregt hatte. In diesem Zusammenhang sind die Lebensläufe der neuen Verantwortungsträger in George W. Bushs Diensten von Interesse.

So war Vizepräsident Dick Cheney bis zum Beginn des Wahlkampfs über lange Jahre Vorstandsvorsitzender von Halliburton, der weltgrößten Dienstleistungsfirma für die Erdölindustrie. Condoleezza Rice, die Chefin des Nationalen Sicherheitsrats, dem alle Geheimdienste untergeordnet sind, war neun Jahre bei Chevron. Von 1991 bis 2000 war sie Vorstandsmitglied dieses Erdölgiganten und schaltete sich in ihrer Eigenschaft als gute Ex-Sowjetologin immer wieder in die Gespräche über Zentralasien ein – vor allem wenn es um Kasachstan ging, wo Chevron sehr stark vertreten ist. Donald Evans, Wirtschaftsminister und ein enger Freund von Bush, hat als Generaldirektor der Tom Brown Inc. vor allem in der Erdölbranche Karriere gemacht, ganz so wie der Energieminister Spencer Abraham. Was Kathleen Cooper, Staatssekretärin für wirtschaftliche Angelegenheiten im Handelsministerium, angeht, so war sie führende Chefökonomin des Weltkonzerns Exxon.[2]

Auch in den untergeordneten Positionen des Kabinetts findet man ähnliche Werdegänge. Diese stark vorbelasteten Politiker zeigten sich also um eine expansive Energiepolitik bemüht. Bereits am 29. Januar, vier Tage nach der Amtseinführung von George W. Bush, rief Vizepräsident Dick Cheney zu diesem Zweck eine informelle Organisation ins Leben, die Energy Policy Task Force. Ihre Aktivitäten wurden mit Spannung von Parlamentariern und politischen Journalisten verfolgt.[3] Am 16. Mai 2001 erklärte sich Vizepräsident Dick Cheney schließlich bereit, eine Zusammenfassung der beschlossenen energiepolitischen Maßnahmen zu veröffentlichen, die jedoch nur die allgemeinen Ziele beinhaltete, vorrangig neue Abkommen mit Asien. Weitere Details wurden nicht publik gemacht. Diese undurchsichtigen Angaben verärgerten das General Accounting Office[4] des Kongresses. Am 10. September 2001 stellte es einen Antrag auf Offenlegung der Einzelheiten des von der Energy Policy Task Force beschlossenen Programms und vor allem der Namen der daran Beteiligten. David Walker, Leiter des GAO, hatte dafür sogar eine gerichtliche Verfolgung in Betracht gezogen.

Unbekannt bleibt, welchen Einfluss diese energiepolitischen Überlegungen auf die afghanische Frage hatten. Die Erdölbranche konnte sich allerdings zu der Schnelligkeit, mit der das Weiße Haus die Gespräche mit den Taliban wieder aufnehmen wollte, nur beglückwünschen. Für den Erdölsektor, der im Januar 2001 in Washington Priorität hatte, durfte Zentralasien nicht auf den Rang eines Entwicklungslandes verbannt werden, für das sich allenfalls noch die Wiederverkäufer überflüssigen Heeresguts interessieren. Zumal sich die Gegebenheiten verändert hatten: Moskau und Peking schlossen zahlreiche Abkommen über den Bau von Pipelines ab, die das Öl aus Zentralasien befördern sollten, und vor allem war seit dem Sommer die russische Pipeline, die das Öl aus der kaspischen Region pumpte, in Betrieb genommen worden. Die amerikanische Pipeline, ihr Konkurrent auf der «Westpassage», die nach Ceyhan in der Türkei führen sollte, war hingegen noch im Planungsstadium. Bei diesem Tempo würden in kürzester Zeit die Öl- und Gasfelder amerikanischer Konzerne von Kasachstan, Turkmenistan und Usbekistan an Gas- und Ferngasleitungen unter chinesischer und russischer Kontrolle angeschlossen.[5]

Wenngleich die Vereinten Nationen gegen Kabul am 19. Dezember Sanktionen verhängt hatten, inzwischen jeder die Sprache der Taliban verstand und Clintons Verantwortliche für den Anti-Terror-Kampf zu dem Schluss gekommen waren, dass die Koranschüler die Terroristen auch weiterhin unterstützen würden, beschloss die Regierung erneut, mit den Taliban zu verhandeln. Laila Helms bekam den Auftrag, die afghanischen Führer in der Öffentlichkeit in möglichst positivem Licht darzustellen. Um den Rest würde man sich im Weißen Haus und im State Department kümmern.

Die Diplomaten der europäischen Botschaften bemühten sich, die Ereignisse zu verfolgen. Man munkelte von einer informellen Kontaktaufnahme mit dem Kreis um Qazi Hussein Ahmad, dem fundamentalistischen Führer der Djamaa Islamiyya, der im Tal von Khost seine Truppen mit denen von bin Laden vereinigt hatte. Das amerikanische State Department vertraute diese äußerst riskanten Unterredungen der Staatssekretärin Christina Rocca an, Leiterin des Referats für Asien-Angelegenheiten. Bereits in ihrer früheren Funktion als Nachrichtendienst-Agentin bei der CIA war sie von 1982 bis 1997 mit diesem Teil der Welt befasst gewesen. Dort koordinierte sie einige Jahre lang die Beziehungen der CIA zur islamistischen Guerilla und war verantwortlich für einen Teil der Lieferungen der Stinger-Raketen an die afghanischen Mudjaheddin. Ab Mai des Jahres 2001 trat Christina Rocca aus dem Schatten der amerikanischen Exekutive, um nun in der weniger undurchsichtigen Welt der Diplomatie Kontakt zu ihren früheren Gesprächspartnern aufzunehmen.

Bei der Anhörung durch die Senatsmitglieder verheimlichte sie nicht die Absicht der neuen Leitung, den Frieden in Afghanistan wiederherzustellen.[6] Doch um dieses Ziel zu erreichen, waren neue Diskussionskanäle mit Kabul unabdingbar.

Die zuvor von der UNO im Rahmen der Sechs-plus-Zwei-Gruppe geknüpften Beziehungen waren nach der Regierungsübernahme durch Bush und sein Team erneut von Interesse. Offiziell gab man vor, diese Gruppe aus humanitären Gründen zu unterstützen. Bereits am 12. Februar 2001 bekräftigte die amerikanische Botschafterin bei den Vereinten Nationen Nancy Soderberg auf Anfrage von Francesc Vendrell die Bereitschaft der Vereinigten Staaten, einen ständigen Dialog mit den Taliban aufzunehmen.[7] Das gelang ihnen auch, und Vendrell übernahm die Leitung. In dieser Funktion begab er sich zwischen dem 19. April und dem 17. August 2001 viermal zu Gesprächen mit den Taliban nach Kabul und Kandahar, das geht

65

aus dem oben zitierten Bericht des Generalsekretärs der UNO hervor.

Um den Treffen einen diskreteren Rahmen zu geben, wurden sie in Berlin abgehalten. Teilnehmer waren nach wie vor die Sechs-plus-Zwei-Staaten, mit dem einzigen Unterschied, dass jetzt, um die Regierungen nicht zu kompromittieren, die anwesenden Vertreter keine offizielle Funktion im eigenen Land hatten. Auf amerikanischer Seite sprach Tom Simons, ehemaliger Botschafter der Clinton-Regierung in Islamabad, für das Außenministerium. Nach Aussage der pakistanischen Interessenvertreter[8] fanden mindestens drei Treffen unter der Leitung von Francesc Vendrell in Deutschland statt. Ziel war es, die Taliban zu einem Waffenstillstandsabkommen mit der Nordallianz, zur Bildung einer nationalen Einheitsregierung und zur Auslieferung Osama bin Ladens zu bewegen.

Alle hofften, dass die Gotteskrieger freundlicherweise einen Teil ihrer Macht abgeben und auf die Forderungen der Vereinigten Staaten eingehen würden. Doch die Sache verlief im Sande. Für den 17. Juli war, wiederum in Berlin, ein weiteres Geheimtreffen geplant. Zwei Tage vorher, am 15., enthüllte die Wochenzeitschrift *Focus,* dass bald ein Treffen zwischen dem Außenminister der Taliban und Abdullah Abdullah, seinem Amtskollegen von der Nordallianz, in der deutschen Hauptstadt stattfinden sollte. Doch der Taliban-Vertreter kam nicht. Denn tatsächlich weigerte er sich seit einem äußerst stürmischen Treffen am 15. Mai in Brüssel, mit einem Gremium zu tagen – selbst wenn dies informell war –, das unter der Ägide des Sicherheitsrats der Vereinten Nationen stand, welcher Sanktionen gegen sein Land verhängt hatte.[9]

Während der letzten Unterredungen in Berlin sprach nach Angaben des pakistanischen Vertreters Naiz Naik die kleine amerikanische Delegation von «militärischen Möglichkeiten» gegen die Taliban, wenn diese nicht bereit wären, ihre Positionen zu ändern. Das galt vor allem für das Problem bin Laden. Der amerikanische Vertreter Tom Simons dementierte, dass zu diesem Thema so klare Aussagen gemacht worden wären. Äußerst mysteriös. Andere Länder behielten die Entwicklung im Auge. Bereits am 1. Juni hatte in Washington eine geheime Versammlung zur afghanischen Frage stattgefunden. Teilnehmer waren der Nationale Sicherheitsrat unter Condoleezza Rice, Christina Rocca, Francesc Vendrell und britische Beobachter.[10]

Am 17. Juli war zum x-ten Mal ein Punkt erreicht, an dem es kein Zurück mehr gab. In einem lapidaren Kommuniqué stellte der französische Außenminister ohne weitere Kommentare das Scheitern der letzten Treffen fest. Doch nach dem 11. September 2001 bekam diese Erklärung einen besonderen Beigeschmack: «Heute Morgen empfing Hubert Védrine den persönlichen Vertreter des Generalsekretärs der Vereinten Nationen und Sonderbeauftragten für Afghanistan, Francesc Vendrell. Dieser informierte ihn über die Blockierung der politischen Lage. Gemeinsam haben sie Möglichkeiten diskutiert, die in absehbarer Zeit zu einer positiven Entwicklung führen könnten, besonders eine Unterstützung der internationalen Gemeinschaft bei den Bemühungen des Königs, Vertreter der afghanischen Gesellschaft um sich zu versammeln».[11]

Welcher König? Zu diesem Zeitpunkt verstanden nur wenige, was gemeint war. Die folgenden Ereignisse sollten deutlich machen, dass es sich um den afghanischen Ex-König Zahir Shah handelte, der also offensichtlich seit mehreren Monaten aufgefordert wurde, den Platz der Taliban in Kabul einzunehmen und sie gegebenenfalls an einer nationalen Unionsregierung zu beteiligen. Denn tatsächlich stand Francesc Vendrell seit dem 16. Mai 2001 mit König Zahir Shah in Rom in Verbindung, um die Bedingungen für seine Rückkehr nach Kabul zu untersuchen.[12]

Also bekamen die Koranschüler im Juli 2001 gleichzeitig zwei Botschaften aus dem Westen:

– Es wurden mögliche Maßnahmen gegen sie erörtert, um Osama bin Ladens habhaft zu werden;

– es wurden Gespräche mit dem ehemaligen König über seine Rückkehr und Machtübernahme in Kabul geführt.

Alles deutete darauf hin, dass der Westen die Taliban im Stich ließ. Man diskutierte bereits ihre Nachfolger. Hielt man sie denn für blind? Noch am 2. August setzte Christina Rocca in Islamabad unermüdlich die Gespräche mit dem Botschafter der Taliban fort und forderte die Auslieferung bin Ladens. Ein letzter Versuch?

Dabei hatten seit 1999 die Meinungsumschwünge des Taliban-Führers Muhammad Omar und seine Verschleierungspolitik gezeigt, dass er nicht wirklich gewillt war, ein demokratisches Gewand anzulegen und auf die Unterstützung seines Verbündeten und Religionsbruders Osama bin Laden zu verzichten. Und niemand kann wirklich sagen, wer von den beiden Männern mehr Macht über den anderen hatte: der millionenschwere Fundamentalistenführer, der in einer der größten saudischen Familien aufgewachsen ist, die arabische Welt durchreist und die extremistischen Führer hinter sich gebracht hat, oder der Bauer paschtunischer Abstammung, von den Mudjaheddin in den abgelegenen Bergen erzogen, der einem radikalen Islam anhängt und seine Kampfgefährten mitzureißen vermag.

Das weiß niemand, auch wenn man seit dem 11. September 2001 bedauern mag, sich diese Frage nicht früher gestellt zu haben.

1 Die Demokratische Partei schätzt, dass die Republikaner, nach den der Administration gegenüber abgegebenen Erklärungen, von der Erdöl- und Gasindustrie direkt oder indirekt eine Unterstützung von 3 Millionen Dollar bekommen haben.

2 Die Erdölerzeugnisse werden in Europa unter dem Namen Esso verkauft.

3 Siehe dazu besonders den Artikel «Something of a secret society» in der *Washington Post* vom 4. April 2001, der die Aufgaben der Energy Policy Task Force erklärt.

4 Das General Accounting Office veröffentlicht Berichte und führt im Auftrag verschiedener Kongressausschüsse Untersuchungen durch (es entspricht ungefähr dem deutschen Bundesrechnungshof, Anm. d. Ü.).

5 Siehe dazu den Bericht des Studienzentrums Stratford vom Juli 2001.

6 Anhörung vor dem Senate Foreign Relations Committee unter dem Vorsitz von Senator Sam Brownback am 17. Mai 2001.

7 Kommuniqué der Delegation der Vereinigten Staaten bei den Vereinten Nationen vom 12. Februar 2001. Ms. Nancy Soderberg: «We were asked by Mr. Vendrell to try and find a way to have a continuing dialogue on humanitarian issues with the taliban.»

8 Bericht von Naiz Naik, dem ehemaligen Außenminister Pakistans, zusammengetragen von Pierre Abramovici im Rahmen des Magazins «Pièces à conviction» auf dem französischen Fernsehsender France 3.

9 Die Gesamtheit der Treffen und ihr Inhalt wurden im Bericht des Generalsekretärs vom 17. August 2001 bestätigt.

10 Bericht des UNO-Generalsekretärs vom 17. August 2001, siehe oben.

11 Kommuniqué des Sprechers des Außenministeriums vom 17. Juli 2001.

12 Bericht des UNO-Generalsekretärs vom 17. August 2001.

II

Saudi-Arabien, Reich aller Gefahren

7. Zwischen Erdöl und Koran

Die Geschichte des Königreichs Saudi-Arabien ist die orientalische Version der Allianz von Armee und Kirche. Seit jeher spielte die Religion auf dieser Halbinsel zwischen Rotem Meer und Persischem Golf eine entscheidende Rolle.

Mekka, Dreh- und Angelpunkt im Jahr 569: Hier kam Muhammad, der Sohn Abdullahs und Aminas, als Angehöriger des Stammes der Quraysh zur Welt. Der Kaufmann und frühere Hirte empfing im Alter von 40 Jahren auf dem Berg des Lichtes, den er regelmäßig zur inneren Sammlung aufsuchte, die Offenbarungen des Erzengels Gabriel. Dieser verkündete ihm, dass er von Gott zum *rasul* – zum Gesandten – auserwählt worden sei, und übermittelte ihm im Laufe von 23 Jahren den Wortlaut des Koran. Im Jahr 630 schließlich trat die Bevölkerung Mekkas zum Islam über. Zwei Jahre später starb der Prophet. Aus der Wiege der muslimischen Welt ging allerdings nicht der Leitstern einer neuen Zivilisation hervor. Zwar war Mekka der Wallfahrtsort, den jeder Gläubige aufsuchen musste, doch konnte es sich kaum am Emirat Córdoba messen. Dessen Strahlkraft erfüllte die arabisch-islamische Welt, die eine Zeit lang von den Pyrenäen bis nach Indien reichte.

Die karge Heimat des Propheten dagegen schien von Gott verlassen zu sein. Sie bestand größtenteils aus Ödland und erstreckte sich über eine Reihe von Sandtälern und ein fast 1000 Meter hohes Plateau, in dem ein sehr trockener, drückender Sommer einen kalten, regenreichen Winter ablöste und das im Norden und im Süden von einer wenig einladenden Wüste begrenzt wurde.

Mehrfach sahen sich die Nomadenvölker infolge der Trockenheit auch gezwungen, das Land zu verlassen und Richtung Norden, in den Irak und nach Syrien, sowie gen Westen, nach Ägypten und Nordafrika, zu ziehen. Über ein Jahrtausend lang wechselte dieses unwirtliche Gebiet, in dem nur einige wenige nomadisierende Hirtenstämme lebten, seine Besitzer, bevor es im 16. Jahrhundert dem Osmanischen Reich zufiel, mit Ausnahme der Gegend des Nejd, des Hochlands in Zentralarabien.

Genau hier entstand das spätere Arabische Reich, die Wiege der heiligen Stätten des Islam. Um 1745 wurde der Prediger Muhammad bin Abd-ul-Wahhab wegen seiner radikalen Ansichten über die Auslegung des Korans, die der seiner Meinung nach zu laxen Haltung der Gläubigen bei der Ausübung ihrer Religion entgegenstand, aus seiner Heimatoase vertrieben. Er floh nach Dir'iyyah, einer Oase, in der die Saud das Sagen hatten. Der Stammesführer, Muhammad bin Saud, machte sich die Ansichten des Religionsführers zu eigen, der einen rigoristischen Glauben und eine wortgetreue Auslegung der *Sharia* predigte. Dichtung, Musik, Tabak, das Tragen von Schmuck und alles, was als Neuheit angesehen wird, waren ausdrücklich untersagt.[1] Das waren die Anfänge des Wahhabismus, einer kompromisslosen reformistischen Strömung, deren zentrale Vorstellung die Einzigartigkeit Gottes ist. Sie gilt als einzige Wesenheit, die die Gläubigen verehren dürfen. Daraus folgt die Ablehnung jeder Verehrung eines vermittelnden Geistes oder Heiligen. Jede Missachtung des Wortlauts des Korans zieht eine strenge, gnadenlose Bestrafung nach sich.[2]

Wahhab, der Religionsführer, und Saud, der Krieger – nach dem das Land auch benannt wurde – schlossen also einen heiligen Pakt, um ihrer Sache Geltung zu verschaffen und die Gläubigen auf den Weg Gottes zurückzuführen. Glaube und Macht waren von Anfang an eng miteinander verknüpft. Und zur Durchsetzung ihrer Auffassung des Korans galten die Schwerter viel. Erste Machtdemonstrationen richteten sich gegen die verhassten Symbole: Bäume, Friedhöfe und Kuppeldächer, denen die einheimische Bevölkerung magische Kräfte zuschrieb, wurden zerstört. Ehebrecherinnen wurden gesteinigt, Dieben wurde die Hand abgehackt. Die fünf täglichen Gebete mussten strikt eingehalten werden.

Muhammad bin Saud bereitete seine Krieger auf die Eroberung Arabiens vor. Das Gebiet der Saud wurde nach und nach erweitert. Doch sollte es 40 Jahre dauern, bis die riesige Gegend des Nejd geeint war. In der Folge griff der saudi-arabische Einfluss rasch auf schiitisches Gebiet über, bis ins Herz von Oman und Qatar, wobei Kuwait und Bahrain Widerstand leisteten. Der Enkel Muhammads, Saud, genannt al-Kabir der Große, führte im Jemen, in der Wüste Syriens und im Süden des Iraks den Umsturz herbei. 1801 plünderten die saudi-arabischen Streitkräfte die heilige Schiitenstadt Kerbela im Irak. Erst zu Beginn des 19. Jahrhunderts reagierte das Osmanische Reich allmählich auf diese Beschneidung seines Territoriums. 1811 entsendete die Türkei 8000 Soldaten. Die Auseinandersetzung zog sich über sieben Jahre hin und endete mit der Zerstörung Dir'iyyahs, der Hauptstadt der Said. Abdullah, Nachfahre des Gründers der saudi-arabischen Dynastie, wurde an der Himmlischen Pforte ausgeliefert und in Konstantinopel hingerichtet.

Das war jedoch nicht das Aus für den saudi-arabischen Staat, der 1824 in Riad wie Phönix aus der Asche stieg. Diese neue Hauptstadt des kleinen Staates wurde intensiv von Istanbul überwacht, das alles unternahm, um die expansionistischen Bestrebungen zu zügeln. Interne Machtkämpfe minderten die türkischen Befürchtungen, der saudi-arabische Staat brach auseinander und ging 1880 schließlich unter. Riad wurde der pro-osmanischen Stadt Hail im Nordwesten angegliedert. Fort-

an stand die Gegend unter dem Einfluss der Türkei und Großbritanniens.

Auch bei diesem zweiten Untergang des saudi-arabischen
Staates hatte ein Nachfahre Muhammad bin Sauds die Macht
inne. Das Stammesgebiet der Saud hatte sich nämlich schon
mit den ersten Eroberungen zur Familienangelegenheit entwickelt, oder vielmehr zur Angelegenheit zweier Familien, deren Interessen sich überschnitten. Die Religion blieb die Sache
Wahhabs und seiner Nachfahren, die sich des Gehorsams der
jeweiligen Machthaber versicherten, indem sie diese rechtfer-
tigten, während die politische Macht von Saud und seinen
Nachkommen ausgeübt wurde, die den Wahhabismus zur
Staatsreligion erhoben. Weltliche und geistige Macht gingen
also zur beiderseitigen Zufriedenheit Hand in Hand.

Das derzeitige Königreich Saudi-Arabien entstand im Zuge
der durch den Ersten Weltkrieg bedingten Umwälzungen.
Schon zu Beginn des 20. Jahrhunderts, im Jahr 1902, nahm der
im Exil in Kuwait lebende Abd-ul-Aziz, Nachfahre Muhammad bin Sauds, mit Geschick und der Hilfe eines aus etwa
50 Männern bestehenden Kommandos die ehemalige Hauptstadt Riad wieder ein, wo er sich als Erbe der Macht seiner
Väter niederließ. Der junge Prinz gelobte, mit Unterstützung
der Engländer und der Hilfe Lawrence' von Arabien, der die
Araber zum Aufstand gegen die Türken trieb, sämtliche Terri-
torien zurückzuerobern, die einst die Flagge seiner Ahnen ge-
hisst hatten. 1918 wurde das Emirat Nedjd erneut autonom.
1921 löste Abd-ul-Aziz das Stammesbündnis der Chammar auf,
und 1924 wurde die heilige Stadt Mekka eingenommen. Die
saudischen Wahhabiten zerstörten dort die Gräber der
Hashimiten, Nachfahren Muhammads und Rivalen der Saud,
was die religiöse Machtausübung anging. 1925 fiel auch Medina. Von 1923 bis 1925 annektierte Abd-ul-Aziz das Sherifen-

76

Königreich Hidjaz. Nach seiner Anerkennung als Sultan von Nejd und der Ausrufung als König von Hidjaz gründete er 1927 das «Königreich Hidjaz, Nedjd und der zugehörigen Gebiete».

Die Rückeroberung ging schnell vonstatten, allzu schnell vielleicht. Mit ihrem Vormarsch nach Jordanien, Syrien, in den Irak und den Jemen gefährdeten die Saud das von den Briten, den Protektoratsverwaltern in der Golfregion, hergestellte fragile Gleichgewicht. Abd-ul-Aziz überhörte die Warnung nicht. Er zügelte seinen Eroberungsdrang und fügte sich der vom Vereinigten Königreich vorgenommenen Grenzziehung. Doch die Wahhabiten, eine Randgruppe der soeben sesshaft gewordenen Beduinen, wollten den Glauben weiterhin verbreiten und sagten sich vom König los. Die Schlacht von Sibila, in der Abd-ul-Aziz gegen die Wahhabiten kämpfte, läutete die Niederlage der Expansionisten ein.

Im September 1932 wurde das Königreich Saudi-Arabien gegründet, das die Königreiche Nedjd und Hidjaz vereinte. Seine endgültigen Grenzen wurden 1934 festgelegt. Fortan teilte sich in 12 Provinzen, was dem Anschein nach ein einziges Sandmeer ist und die Nahtstelle zwischen Afrika und Asien bildet, auf einer Fläche, die quasi die gesamte Arabische Halbinsel einnimmt. Das nun die Macht ausübende Königreich hatte keine schriftliche Verfassung und unterlag den Bestimmungen des Korans, und Abd-ul-Aziz agierte als absoluter Monarch. Bei der Rückeroberung des Gebiets seiner Vorfahren hatte er großes Geschick an den Tag gelegt und bewiesen, dass er den Wüstenkrieg vollkommen beherrschte, sich aber auch durch pragmatische Fähigkeiten auszeichnete. Er war kein Mensch, der die Macht gern teilte. Eine Regierung gab es nicht, ganz zu schweigen von politischen Parteien. Der autoritäre König begriff das Regierungsgeschäft ausschließlich als persönliche Angelegenheit. Großbritannien, das sich daran erinnerte, dass

Abd-ul-Aziz 1915 an seiner Seite stand, ließ ihn gewähren. Zwar förderte er das Sesshaftwerden der Beduinen und ließ ein rudimentäres Straßennetz errichten, doch legte der Souverän keineswegs den Grundstein für ein Staatswesen, das diesen Namen verdient hätte. Und statt seine neugebildete Nation auf den Weg der Modernisierung zu führen, bremste Abd-ul-Aziz eher Entwicklungen, die den Zerfall einer sich noch im Wesentlichen aus Hirtenstämmen zusammensetzenden Gesellschaft hätten befördern können. Das einstige Gebiet des Lawrence von Arabien war nach wie vor eine riesige Wüste, gesäumt von ein paar kleinen, außerhalb jeder Zeit liegenden Siedlungen entlang den freundlicheren Küstenstreifen.

Auch wenn Abd-ul-Aziz ein vollendeter Autokrat war,[3] hatten die Ulema, religiöse Gelehrte, die zur Auslegung des göttlichen Gesetzes befähigt sind, von Anfang an eine wichtige Stellung innerhalb des neuen Systems, angefangen bei den Nachfahren Abd-ul-Wahhabs, die noch immer als Hüter des Dogmas fungierten. Die Religion war Staatsreligion. Es galt ein Islam strengster Auslegung. Die Ausübung der Macht erfolgte auf der Grundlage einer Mischung aus *Sharia* und Gewohnheitsrecht. Andere Gottesverehrungen waren schlichtweg untersagt in dem Land, das noch immer heilige Stätten beherbergte, die alljährlich von Tausenden – später dann von Hunderttausenden – Gläubigen aufgesucht wurden.

Schon bald aber tauchte mit dem Erdöl ein neues Objekt der Verehrung auf. Die erste Bohrkonzession wurde 1923, noch vor der Gründung des Landes, an ein britisches Anlageunternehmen vergeben, die Eastern and General Syndicate. Unschlüssig, was es mit dieser Konzession anfangen sollte in einer Gegend, in der man noch nicht einen Liter Erdöl gefunden hatte, dachte das Unternehmen darüber nach, seine Konzession wieder zu verkaufen. Die zu ihrem Unglück wenig hellsichtigen britischen Erdölunternehmen lehnten das Angebot jedoch ab, und so verfiel das Recht 1928 – ein Versäumnis, das Europa mit dem Verlust seines Einflusses in der Gegend bezahlen sollte. Kurze Zeit später entdeckten englische und amerikanische Firmen Erdöl im Persischen Golf. Als Erste erhielt die Standard Oil Company of California[4] eine Konzession, um nach dem schwarzen Gold zu bohren, zunächst 1932 in Bahrain, dann im Juli 1933 in Arabien. Die ursprüngliche Konzession, die über 60 Jahre lief, sah im Gegenzug für die Bohrungen und die Förderung des Öls eine jährliche Gebühr von 5000 Pfund Sterling Gold bis zur Entdeckung des Erdöls vor. Zur Nutzung ihrer Konzession gründete die amerikanische Firma die California Arabian Standard Oil Company. Im März 1938 wurden die ersten Vorkommen in 1441 Meter Tiefe in einem Bohrloch bei Damman an den Ufern des Persischen Golfs gefunden. Im Januar 1944 änderte die Firma ihren Namen in Aramco, Arabian American Oil Company. Neben der Standard Oil Company of California war künftig auch Texaco als Anteilseignerin vertreten, und 1946 öffnete sich das Unternehmen auch für die Standard Oil Company of New Jersey und Socony-Vacuum.[5]

Seit die Aramco Erdöl förderte, war der Generaldirektor der Gesellschaft auch potentieller Botschafter der Vereinigten Staaten in Saudi-Arabien. Außerdem war die Firma, wenn sie Bodenschätze hob, de facto auch für die Erschließung zuständig, denn als das Erdöl allmählich in Strömen floss, mussten Straßen und Häfen gebaut werden, für die Arbeiter mussten Wasserleitungen verlegt, Krankenhäuser, Büros und dergleichen errichtet werden. Die offizielle Anerkennung des amerikanischen Unternehmens erfolgte durch ein entsprechendes Abkommen am 14. Februar 1945. Wenige Monate vor Kriegsende fand ein Treffen zwischen dem Präsidenten der Vereinigten Staaten, Franklin D. Roosevelt, und Abd-ul-Aziz bin Saud auf der *Quincy* vor der Küste von Jeddah statt, das den Beginn des Monopols markiert, das Amerika bei der Erdölförderung in Saudi-Arabien eingeräumt wurde. Für die Briten war der Zug endgültig abgefahren.

Schon bald errichteten die Amerikaner einen Militärstützpunkt in Dhahran, wenige Flugminuten von den Golfemiraten entfernt, und entwickelten sich zu den bevorzugten Partnern Saudi-Arabiens und seines Königs, der durch die Förderabgaben für das Erdöl rasch zu einem der reichsten Männer der Welt wurde. Die neue Weltmacht, die in Europa den sowjetischen Totalitarismus bekämpfte, hatte im nördlichen Wendekreis soeben die Erdöl-Monarchie erschaffen, eine Mischung aus politischem und religiösem Absolutismus auf der Grundlage des universellen Maßstabs, zu dem sich der Dollar gemausert hatte. Fortan bildeten die Ostküste und der Persische Golf mit Damman, wo sich der Erdölhafen befand, und Dhahran, wo die Hotels von al-Khobar entstanden, infolge dieses übel riechenden flüssigen Fossils das materialistische Gegenstück zur Westküste, die mit den Minaretten Mekkas, Medinas und Jeddahs für den islamischen Spiritualismus stand.

Ab den fünfziger Jahren dann entwickelte sich Saudi-Arabien infolge des außergewöhnlichen Booms bei der Erdölnutzung zu einem wirklichen Staat, der in der internationalen Gemeinschaft seinen Platz hatte. Als der schlanke, hoch gewachsene und sehr selbstsicher wirkende König Faisal, einer der 36 Söhne von Abd-ul-Aziz, den Thron bestieg, war er kein unbeschriebenes Blatt mehr. In seiner Funktion als Premierminister (die gewiss nicht gleichzusetzen ist mit dem, was wir in unseren westlichen Demokratien damit verbinden) hatte er bereits Gelegenheit gehabt, sich als Regent des Königreichs zu behaupten und der Unvernunft seines Bruders Saud vorzubeugen, der dem Vater nach dessen Tod auf den Thron gefolgt war.[6]

Noch vor der Schaffung Arabiens hatte er auch die Funktion des Außenministers ausgeübt, wodurch er bereits in sehr jungen Jahren mit der Macht in Berührung gekommen war. Im November 1964 trat Faisal also an die Stelle seines Bruders, der, krank, inkompetent und von der königlichen Familie geächtet, seines Amtes enthoben wurde. Geprägt von der Stammestradition, führte Faisal das Land auch wie ein Stammesoberhaupt und ließ sich nur von einem sehr kleinen Kreis von Ministern und Familienmitgliedern beraten, die allesamt bedeutende Stellungen bekleideten. Den fatalen Fehler seines Bruders Saud aber, der die Macht nicht teilen wollte, beging er nicht.

Saud war in dem Glauben, er könnte als absoluter Monarch agieren, der zwischen öffentlichen Geldern und persönlichem Vermögen nicht unterscheidet.[7] Faisal dagegen achtete sehr darauf, dass seine Familie von den Pfründen des Systems profitierte. In der Vorstellung der Angehörigen waren der saudi-arabische Staat und die Familie al-Saud eins. Das ging so weit, dass sie ihn nach sich selbst benannten, der Ausdruck schlechthin für ihre patrimoniale Auffassung von Macht und den Reichtümern Arabiens. Der tief gläubige Faisal wendete den Koran nach den strengen Geboten des Wahhabismus auf sich und andere wortgetreu an. Nichtsdestoweniger wurde aus dem hybriden und eher inkohärenten Königreich Saudi-Arabien unter seiner Ägide ein moderner, etwas besser strukturierter Staat, was eher darauf beruhte, dass er ihm gegenüber den übrigen Golfstaaten wieder Gewicht verlieh, als auf einem etwaigen Fortschrittsgeist.

Nach wie vor sind der Koran, die Sunna, *al-idjmaa* und *al-ittihad* die vier Pfeiler der *Sharia,* des Korangesetzes, welches das Geburtsland des Propheten regiert.[8] Die Religion ist allgegenwärtig in Saudi-Arabien, das Leben geprägt von den fünf täglichen Gebeten. Zum entsprechenden Zeitpunkt muss jeder Rechtgläubige auf die Knie fallen und nach Mekka gewandt beten. Die schnelle Entwicklung des Landes von der Wanderviehzucht zur Monoindustrie ändert nichts an der Bedeutung der Religion.

Das Königreich Saudi-Arabien bleibt der Leitstern unter den islamischen Ländern. Die Wallfahrt nach Mekka, die jeder wahrhaftige Moslem einmal in seinem Leben absolvieren muss, ist im Übrigen auch ein zentrales Ereignis für das öffentliche Leben im Königreich. Fast 2 Millionen Gläubige, darunter ein Viertel Saudi-Araber, drängen sich alljährlich um den schwarzen Stein, der Abraham vom Erzengel Gabriel überreicht wurde, und vollziehen 14 Jahrhunderte nach Mohammed dessen Gesten.[9] Bei der Wallfahrt herrscht ein immenses Gedränge, und nicht selten ist die saudi-arabische Obrigkeit überfordert. Aber gleichzeitig ist dieses Ereignis auch einer der Gründe für die Ausstrahlung dieses Landes in der islamischen Welt. Die Saudi-Araber nutzen die Wallfahrt darüber hinaus auch, um mit den anwesenden islamischen Staatsmännern Kontakt zu knüpfen. Und dank modernisierter Transportmittel wird die Menge, die sich Jahr für Jahr in der heiligen Stadt versammelt, immer größer.

In den achtziger Jahren wurden von den saudi-arabischen Machthabern auch Quoten verhängt, damit aus jedem muslimischen Land Gläubige anreisen konnten. Über diese offizielle Erklärung hinaus versuchte die Monarchie auf diese Weise auch der Präsenz religiöser Fanatiker aus Ägypten oder dem Iran zuvorzukommen, die die Wallfahrt zum Anlass nehmen könnten, die Feinde des Islam an den Pranger zu stellen, wie 1987 geschehen. Iranische Schiiten geißelten den «großen Satan» aus Amerika sowie den Westen und Israel. Die Auseinandersetzungen zwischen den saudi-arabischen Polizeikräften und den Wallfahrern endeten in einem Blutbad, bei dem mehrere hundert Menschen ums Leben kamen.

Diese Entgleisungen sorgten für Unruhe in einem Land, auf dessen Flagge geschrieben steht: «Es gibt keinen Gott außer Allah, und Mohammed ist sein Prophet.» Um einen wirksamen Proselytismus in diesem Land sicherzustellen, das als Moschee betrachtet wird – weswegen die Behörden juristisch befugt sind, andere Religionen zu untersagen –, haben Ulema und Imame das «Kommando zur Unterdrückung des Lasters und zur Verbreitung des Guten» gegründet. Dabei handelt es sich um nichts anderes als eine bewaffnete Miliz, die gegenüber den rund 18 Millionen offiziellen Einwohnern als Religionspolizei auftreten soll. 4000 bis 5000 *mouttawan'ine,* die seit einigen Jahren auch vom Staat entlohnt werden, sorgen mit dem Knüppel in der Hand für die Einhaltung der Sharia und machen Jagd auf zu westliche Kleidung der Frauen, verfolgen die Unglücklichen, die – und sei es zu Hause – den streng verbotenen Alkohol trinken, und unterbinden die Vermischung der Geschlechter an öffentlichen Orten.

Diese eifrigen Handlanger des Islam, an deren Spitze ein als Minister fungierender Religionsgelehrter steht, verbreiten in der Bevölkerung Angst und Schrecken und schaffen ein Klima der Verfolgung und des Misstrauens. Je weiter sich das Land dank des Erdöls und des Einsatzes von Technologie entwickelt, desto spürbarer wird das Paradox zwischen dem Wahhabismus, der nur die Tradition gelten lässt, und den Zwängen des modernen Lebens, und das trotz Staatsreligion.

Die Herrscherfamilie ist in der gesamten Maschinerie des Systems vertreten – auf Ministerposten, in der gehobenen Verwaltung, in den Aufsichtsräten von Großfirmen und so weiter –, die moralische Autorität aber hat sie seit dem 1745 geschlossenen Pakt zur Gänze an die Nachfahren von Muhammad bin Abd-ul-Wahhab abgetreten und damit an der Spitze des Königreichs praktisch ein zweiköpfiges Regiment eingeführt. So war der Großmufti Abd-ul-Aziz bin Baz bis zu seinem Tod im Jahr 1999 eine der Schlüsselfiguren der Monarchie an der Seite von König Fahd. Den Bekehrungseifer überlässt die königliche Familie den Religionsgelehrten und kümmert sich selbst lieber um die Anlage der Dollarmilliarden aus dem Ölgeschäft. Die Aramco nämlich kontrolliert über 95 Prozent des aus saudi-arabischen Bohrlöchern stammenden Erdöls. Und die Produktion steigt unablässig: Nachdem sie 1950 noch bei 547 000 Barrel pro Tag liegt, hat sie 1980 fast 1 Million Barrel erreicht.[10]

Mit dem Erdöl erzielt das Land über drei Viertel seiner Einnahmen, die sich in Schwindel erregenden Höhen bewegen. Von 56 Millionen Dollar im Jahr 1950 stiegen die Einnahmen aus der Erdölförderung auf 1,2 Milliarden im Jahr 1970 und erreichen nach einer explosionsartigen Entwicklung im Anschluss an die erste Ölkrise den astronomischen Betrag von 102 Milliarden Dollar im Jahr 1980! Und die Erdölfirmen, die über die Aramco[11] den Kuchen unter sich aufteilen, erzielen beispiellose Gewinne dadurch, dass sie nur äußerst geringe Förderabgaben entrichten. Alle bereichern sich ungeniert.

Da die Emire auf die US-Dollars angewiesen sind, üben sie in ihrer Außenpolitik gegenüber der muslimischen Welt vorsichtshalber Zurückhaltung. Seit den sechziger Jahren halten sich die saudischen Machthaber im israelisch-arabischen Konflikt sehr im Hintergrund, auch wenn sie die Optionen der arabischen Welt mittragen. Ihre Haltung gegenüber dem Irak und Jordanien, die von – einst von den Sauds aus Hidjaz vertriebenen – Hashimiten regiert werden, ist von Misstrauen geprägt. Sie verweigerten die Teilnahme an den Militäroperationen 1967 und 1973.

Nichtsdestoweniger spielt Saudi-Arabien bei dem Erdölembargo von 1973 eine entscheidende Rolle. Das gilt auch für seine Stellung innerhalb der OPEC, der zu Beginn der sechziger Jahre gegründeten Organisation Erdöl exportierender Länder.[12] 1988 scheiden die Amerikaner endgültig aus der Aramco aus. Chevron, Texaco, Exxon und Mobil, die den saudi-arabischen Staat 1972 bereits mit 25 Prozent und 1974 dann mit 60 Prozent am Kapital beteiligten, verkaufen ihre letzten Aktien an Saudi-Arabien. Das mittlerweile weltweit führende Erdölunternehmen wird in Saudi Aramco umbenannt. Man könnte meinen, dass der amerikanische Wirtschaftsimperialismus am Persischen Golf damit beendet wäre. Doch dem ist nicht so.

Zum einen sind mehrere Mitglieder des Aufsichtsrats Amerikaner und außerdem ehemalige Führungskräfte der amerikanischen Großkonzerne. Zum anderen arbeiten etliche Amerikaner, vor allem unter den höheren Angestellten, weiterhin in der Firma, die sich als Staat im Staate erweist und bevorzugte Beziehungen zum nordamerikanischen Kontinent unterhält. Allerdings ist der Grad der Abhängigkeit von den Vereinigten Staaten nicht mehr so hoch.

Das Verhängnis aber nimmt seinen Lauf. Schon seit längerem ist etwas faul im Wüstenreich. Den Übergang vom Kamel des Beduinen zum funkelnden Mercedes 600 des Emirs hat das Land nicht schadlos überstanden. Die Mitglieder der Herrscherfamilie – deren jeweilige Bezüge das Resultat von Machtspielen sind und denen die Staatsstrukturen nur allzu häufig dazu dienen, nach Belieben zu schalten und zu walten – haben das saudi-arabische Königreich vollkommen unter Kontrolle. Die wirtschaftliche Abhängigkeit von den internationalen Großkonzernen provoziert schon seit langem nationalistische Reaktionen. 1951 hatte der iranische Premierminister die Bohrlöcher verstaatlicht, 1961 erwarb der Irak 99 Prozent der Fläche,

85

für die man einst der Iraq Petroleum Company eine Konzession erteilt hatte. Zwar scheiterten diese Gegenbewegungen, insbesondere deshalb, weil die Erzeugerländer ohne die Hilfe der geächteten Erdölmultis nicht imstande waren, die produzierten Mengen auch abzusetzen, aber die Großkonzerne begriffen, dass die Zeit des Kapitalhochmuts und des uneingeschränkten Monopols vorüber war.

Doch erst nach dem ersten Erdölschock von 1973 kommt die in traditionalistischen Kreisen gärende Krise zum Ausbruch. Infolge des Sittenverfalls und der extrem schnellen Modernisierung der Gesellschaft steigt der Druck, während der arabische Nationalismus Aufwind erhält. Einer der wichtigsten Wendepunkte fällt in den November 1979, als mehrere hundert Aufständische, darunter viele Saudi-Araber, angeführt von einem islamistischen Fanatiker, sich in der Großen Moschee in Mekka verbarrikadieren und die Gläubigen dazu aufrufen, die Dynastie al-Saud zu stürzen und jedes Zugeständnis an westliche Staaten zu verurteilen. Drei französische Elitesoldaten vom GIGN (Groupe d'Intervention de la Gendarmerie nationale, französische Entsprechung zur deutschen GSG9, Anm. d. Ü.) – die zum Islam übertreten, bevor sie in das den Gläubigen vorbehaltene Heiligtum eindringen – unter der Führung des erbarmungslosen Hauptmanns Paul Barril helfen dabei, die Revolte im Sinne der machthabenden Dynastie niederzuschlagen. Dabei kommen mehrere hundert Menschen ums Leben.[13]

Nach dieser Tragödie attackiert Oberst Gaddafi die saudi-arabischen Machthaber: «Wie sollen die Gebete, die von dieser heiligen Stätte ausgehen, noch eine Bedeutung haben, wenn man den Islam soeben entwürdigt, die Muslime gedemütigt und das Haus Gottes besetzt hat?» Im selben Jahr gewährt Saudi-Arabien dem Irak diskret Unterstützung, nachdem dieser einen Krieg gegen den Iran begonnen hat, wo die Mullahs im Mahlstrom der islamistischen Revolution die Macht übernommen haben.

Nach acht Kriegsjahren kehrt in der Region in den Jahren 1987 bis 1988 wieder etwas Ruhe ein, allerdings nur für kurze Zeit. Im August 1990 fällt der Irak in Kuwait ein. Saudi-Arabien, der Nachbar des kleinen Staates – sowohl wegen seiner Allianz mit den Vereinigten Staaten als auch aufgrund seiner Solidarität mit den Erdölmonarchien –, steigt in den Konflikt ein und stellt sein Territorium und seine Militärstützpunkte der US-Koalition für die Operation «Desert Storm» («Wüstensturm») zur Verfügung. Arabien sollte auch die Rechnung über die 55 Milliarden Dollar begleichen, die dieser im Namen der Freiheit geführte Krieg, bei dem es tatsächlich um den Ölpreis ging, letztlich gekostet hat.

Der Fortbestand der Erdölmonarchien ist gesichert, aber die Spannungen innerhalb der arabischen Welt steigen. Zahlreiche Muslime sind traumatisiert von der Erfahrung, dass ihr Land von den Vereinigten Staaten «kolonisiert» ist. Die Landung von 500 000 nicht-muslimischen Soldaten steht im krassen Gegensatz zu den kompromisslosen Geboten des Wahhabismus. Scheich bin Baz soll für diese offenkundige Verletzung der Regeln der Sharia eine durch die Lehre gestützte Rechtfertigung finden. 1991 wird – ein ungeheuerlicher Vorgang – in einer von 700 Predigern unterzeichneten Petition die Rückkehr zu einem reinen Wahhabismus gefordert, und selbst die damaligen Machthaber bleiben nicht von Kritik verschont. Zwei Scheichs, die in ihren Predigten deutlich Klage führen, werden von einem immer starreren System, das dieser neuerlichen Anfechtung begegnen muss, in Gewahrsam genommen. Die vom Westen im Gegenzug für die Unterstützung gegen den Irak geforderten Lockerungen haben die nervöse Spannung der Imame noch verstärkt. Immer offener prangern sie den Verrat durch den weltlichen Zweig des Islam an, besonders die Königsfamilie, die doch die Bedingungen für das Praktizieren des Wahhabismus auf saudischem Staatsgebiet garantieren soll, und das gilt umso mehr, als das Königreich an seine Grenzen kommt: 1993 schlagen sich die Auswirkungen der Kriegsanstrengungen erstmals in deutlichen Haushaltsdefiziten nieder. Zur Finanzierung der wirtschaftlichen Entwicklung muss die Regierung, eine der reichsten weltweit, sogar eine Anleihe in Anspruch nehmen!

Damit nicht genug: 1994 wird der Haushalt um 20 Prozent verringert. Gleichzeitig fördert eine Untersuchung der *New York Times* zutage, dass ein Teil des Haushaltslochs angeblich durch Kredite an Mitglieder der königlichen Familie entstanden ist, welche nie einen Gedanken an deren Rückzahlung verschwendeten ...

Die Reaktion der Machthaber erfolgt erst 1995, als König Fahd am 2. August zum ersten Mal seit 20 Jahren eine bedeutende ministerielle Umbesetzung vornimmt, die über die Hälfte der Ämter betrifft. Das reicht für ein kurzes Durchatmen angesichts der Kritik, doch die Wirkung ist nicht von Dauer. Zwar gelangen auf diese Weise tatsächlich neue Eliten in hohe Ämter, doch werden die Schlüsselpositionen weiterhin von Mitgliedern der Königsfamilie besetzt, die nicht zwangsläufig auch kompetent sind. König Fahd erleidet einen Gehirnschlag, der ihn dazu zwingt, die Regierungsgeschäfte seinem Halbbruder Prinz Abdullah zu übertragen. Es verstärkt sich der Eindruck, dass diese Regierungsära ihrem Ende zugeht.

Am 13. November 1995 findet mit dem Autobombenanschlag auf die amerikanische Botschaft der erste größere Terroranschlag auf saudi-arabischem Boden statt. Ein zweiter Terrorakt erfolgt am 25. Juni 1996 nach der Hinrichtung von vier Islamisten, die das erste Attentat zu verantworten hatten.[14] Die Regierung, die krampfhaft an ihren Vorrechten festhält und den Islamisten so entgegenzukommen glaubt, tut sich ausgesprochen schwer, bei der Untersuchung mit den Amerikanern zusammenzuarbeiten.

Die Königsfamilie übt sich weiterhin in ihrem Spagat. Den Vereinigten Staaten gegenüber in der schwächeren Position, verhält sie sich doch manchen fundamentalistischen Bewegungen gegenüber eher wohlwollend, darunter auch den Taliban, deren religiöse Ziele dem wahhabitischen Ideal sehr nahe kommen. Dabei haben die Fundamentalisten hinsichtlich der zwiespältigen Haltung des Regimes ihre Entscheidung schon vor langem gefällt: In den neunziger Jahren haben sich mehrere Oppositionsbewegungen gebildet, so die in London von Saad al-Faqih gegründete Bewegung für die islamische Reform Arabiens oder das Komitee für Rat und Reform, das bin Laden ins Leben gerufen hat, der zu einer der einflussreichsten Familien des Königreichs gehört.

Nach den Attentaten vom September hat sich Saudi-Arabien einmal mehr hinter das amerikanische Sternenbanner gestellt. Auf diese Weise wahrt Prinz Abdullah, Verfechter der Rückkehr zu einer gewissen religiösen Strenge, der kaum im Verdacht stehen dürfte, allzu große Sympathien für die Amerikaner zu hegen, sowohl die eigenen Interessen als auch die seines Landes, dessen Boden ein Viertel der weltweiten Erdölreserven birgt. Wie wird es nach dem Tod von König Fahd weitergehen? Das ist eine der größten Herausforderungen für die Zukunft des Mittleren Ostens.

---

1 Im 6. und 7. Jahrhundert war Mekka ein bedeutendes Zentrum von Kultur und Handel. Das Heiligtum al-Kaaba (das «Heilige Haus

Allahs», das ursprünglich von Adam errichtet wurde) war ein viel be-
suchter Wallfahrtsort. Von 632 bis 634 unterstand die Gegend der
Herrschaft der Kalifen. Im Jahr 660 verlegten die Umayaden das
Machtzentrum nach Damaskus (Syrien).

2 Wahhab griff auch die Philosophen, die Sufis und die Schiiten an (die
mit der Ordnung der Kalifen, die auf Muhammad folgten, nicht ein-
verstanden waren).

3 Abd-ul-Aziz regierte über 20 Jahre in Saudi-Arabien, von 1932 bis
1953. Wenige Wochen vor seinem Tod bildete er einen Ministerrat. Seine Kinder hatten allerdings bereits beträchtlichen Einfluss auf den
Staatsapparat.

4 Die Standard Oil Company of California, die erste Erdölgesellschaft
überhaupt, wurde 1870 von John D. Rockefeller in Cleveland, USA,
gegründet.

5 Heute heißt die Standard Oil Company of California Chevron und hat
mit Gulf fusioniert; die Standard Oil Company of New Jersey trägt den
Namen Exxon, und Socony-Vacuum wurde umbenannt in Mobil. All
diese Unternehmen gehören zu den Großkonzernen im Erdölge-
schäft.

6 Saud, der im November 1953 feierlich als König eingesetzt wurde und
sich im Wesentlichen für Sportwagen begeisterte, wurde im November
1964 abgesetzt.

7 In seinem Buch *Arabie Saoudite, la dictature protégée,* Paris 1995, berichtet Jean-Michel Foulquier, dass, als der syrische Experte, der den
Haushalt für das Königreich erstellt hatte, König Abd-ul-Aziz bat, in
die Einnahmenspalte die Summe für die Erdölexporte einzutragen,
der König entrüstet geantwortet habe: «Das Erdöl gehört mir. Es ist
mein Eigentum. Sag mir nur, was du brauchst, du kriegst es von mir.»

8 Die Sunna: das Verzeichnis der Aussprüche des Propheten Moham-
med und seiner Entscheidungen zur Auslegung der Verse des Korans.
Al-idjmaa: die Position der Ulema, wenn eine Exegese erforderlich ist.
Al-ittihad: die Konsultation von Rechtsgelehrten bei Sonderfällen.

9 Der Gläubige muss sich in reuiger Haltung nach Mekka begeben, damit in dieser Reise eine innere Erneuerung zum Ausdruck kommt,
eine Art spiritueller Reinigung. Der Wallfahrer muss unter anderem

siebenmal den schwarzen Stein umkreisen, was bis zu 100 000 Menschen zur gleichen Zeit tun, alsdann siebenmal schnellen Schritts die Strecke zwischen dem Berg Safa und dem Berg Marwa zurücklegen, Anhöhen, die sich auf dem heiligen Gelände der Großen Moschee befinden.

10 1946 produzierte Arabien 8 Millionen Tonnen Erdöl pro Jahr. 1994 betrug die jährliche Produktion fast 390 Millionen Tonnen Rohöl.

11 Ursprünglich stammten 30 Prozent des Kapitals von Socal (später Chevron), 30 Prozent von Texaco, 30 Prozent von Esso und 10 Prozent von Mobil.

12 Die OPEC verfolgt drei Ziele: die Steigerung der Einnahmen der Mitgliedsländer zur Gewährleistung ihrer Entwicklung, die sukzessive Übernahme der Binnenproduktion anstelle der Großkonzerne und die Vereinheitlichung der Produktionspolitik.

13 *Le Monde,* 23. August 1994.

14 Bei dem Attentat vom 13. November 1995 kamen sechs Menschen ums Leben, darunter fünf Amerikaner. Das Attentat vom 25. Juni 1996, das ebenfalls mit einer Autobombe verübt wurde, diesmal auf dem amerikanischen Luftwaffenstützpunkt Khobar, kostete 19 Menschen das Leben.

8. Die saudi-arabischen Netzwerke des Fundamentalismus

Es gibt drei Schlüssel zum Verständnis der Rolle Saudi-Arabiens bei der Verbreitung einer radikalen Form des Islamismus: die Religion, Speerspitze eines vom Königtum geförderten Proselytismus, das Bankensystem als Instrument der religiösen Ambitionen des Königreichs und das Erdöl als Abschreckungswaffe gegenüber dem Westen. Der afghanische Konflikt war der Katalysator dieser verschiedenen Interessen, die der Entfaltung eines radikalen Islam freien Lauf ließen und zigtausenden Kämpfern die Unterstützung der Rebellion ermöglichten.

Vor dem Hintergrund der vom Erdöl geprägten Interessen und angesichts eines erstarkenden arabischen Nationalismus, später dann aus dem Bestreben heraus, der iranischen Revolution etwas entgegenzusetzen, hat Saudi-Arabien ab den siebziger Jahren den sunnitischen Islamistenbewegungen Unterstützung gewährt.[1]

Eine zentrale Position innerhalb der muslimischen wie der arabischen Welt, aus der heraus das Land Einfluss nehmen konnte, war, wie Richard Labévière feststellt, eine seiner Hauptzielsetzungen.[2] Zu diesem Zweck musste es den gesamten religiösen Raum besetzen, um den Frieden und das Monopol auf politischer Ebene zu bewahren. Als Pfeiler für die Unterstützung der Islamistenbewegungen dienten zum einen die 1963 gegründete Organisation Rabitat-ul-alam al-islami, die unter anderem von der Aramco finanziert wurde, und andererseits die islamischen Bankenkonsortien, darunter Faisal-Finance und al-Baraka. Die Entwicklung des radikalen Islam sollte mit der Machtübernahme durch Anwar Sadat, selbst ein ehemaliger Muslim-Bruder, der die ersten Verhandlungen mit den Islamisten und den Saudi-Arabiern in die Wege leitete, schnell auf Ägypten übergreifen. Damals kehrten die Muslim-Brüder, die sich zur Zeit Nassers nach Saudi-Arabien geflüchtet hatten, aus den Golfstaaten zurück, bewaffnet mit Petrodollars, die ihren Einfluss in der ägyptischen Gesellschaft stärkten.

Ebenfalls in den siebziger Jahren stieg der Preis für Kohlenwasserstoffe im Anschluss an den Oktoberkrieg 1973. Die Folge war eine Erhöhung des Rohölpreises, die von den Erdöl produzierenden arabischen Staaten, aber auch von den amerikanischen Erdölunternehmen herbeigeführt wurde. Es kam zu einem beachtlichen Profit aufseiten der muslimischen Erzeugerländer, namentlich Saudi-Arabiens, dessen Einnahmen von 1973 bis 1978 von 4,35 auf 36 Milliarden Dollar stiegen und das einen Großteil seiner Einnahmen in die Förderung des Islam investierte. Praktisch sämtliche Islamistennetzwerke im Nahen Osten, in Afrika und in der westlichen Welt wurden so vom saudi-arabischen Staat und über den Umweg der von ihm kontrollierten internationalen islamischen Institutionen finanziert: die Organisation der islamischen Konferenz (gegründet 1970), die Islamische Weltliga (NGO mit missionarischer Zielsetzung, gegründet 1962) und vor allem die saudi-arabischen Holdings und Banken, wie die Faisal Islamic Bank, die Dar al-Maal oder die Dallah al-Baraka. Parallel dazu vervollständigten die Privatinitiativen der al-Saud und der Prinzen des Königreiches das Gerüst seiner «muslimischen Diplomatie».

Saudi-Arabien hat kein Budget mehr für den Terrorismus. Aber die 4000 Prinzen an der Spitze des Königreichs finanzieren die islamistischen Bewegungen frei nach Bedarf, vergleichbar den Ablässen, die man bei uns einst erwerben konnte. Genannt sei beispielsweise Youssef Djamil Abd-ul-Latif, ein schwerreicher saudischer Finanzier und Sony-Aktionär, der Ahmed Simozrag, einem der Schatzmeister des FIS, eine Million Dollar schenkte. Was die private Unterstützung angeht, so finanzieren die saudischen Geschäftsleute, die über enorme Vermögen verfügen, auch weiterhin die eine oder andere Bewegung, darunter auch die von Osama bin Laden. Letzterer steht nach wie vor in engem Kontakt zu seiner Familie, einer der reichsten im saudischen Königreich, und auch zum überaus mächtigen Sudayri-Clan, dem Prinz Turki al-Faisal angehört.

Saudi-Arabien hat ein ganzes Bankengeflecht geschaffen, das in erster Linie zur Finanzierung jener Länder gedacht war, die sich an der Verbreitung eines sunnitischen Islam «hanbalitischer» Ausrichtung (unter dessen Einfluss auch der saudische «Wahhabismus» steht) beteiligen wollten. Das wichtigste Bankinstitut, die BID, Banque Islamique de Développement, an der die saudi-arabische Monarchie 25 Prozent des Kapitals hält, wurde 1973 gegründet. Es kompensierte die finanziellen Sanktionen, die Pakistan nach seinen Atomversuchen 1998 auferlegt wurden, indem es seinen Kreditrahmen von 150 auf 400 Millionen Dollar erhöhte. Um das islamische Finanzgeschäft noch undurchsichtiger zu gestalten, wurden weitere Banken gegründet, wie der «Entwicklungsfonds der OPEC für internationale Geschäfte» (30 Prozent saudi-arabisches Kapital), die «Arabische Bank für wirtschaftliche Entwicklung in Afrika» (24,4 Prozent saudi-arabisches Kapital), die Dar al-Maal al-Islami oder die al-Baraka.

Im Dezember 1962 wurde, ebenfalls zur Unterstützung des islamischen Bekehrungseifers, die von Abdullah bin Saleh al-Obayd geleitete Islamische Weltliga gegründet. Die Liga unterhält Vertretungen in über 120 Ländern. Sie ist mit beträchtlichen Mitteln ausgestattet und finanziert überall auf der Welt den Bau von Moscheen und islamischen Zentren. In Europa geht der Bau der Moscheen von Madrid, Rom, Mantes-la-Jolie, Evry und Kopenhagen auf ihr Konto.

Saudi-Arabien spielt also, wie man feststellen kann, eine Schlüsselrolle bei der weltweiten Verbreitung eines doktrinären Islam, und zwar insbesondere mithilfe von Petrodollars, die geschickt über Islamisierungsprojekte geleitet werden. Als perfekt integrierter Bestandteil des kapitalistischen Systems bedient es sich sämtlicher Register, und für das gute Funktionieren der Weltwirtschaft sind seine Gelder inzwischen unverzichtbar geworden. Angesichts seiner höchst bedeutsamen Energiereserven kann das saudi-arabische Königreich bei seinen proselytischen Aktivitäten auf die derzeitige Supermacht, die Vereinigten Staaten, zählen. Es erscheint also eher unwahrscheinlich, dass dem islamischen Fundamentalismus, auf den sich ausgesprochen gewalttätige Gruppierungen wie die Hamas in Palästina, die Taliban in Afghanistan oder die GIA in Algerien stützen, kurz- oder mittelfristig Einhalt geboten wird.

Osama bin Laden ist gewissermaßen das Produkt dieser Politik. Schon 1978 gründete er auf Wunsch des saudi-arabischen Geheimdienstchefs Prinz Turki al-Faisal eine Organisation, die den militanten Islam auf afghanischem Boden heimisch machen sollte, die «Islamische Legion». Zu diesem Zweck begab er sich unter anderem nach Peshawar in Pakistan, wo er den Mann traf, der sein geistiger Führer wurde: der Palästinenser Scheich Abdullah Azzam, der den Auftrag hatte, arabische Freiwillige im Kampf gegen die Sowjets zu begleiten. Er gründete Anfang der achtziger Jahre das «Afghanische Büro» oder Empfangszentrum für arabische Freiwillige, in dem bin Laden rasch zum Leiter der Finanzen avancierte, bevor er nach Azzams Ermordung im September 1989 an dessen Stelle trat. Scheich Azzam leitete in London die Azzam Publication, die unter anderem eine Biographie von Osama bin Laden veröffentlicht hat sowie mehrere Werke, die unverhohlen den bewaffneten Kampf verherrlichen. Die Anhänger von Scheich Azzam haben nach dessen Tod erneut ganz ähnliche Strukturen in Großbritannien geschaffen.

Damals boten die Saudis Osama bin Laden sowohl die finanziellen als auch die logistischen Mittel für seine Zielsetzungen. Und diese Beziehungen wurden, ungeachtet mancher anders lautender Stellungnahmen von saudischer Seite, auch bis vor kurzem aufrechterhalten, über die Zeit des sudanesischen Exils hinaus, auch noch im Anschluss an zahlreiche Attentate, die ihm zur Last gelegt wurden. Bis in die jüngste Zeit hinein bestätigen etliche Quellen, darunter auch ein Interview des amerikanischen Fernsehsenders ABC mit bin Laden selbst, die häufigen Reisen Prinz Turki al-Faisals oder seiner Emissäre nach Kandahar in Afghanistan, wo man den im Laufe der Zeit etwas unliebsam gewordenen «Protegé» aufsuchte.

Osama bin Laden ließ im Übrigen in einem unveröffentlichten Interview mit der französischen Tageszeitung *France Soir* im April 1995 verlauten, dass «die Saudi-Arabier [ihn] zu ihrem Vertreter in Afghanistan auserkoren» hätten.[3]

Zur Unterstützung dieser Kriegsanstrengung errichtete Saudi-Arabien ein riesiges Netzwerk von karitativen Einrichtungen und islamischen Hilfsorganisationen. Einige dieser Organisationen, darunter durchaus namhafte, sind in Wirklichkeit Rekrutierungs- oder Finanzzentren für die Aktivitäten Osama bin Ladens. Diese Einrichtungen mit karitativer oder «humanitärer» Zielsetzung bieten den Vorteil, dass ihre Finanzen sehr viel schwerer zu kontrollieren sind.

Die bedeutendste ist die «Organisation für internationale islamische Hilfeleistung», die zahlreiche «Missionare» des Islam finanziert und sehr enge Beziehungen zu sämtlichen bekannten islamischen Gruppen unterhält. 1978 wurde die International Islamic Relief Organization (IIRO) in Jeddah gegründet.

Diese islamische Hilfsorganisation ist in über 120 Ländern vertreten und im Bereich der medizinischen Versorgung sowie humanitärer und landwirtschaftlicher Hilfeleistungen an sämtlichen «Fronten» des Islam aktiv, von Bosnien-Herzegowina über Tschetschenien bis nach Afghanistan.

Die Vereinigung gibt offiziell zu, von «großzügigen saudi-arabischen Spendern» finanziert zu werden. Diese bedienen sich des Systems der Religionssteuer *zakat*, die im Königreich von natürlichen und juristischen Personen entrichtet wird. So floss zwischen 1984 und 1995 mit 34 Prozent, das sind 140 Millionen Dollar,[4] der weitaus größte Teil der Gelder dieser Organisation in «Sonderprojekte».

Die mächtigsten Familien des Königreichs lassen der Organisation regelmäßig Spenden zukommen, so auch der saudi-arabische Verteidigungsminister, Prinz Sultan bin Abd-ul-Aziz, auch er ein Sudayri, der einräumt, der IIRO persönlich über 300 000 Euro im Jahr zu stiften.[5] 1999 wurde sie sogar in den Rang eines Gastmitglieds der Organisation der Islamischen Konferenz erhoben.[6]

Der europäische Zweig der Vereinigung, International Islamic Relief Organization (IIRO) mit Sitz in Oxford, wurde 1985 in London gegründet[7] und wird von dem Saudi-Arabier Abdullah bin Saleh al-Obayd geleitet. Islamic Relief besitzt mehrere Büros in Europa, vor allem in Frankreich, in der Schweiz, in Deutschland, den Niederlanden und Schweden.

Dem Anschein nach ist die IIRO eine finanziell gut ausgestattete islamische Hilfsorganisation saudi-arabischer Provenienz, die auf die Unterstützung des Königreichs zählen kann. In Wirklichkeit aber handelt es sich um weit mehr, nämlich um eine Mittlerstelle des militanten Islamismus auf finanzieller und operativer Ebene, die sich der inzwischen zu ihrem Sinnbild gewordene Osama bin Laden weidlich zunutze macht.

Die CIA hat inzwischen bestätigt, dass bin Laden sich des Netzwerks der IIRO im Rahmen seiner Operationen bedient hat.[8]

Gestützt werden diese Behauptungen durch mehrere präzise Hinweise, die auf eine Verwicklung der IIRO in terroristische Unternehmungen hindeuten und Einblick in die wirklichen Verhältnisse einer derart mächtigen Organisation geben. So gründete der Schwager Osama bin Ladens, Muhammad Djamal al-Khalifa, 1992 einen philippinischen Zweig der IIRO, der später von einem Dissidenten der Terrororganisation Abou Sayyaf beschuldigt wurde, als Schleier für terroristische Unternehmungen zu dienen, insbesondere der Moro Islamic Liberation Front (MILF). Derselben Quelle zufolge waren die für die Rebellen bestimmten Gelder über eine andere karitative Vereinigung geschleust worden, die in Jeddah ansässige, von Ustadz Muslimen geleitete Ikhwan al-islamiyyin.

Ein weiterer irritierender Hinweis ist die Tatsache, dass der europäische Sitz der Organisation unter derselben Oxforder Adresse firmiert wie die von Muhammad Salim bin Mahfouz und Muhammad Salih Affara gegründete International Development Foundation (IDF). Der eine gehört zu einer saudiarabischen Familie wohlhabender Bankiers, welche die Finanzierung von Osama bin Ladens terroristischen Aktivitäten unterstützt haben, der andere stammt ursprünglich aus dem Jemen und tritt bei Waffenverkäufen als Zwischenhändler in Erscheinung. Er war in die Affäre um das Rüstungsgeschäft Sawari-2 mit Saudi-Arabien verwickelt. Ferner gehört zum Aufsichtsrat des Londoner Zweigs der IIRO auch Farid Yassin Gurashi, dessen Bruder, Ismail Muhammad Gurashi, Direktor des größten sudanesischen Geldinstituts, Bank of Khartum, ist. Schließlich hat an derselben britischen Adresse auch eine Hilfsvereinigung mit Namen Oxford Trust for Islamic Studies ihren Sitz,[9] die von dem Inder Farhan Ahmad Nizami und dem Saudi-Araber Khalid Alireza geleitet wird. Khalid Alireza leitet in Jeddah und in Dhahran in Saudi-Arabien mehrere Bau- und Transportunternehmen, ABT Group, Xenel Industries Ltd. und Saudi Services and Operating Company Ltd. Und damit nicht genug: Abdullah Muhammad bin Laden, einer der jüngsten Brüder von Osama bin Laden, hat kürzlich bekannt, dass seine Familie dieser Hilfsorganisation alljährlich beträchtliche Spendengelder übermittelt.[10]

Die IIRO ist nicht das einzige Beispiel, auch andere saudi-arabische Organisationen zahlen in den Topf für humanitäre Finanzierungen und für den Djihad. So hat Prinz Abd-ul-Aziz al-Ibrahim, durch seine Frau Mounayyir mit König Fahd verschwägert, in den neunziger Jahren eine Stiftung gegründet, die sich offiziell der humanitären Hilfeleistung verschrieben hat. Der kenianische Ableger dieser in Nairobi ansässigen Organisation mit Namen Ibrahim bin Abd-ul-Aziz al-Ibrahim Foundation[11] wurde im Rahmen der Ermittlungen des FBI zu den Attentaten auf die amerikanischen Botschaften von Nairobi und Daressalam am 7. August 1998 mit dem Umfeld von Osama bin Laden in Verbindung gebracht.

Im September 1998 wurde von den örtlichen Behörden sogar die Schließung des kenianischen Büros der Organisation angeordnet, nachdem an ihrem Sitz Dokumente beschlagnahmt worden waren, die ihre Komplizenschaft bei Operationen Osama bin Ladens zur logistischen Vorbereitung des Attentats auf die amerikanische Botschaft von Nairobi bewiesen hatten. Ende 1998 machten die kenianischen Behörden im Anschluss an einen allgemeinen Aufstand der muslimischen Vertreter Kenias, die sich als Opfer einer «Hetzjagd» bezeichneten, und nach einem Generalstreik im Land das Verbot der Organisation schließlich wieder rückgängig.[12] Die Stiftung wurde insbesondere von der Familie al-Ibrahim und mehreren saudi-arabischen Firmen finanziert.

Wie sich jüngst herausstellte, gehörte Abd-ul-Aziz al-Ibrahim der größte Teil des Immobilienkomplexes Marina Del Rey in Los Angeles, den er über Scheinfirmen erworben hatte.[13] Die amerikanischen Behörden hatten einen Kredit über 132 Millionen Dollar aufgedeckt, der Abd-ul-Aziz al-Ibrahim Ende 1989 gewährt worden war, durch Vermittlung der äußerst dubiosen BCCI, auf die der größte Finanzskandal des Jahrhunderts im Jahr 1991 zurückgeht. In seiner Eigenschaft als Immobilienkäufer gehörte er zu den Hauptnutznießern bei der Kreditzuteilung durch diese Bank.

Harmlos sind diese «großzügigen Saudis» nicht. In der Regel handelt es sich um reiche Industrielle und Finanziers, die der Königsfamilie nahe stehen. Der Fall der Gebrüder Abd-ul-Aziz und Walid al-Ibrahim ist aufschlussreich. Sie betreiben Immobiliengeschäfte im großen Stil im Maghreb, in Afrika und den Vereinigten Staaten. 1993 haben sie den ersten arabischen Satellitenfernsehsender übernommen, Middle East Broadcasting Corp. (MBC), dem unter anderem die Presseagentur United Press International (UPI) gehört. Er war 1988 von Salih Abdullah Kamil gegründet worden, einer weiteren Schlüsselfigur im Königreich und im Netzwerk von bin Laden.

Die saudi-arabische Unterstützung des radikalen Islamismus erfolgt über ein komplexes Bankensystem, in dessen Zentrum zwei zu Beginn der achtziger Jahre etablierte Bankenkonsortien stehen: die Dar al-Maal al-Islami (DMI), die 1981 Prinz Turkis Bruder Muhammad al-Faisal gründete, und die Dallah al-Baraka, die 1982 vom Schwager des Königs gegründet wurde.

Diesen Institutionen, die mit beträchtlichen Mitteln ausgestattet sind (eine Milliarde Dollar im Fall der DMI), liegt das

Bestreben des saudi-arabischen Königreichs zugrunde, neben seiner Unterstützung des radikalen Islamismus auch auf dem Gebiet der Finanzen seine Vormachtstellung in der arabischen Welt auszubauen. Dazu kommt die schon zum Zeitpunkt der Gründung der BCCI erkennbare Absicht, ein internationales Finanzsystem zu errichten, das die wirtschaftliche Leistungsfähigkeit der arabischen Länder gegenüber den westlichen Großbanken verkörpern und stärken könnte. Von Letzteren waren die Golfmonarchien trotz ihrer unstrittigen Überlegenheit in Bezug auf die Erdölreserven noch weitestgehend abhängig. Ein weiterer Vorteil besteht darin, dass dieses Bankensystem ein ideales und nicht zuletzt legales Finanzvehikel darstellt, um die Finanzierung des radikalen Islamismus insbesondere auf dem Umweg über karitative Einrichtungen zu gewährleisten.

Die Dar al-Maal al-Islami (DMI) AG,[14] einst als «Haus des islamischen Geldes» bezeichnet, hat ihren Sitz in Cointrin in der Schweiz. Sie wurde am 29. Juli 1981 gegründet. Bis Oktober 1983 war Ibrahim Kamil ihr Verwaltungsratspräsident. Am 17. Oktober 1983 trat Prinz Muhammad al-Faisal al-Saud an seine Stelle, Sohn von König al-Saud, Cousin ersten Grades von König Fahd und Bruder von Prinz Turki al-Faisal, dem ehemaligen Geheimdienstchef des Königreichs, der im August 2001 kaltgestellt wurde. Die DMI gilt als zentrale Struktur für die saudi-arabische Finanzierung des internationalen Islamismus. Ihre wichtigsten Tochtergesellschaften sind die Islamic Investment Company of the Gulf, die Faisal Islamic Bank of Bahrain und die Faisal Finance, Institute ersten Ranges, die in den einzelnen Ländern, namentlich im Golf und im Sudan, über enorme Macht verfügen.

Die DMI arbeitet nach islamischem Prinzip und wendet die Religionssteuer *zakat* an, wonach die Zeichner beim Kauf von

Anteilen zusätzlich zu ihrem Eigenkapital unabhängig von der Transaktion einen variablen Betrag einzuzahlen. Sobald das Geschäft getätigt ist, tauchen diese Beträge in den Büchern nicht mehr auf. Die Zahlungen können dann ohne jede Finanzprüfung an islamistische Gruppierungen oder Vereinigungen wie die IIRO weitergeleitet werden.

Ähnlich mächtig, aber in seiner Vorgehensweise diskreter ist der Konzern Dallah al-Baraka. Sein Gründer, der 1941 geborene Salih Abdullah Kamil, war im Königreich Berater des Finanzministers und Generalinspektor der Finanzen. In seiner Eigenschaft als Hauptaktionär der al-Baraka Islamic Investment Bank von Bahrain leitet Kamil mehrere Banken, deren Tätigkeit durch jüngste Ermittlungen im Bereich betrügerischer oder terroristischer Finanzgeflechte ins Zwielicht geraten ist.

So war Salih Kamil der Vorstandsvorsitzende der al-Baraka Bank Sudan und Aktionär der Sudanese Islamic Bank,[15] einer Tochter der Faisal Islamic Bank of Egypt SAE[16], der Tadamon Islamic Bank und der Islamic West Sudan Bank. Er war auch Mitglied im Aufsichtsrat der National Development Bank im Sudan. Schließlich ist er einer der Mitbegründer der Faisal Islamic Bank Sudan und der Firma Arab Investment Co.[17]

Die Tadamon Islamic Bank ist seit 1991 Teilhaberin der al-Shamal Islamic Bank im Sudan, die von den amerikanischen Behörden als eine der zentralen Geldanlage- und Finanzierungseinrichtungen angesehen wird, über die bin Laden seit 1991 – als er sich im Sudan niederließ – verfügt.[18] Es ist nur schwer vorstellbar, dass dem Schwager des Königs Sinn und Zweck dieser Investitionen entgangen sein sollten.

In der Tat war Osama bin Laden, kurz nachdem er sich 1991 in Khartum im Sudan niedergelassen hatte, an der Einrichtung mehrerer Finanz- und Handelsstrukturen beteiligt, die zur

Finanzierung seiner terroristischen Aktivitäten dienten. Abgesehen von den Geldern aus den politischen Bewegungen, welche die in Kandahar ansässige Internationale Islamische Front für den Djihad gegen Juden und Kreuzritter koordiniert, werden die Geschäfte bin Ladens von einer Holdinggesellschaft mit Namen Wadi al-Aqiq abgewickelt.[19] Sie wird in Khartum von dem Sudanesen Abul-Hassan verwaltet. Mehreren übereinstimmenden Quellen zufolge bestand die Holding aus sieben sudanesischen Firmen und einer unbestimmten Zahl weiterer Unternehmen im Jemen mit Tätigkeitsbereich im Import-Export-Geschäft, im Verlagswesen oder im Töpferhandwerk sowie in Kenia auf dem Sektor der Elektroindustrie.[20]

Die wichtigsten vom FBI identifizierten Firmen seien im Folgenden aufgeführt[21]: die Baufirma al-Hidjra for Construction and Development Ltd. oder Hidjra Contracting Company in Khartum, die 1200 Kilometer der Autobahnstrecke von Khartum nach Port Sudan sowie den neuen Flughafen von Khartum gebaut hat; die landwirtschaftliche Investmentfirma Taba Investment Company Ltd. mit Sitz im Sudan, der der größte Teil der Anbauflächen für Mais, Sonnenblumen und Sesam gehört; die sudanesische Gum Arabic Company Ltd., die auf die Verarbeitung und den Vertrieb von Gummi spezialisiert ist; die Investmentfirma Ladin International mit Sitz in Khartum, Sudan; die landwirtschaftliche Produktionsfirma al-Thimar al-Mubaraka im Sudan; das Transportunternehmen al-Qudarat.

Eine der Hauptinvestitionen bin Ladens floß allerdings in ein Bankinstitut, die al-Shamal Islamic Bank,[22] an deren Kapital er derzeit mit 50 Millionen Dollar beteiligt ist. Diese Bank ermöglicht ihm nicht nur die Finanzierung seiner Aktivitäten, sondern auch den Transfer von Geldern an die Fronten des Djihad. Erst kürzlich haben Zeugenaussagen im Prozess gegen die Urheber des Attentats auf die amerikanischen Botschaften in

Afrika ergeben, dass auch die terroristische Organisation al-Qaida über Konten der al-Shamal alimentiert wird.

Zwar streitet der Generaldirektor der al-Shamal Islamic Bank inzwischen eine Beteiligung Osama bin Ladens am Kapital der Bank ab, doch hat er kürzlich eingeräumt, dass bin Laden zwei Konten in der Bank hat, die auf die Firma al-Hidjra for Construction and Development Ltd. lauten; sie wurden am 30. März 1992 eröffnet und sind seit 1997 stillgelegt. Auch gesteht er, dass 1993 ein Konto auf den Namen der Holdinggesellschaft von Osama bin Laden eröffnet worden ist, der Wadi al-Aqiq, bei der es sich um eine Firma saudi-arabischen Rechts handelt, die in Saudi-Arabien eingetragen ist. Das Konto ist seit 1995 stillgelegt.[23] Dies ist umso erstaunlicher, da die Behörden des Königreichs Osama bin Laden am 6. April 1994 seine saudi-arabische Staatsangehörigkeit aberkannt haben[24] und sein gesamtes Bankguthaben seit diesem Zeitpunkt eingefroren sein müsste.

Einer der Schlüsselaktionäre ist die zweitwichtigste Bank des Landes, die Tadamon Islamic Bank[25], die am 28. November 1981 gegründet wurde und am 24. März 1983 ihren Betrieb aufnahm, also knapp einen Monat bevor die al-Shamal Islamic Bank die Zulassung für ihre eigenen Geschäfte erhielt. Die Bank ist mit 21 Filialen im gesamten sudanesischen Staatsgebiet vertreten. Sie wird von Sayyed Altigani Hassan Hilal und von Sayyed Salah Ali Abou al-Nadja geleitet.

1998 waren ihre Hauptaktionäre die National Co. for Development and Trade (15 Prozent) in Khartum, die Kuwait Finance House KSC, die Dubai Islamic Bank PLC, die Yasien Leather Co., die Bahrain Islamic Bank BSC[26] sowie mehrere Einzelaktionäre. Auch der Sozialminister der Vereinigten Arabischen Emirate ist am Kapital der Bank beteiligt.

Die Tadamon besitzt mehrere Tochtergesellschaften im Sudan, unter anderem auf dem Sektor der Landwirtschaft, der Industrie und des Immobilienwesens. Im Sudan kontrolliert die Bank durch ihre Investitionen die Islamic Insurance Co., die Islamic Trading and Services Co. und die Real Estate Development Co.

Der Kreis der Aktionäre der Tadamon Islamic Bank hat sich seit 1991 nicht nennenswert erweitert. Die einzige Veränderung erfolgte 1995, als im Aufsichtsrat an die Stelle der Faisal Islamic Bank in Khartum[27] ihre Tochtergesellschaft, die National Co. for Development and Trade, trat. Die 1977 gegründete Faisal Islamic Bank wird von Prinz Muhammad al-Faisal al-Saud von Saudi-Arabien geleitet. Es handelt sich um eine Tochter des Unternehmens Islamic Investment Company of the Gulf (Bahrain), dessen Holdinggesellschaft die Dar al-Maal al-Islami (DMI) ist. Es ist ebenfalls sehr unwahrscheinlich, dass die Leitung der DMI nicht über die von ihrer Tochter Tadamon Islamic Bank getätigte Hauptinvestition informiert war, umso mehr, als damit die Einrichtung einer neuen Bank besiegelt wurde.

Eine weitere Bank, die Geldtransfers für Osama bin Ladens Netzwerke ausgeführt haben soll, ist die in den Vereinigten Arabischen Emiraten ansässige Dubai Islamic Bank.[28] Angeblich hat die CIA Beweise für regelmäßige Zahlungen an Organisationen, die mit bin Laden in Verbindung gebracht werden.[29]

Das islamische Bankinstitut wurde 1975 gegründet. Leiter ist Muhammad Khalfan bin Kharbash, kein Geringerer als der derzeitige Finanzminister der Emirate. Zu ihren Anteilseignern zählt die Bank die Regierungen von Dubai und Kuwait (mit jeweils 10 Prozent des Kapitals). Sie ist Teilhaberin der Bahrain Islamic Bank, der Islami Bank Bangladesh Ltd.[30] und der Tadamon Islamic Bank,[31] die wiederum Anteile an der al-Shamal Islamic Bank hält.

Die Dubai Islamic Bank war mit einer Beteiligung von über 80 Millionen Dollar am Vermögen der BCCI einer ihrer Hauptaktionäre. Sie hat durch mehrere Skandale von sich reden gemacht, unter anderem wegen Geldwäsche von 242 Millionen Dollar zugunsten von Foutanga «Babani» Sissoko, einem malischen Milliardär.[32] Salih Abdullah Kamil tauchte auch 1999 wieder im Zusammenhang mit der Finanzierung des Netzwerks von Osama bin Laden auf, und zwar in Form der auf dem Kommunikationssektor tätigen Firma Tihama for Advertising, Public Relations and Marketing, einer Tochter der Dallah al-Baraka Group. In der Tat wurde die Firma als eines der saudiarabischen Durchlaufunternehmen für Osama bin Ladens terroristische Aktivitäten genannt.[33] Salih Kamil aber bleibt bis heute unbehelligt von den strafrechtlichen Schritten, die gegen die oben erwähnten Institutionen eingeleitet wurden. Einzig Khalil bin Mahfouz, Generaldirektor von Tihama und Finanzpartner Salih Abdullah Kamils, wurde unter Hausarrest gestellt und im Jahr 2000 seiner Funktionen als Aufsichtsratsvorsitzender der National Commercial Bank von Saudi-Arabien enthoben.[34]

Hat Saudi-Arabien also «mit dem Feuer gespielt», als es die Sache des radikalen Islamismus unterstützte? Wurde es von seinen eigenen mehr oder weniger undurchsichtigen Konstrukten und Plänen zur Unterstützung des Fundamentalismus eingeholt? Angesichts der verschiedenen hier zusammengetragenen Elemente seien Zweifel an dieser These gestattet. Tatsächlich bestehen enge, oft familiäre und keineswegs zufällige Bindungen zwischen den verschiedenen Protagonisten des radikalen Islamismus.

Die von Saudi-Arabien betriebene Politik sicherte dem Land die Vormachtstellung gegenüber dem arabischen Nationalismus und gegenüber dem Iran, was die Verbreitung des Islam angeht. Gleichzeitig zwang sie den Westen in die Auseinandersetzung mit diesen von der größten islamischen Staatsmacht der Welt unterstützten radikalen Kräften. Nur allzu oft hieß es – und auch heute ist dies noch eine bequeme Ausrede für manch arglosen Zeitgenossen –, Osama bin Laden sei ein «Geschöpf» der CIA, und zwar einzig und allein deshalb, weil die Vereinigten Staaten, wahrscheinlich indirekt und übergangsweise, seine radikalen Ziele durch die Finanzierung und Unterstützung der Mudjaheddin-Rebellen in ihrem Kampf gegen die Sowjets in Afghanistan im Laufe der achtziger Jahre gestärkt hätten.

Wenn die Vereinigten Staaten bin Laden unterstützt haben, so war dies weitestgehend die unbeabsichtigte Folge ihrer eigenen Ambitionen in der Region. Dagegen ist die Unterstützung durch Saudi-Arabien Teil einer bewusst betriebenen, klaren und unmissverständlichen Politik zum Zwecke der weltweiten Stärkung des Islam. Im Licht dieser Enthüllungen erscheint Osama bin Laden in erster Linie als ein Produkt des Wahhabismus und als Instrument des saudi-arabischen Königreichs. Diese beiden Kräfte hatten die geeigneten konvergierenden Elemente gefunden, die sie dauerhaft aneinander binden würden.

Die saudi-arabische Haltung gegenüber den Vorbereitungen für einen amerikanischen Gegenschlag nach den Anschlägen vom 11. September zeigt auch, in welcher Verlegenheit sich die Regierung in Bezug auf Osama bin Laden befindet. Die Weigerung des Königreichs, auf seinem Staatsgebiet amerikanischen Streitkräften für einen Schlag gegen Afghanistan Aufenthalt zu gewähren, veranschaulicht dieses Verhältnis gegenseitiger Duldung, wie es zwischen Saudi-Arabien und bin Laden bestand. Das Königreich hat bei den laufenden Ermittlungen nie mit den Vereinigten Staaten kooperiert, aus Furcht, dadurch die radikalen Kräfte im Land zu provozieren. Und bin Laden war darauf bedacht, das Königreich zu «verschonen», auch wenn er dessen Haltung in seinen ersten Schriften angeprangert hat.

Man spricht ohne weiteres von «Staatsterrorismus», wenn es um Libyen oder den Iran geht. Saudi-Arabien ist auf entsprechenden schwarzen Listen nicht zu finden, ganz einfach weil man in Sachen Erdöl an diesem Land nicht vorbeikommt. Ohne dieses Manna nähme es auf einem entsprechenden Index vermutlich einen der oberen Plätze ein.

Osama bin Laden ist lediglich das Symbol für die wichtigsten religiösen und finanziellen Interessen, die auch die Grundlage für die Zukunft des saudi-arabischen Systems bilden. Die Netzwerke, die ihn unterstützen, sei es die BCCI, seien es islamische Banken oder karitative Einrichtungen, sind auf Dauer angelegt, und es ist eher unwahrscheinlich, dass sie mit Osama bin Laden verschwinden. Die wirkliche Herausforderung liegt künftig woanders.

Sie beruht auf unserer Fähigkeit, die politische und finanzielle Hilfe anzuprangern, welche Saudi-Arabien weltweit den fundamentalistischen Bewegungen gewährt – eine massive und vermutlich dauerhafte Tendenz, wenn es dem Westen nicht gelingt, das Königreich an diesem «Gewaltmarsch» zu hindern.

Wir haben angesichts dieser Lage lange die Augen verschlossen, um die Sicherheit des saudi-arabischen Verbündeten besser zu wahren. Wir haben zugelassen, dass die Saat eines mittlerweile unkontrollierbaren Fundamentalismus aufging, und darauf verzichtet, in welcher Form auch immer Druck auf eine Macht auszuüben, die das Unvertretbare noch immer verteidigt und dessen politischen, materiellen und finanziellen Fortbestand ermöglicht.

1 «Genèse et actualité de la stratégie pro-islamiste des États-Unis», Alexandre Del Valle, *Revue stratégique,* Nr. 70–71, April 1999.

2 Richard Labévière, *Les Dollars de la terreur,* Paris 1999.

3 Zitiert in «Bin Laden le milliardaire diabolique», *Le Point,* Nr. 1513, 14. September 2001.

4 International Islamic Relief Organization, 2001.

5 *Ain Al Yaqeen,* 21. Januar 1999.

6 Kommuniqué der OIK, 1. Juli 1999.

7 ICC Financial Analysis Reports, 2001; ICC Directors, 2001; ICC Directory of UK Companies, 2001.

8 Vincent Cannistraro, ehemaliger Direktor der Anti-Terror-Abteilung der CIA, zitiert in *USA Today,* 1. Oktober 1998.

9 ICC Directors, 1998.

10 Interview auf CNN, 8. Oktober 2001.

11 *Africa Online,* 1998.

12 *AFP,* 17. Dezember 1998.

13 «County Authorizes Talks on Marina Del Rey Hotel Plan», *Los Angeles Times,* 1. August 2001.

14 Creditreform Swiss Companies, 1999.

15 *The Bankers Almanach,* 1999.

16 *The Bankers Almanach,* 1999.

17 *The Complete marquis Who's Who,* 1986.

18 US Department Factsheet 08/96; Congressional Research Service Issue Brief 27/08/96; US v. Usama Bin Laden trial transcript, US District Court, Southern District of New York 05/01.

19 US Grand Jury Indictment (USA v. Usama Bin Laden), S2 98 Cr. 1023, point 10 d, 05/11/98; «Bin Ladin reportedly severed financial ties with Sudan, Saudi Arabia», *BBC Summary of World Broadcast,* 25. August 1998.

20 *African Economic Digest,* 29. August 1994.

21 US Grand Jury Indictment (USA v. Usama Bin Laden, S2 98 Cr.1023, point 10d, 05/11/98; «A global, pan-islamic network», *The Washington Post,* 23. August 1998.

22 *The Bankers Almanach,* 1998.

23 Al Shamal Islamic Bank, Kommuniqué des Generaldirektors Muhammad S. Muhammad, September 2001.

24 *Moneyclips,* 7. April 1994.

25 IAC Company Intelligence, 2001; *The Bankers Almanach,* 2000.

26 *The Bankers Almanach,* 2000.

27 IAC Company Intelligence, 1997.

28 *The Bankers Almanach,* 2000; IAC Company Intelligence, 2001.

29 State Department Briefing, 8. Juli 1999.

30 *The Bankers Almanach,* 2000.

31 *The Bankers Almanach,* 2000.

32 «Dubai bank withstands BCCI collapse», UPI, 3. Juni 1996; «Closing in on Baba», *Miami New Times,* 8. April 1999; «Islamic bank rocked by allegations of massive fraud», *AFP,* 30. März 1998; «BCCI payout, islamic bank dividend tied», UPI, 19. Mai 1996; «BCCI deal buys UAE stocks», *Inter Press Service,* 6. Februar 1995; «Arab banks objections may put BCCI deal in jeopardy», *Financial Times,* 6. Mai 1992; «Baba's big bucks», *Miami New Times,* 30. Juli 1998; «Nouvelle affaire de fraude dans une banque des Émirats», *A[gence] F[rance] P[resse],* 30. März 1998.

33 AP *News,* 09/99.

34 S. Kap. 12.

III

Bin Laden –
der Mythos des Abtrünnigen

9. Libyen 1994:
Ein Terrorist wird geboren

Auf dem Foto sieht er deutlich jünger aus als auf den Bildern, die seit September 2001 über den arabischen Fernsehsender al-Djazira verbreitet werden. Angeblich stammt diese Aufnahme von Osama bin Laden aus dem Jahr 1996, als er noch nicht abgetaucht war und sich auch noch nicht so viele Geheimdienste für ihn interessierten. Sein Bart wirkt dichter, die Wangen scheinen voller zu sein.

Die Aufnahme ist nicht dem Familienalbum entnommen. Sie taucht auf dem ersten Haftbefehl auf, den Interpol zur Ergreifung bin Ladens ausgestellt hat. Das vertrauliche Dokument mit der Nummer 1998/20232 ist nur für kriminalpolizeiliche Behörden auf der ganzen Welt bestimmt.

Wenn man das Schriftstück überfliegt, fällt eines auf: Es unterscheidet sich in vielen Punkten von der offiziellen Version der erkennungsdienstlichen Akte von Interpol, die über die Presse und die Internetseite der Behörde für polizeiliche Zusammenarbeit publiziert wurde. Diese offizielle Version enthält keinerlei Hinweis auf die Anklagepunkte gegen den Kriminellen, keine Angaben darüber, wann der Haftbefehl ausgestellt wurde, und vor allem keinerlei Nennung des antragstellenden Staates, also der Regierung, deren Behörden Interpol als Erste ersucht haben, das entsprechende Prozedere zur Festnahme in Gang zu setzen.

Das ist in der Tat sehr eigenartig, aber es gibt gute Gründe dafür …

Wie sich zeigt, wurde der erste Haftbefehl von Interpol gegen Osama bin Laden nämlich am 15. April 1998 erlassen, und zwar auf Bitten des libyschen Innenministeriums! Die Justizbehörden in Tripolis hatten zunächst einen internationalen Haftbefehl gegen ihn erlassen. Das Dokument mit der Nummer 127288/1998 wurde am 16. März 1998 an den Sitz von Interpol in Lyon geschickt. Dort wurde das Verfahren für rechtmäßig befunden und einen Monat später ein eigener Haftbefehl erlassen, der an sämtliche Polizeibehörden ging.[1] Dieses offizielle Schriftstück belegt, dass die Vereinigten Staaten zwei Jahre nach dem Attentat auf die amerikanischen Einrichtungen in Dharan noch immer nicht offiziell nach Osama bin Laden fahndeten, obwohl er bereits als Hauptverdächtiger für diesen Anschlag genannt wurde, obwohl er am 28. Februar 1998 eine *fatwa* gegen den Westen und gegen Amerika verkündet hatte und nach Annahme der Vereinigten Staaten am Anschlag auf das World Trade Center vom Februar 1993 beteiligt gewesen war. Die amerikanischen Justizbehörden suchten also noch immer nicht nach der Person, die das State Department schon 1996 als «wichtigsten Geldgeber weltweit für islamistisch-extremistische Aktivitäten» bezeichnet hatte.[2]

Was bin Laden zur Last gelegt wird und das Verfahren in den Augen der Libyer rechtfertigt, ist der Mord an zwei Deutschen am 10. März 1994. Auch dieser Punkt sorgt für Überraschung und bringt eine alte Geschichte wieder aufs Tapet. Bei den beiden deutschen Staatsbürgern handelt es sich um Silvan Becker und seine Ehefrau, kein gewöhnliches Paar also, sondern deutsche Geheimagenten, zuständig für Einsätze in Schwarzafrika und den Anti-Terror-Kampf.[3] Sie unterstanden dem Bundesamt für Verfassungsschutz. Die Identität ihrer Mörder wurde nie aufgedeckt. Dabei wussten Interpol und sämtliche westlichen Justizbehörden schon im April 1998, dass Osama bin Laden der Verantwortliche war, und theoretisch hätten sie alle Hebel in Bewegung setzen müssen, um ihn festzunehmen.

Warum ist die Regierung von Oberst Gaddafi die einzige, die

Osama bin Laden auf den Fersen ist? Hat der libysche Staatschef den internationalen Terrorismus nicht selbst unterstützt? Die Antworten ergeben sich unmittelbar aus der Geschichte Libyens und Großbritanniens.

Am 1. September 1969 stürzt eine Gruppe junger progressiver libyscher Offiziere König Idriss Senussi, als dieser zu einer Thermalkur in der Türkei weilt. Sofort steht in London das Barometer auf Sturm. Die Senussi-Monarchie ist der Protegé Großbritanniens. Die Welt entdeckt das noch jugendliche, aber entschlossene Gesicht des damals 28-jährigen Moammar Gaddafi. Auch wenn der Mann später deutliche diktatorische Neigungen an den Tag legen sollte, wacht er in den ersten Stunden seiner Herrschaft vor allem darüber, dass die Reichtümer neu verteilt werden und eine wirtschaftliche Entkolonialisierung beginnt, die allzu lange auf sich hat warten lassen. Umgehend beschließt er, den gesamten Erdölsektor zu verstaatlichen, an erster Stelle die Standorte von British Petroleum, der der Großteil der Erdölfelder im Land gehört.[4] Ab Februar 1970 hat die Ausschaltung Gaddafis für den britischen Secret Intelligence Service oberste Priorität, und die britischen Finanzbehörden behalten die in der City deponierten Gelder des libyschen Staates ein (auf diese Weise werden 32 Millionen Pfund eingefroren).

Da der Erfolg und die Unterstützung vor Ort ausbleiben, lanciert die britische Krone mehrere Operationen, die allesamt in einem Fiasko enden, wie es sehr viel später der ehemalige oberste Offizier der SAS, George Campbell-Johnson, bestätigen sollte.[5] Wie auch immer: Zwischen London und Tripolis kommt es jedenfalls zum Zermürbungskrieg, der nie wirklich beendet werden sollte. Das ist auch der Grund, weshalb im Lauf der Zeit die Feinde Gaddafis umgehend zu Freunden Großbritanniens werden. Das gilt besonders für die radikal-re-

115

ligiösen Bewegungen in Libyen; sie sehen in Gaddafi einen zu moderaten Führer, der einem ausgesprochen laxen Islam anhängt.

Der Name einer dieser Bewegungen lässt auch heute aufhorchen: Es handelt sich um die Libyan Islamic Fighting Group, eine von 27 Organisationen, die in einer nach dem 11. September vom Weißen Haus und vom Justizministerium erstellten Liste aufgeführt sind. Diese Gruppe libyscher Islamkrieger, deren arabische Bezeichnung al-Djamaa al-Islamiyya al-Muqatila lautet, gehört zu den ältesten Unterstützern von Osama bin Laden. Der derzeit wichtigste operationelle Einsatzleiter der al-Muqatila, genannt Anas der Libyer, gehört zu bin Ladens engerer Garde.

Seit Beginn der neunziger Jahre ist al-Muqatila ein Auffangbecken für «libysche Afghanen», ehemalige Mudjaheddin-Schüler also, die ab 1979 von den verschiedenen Büros der Muslim-Brüder angeheuert wurden, um mithilfe saudi-arabischer Dollars und amerikanischer Stinger-Raketen in den Kampf nach Afghanistan zu ziehen. Nach Ende der kriegerischen Auseinandersetzungen bildeten etwa 2500 dieser Gotteskrieger libyschen Ursprungs eine radikale Bewegung, mit der festen Absicht, diese in ihrem Heimatland anzusiedeln. Ihre Zielsetzungen ließen keine Zweifel offen: Es galt, sich den nötigen Rückhalt in der Bevölkerung zu verschaffen und in einem weiteren Schritt die Macht in Tripolis zu übernehmen. Und in jener Zeit nach dem Kalten Krieg hatten die Anhänger dieser Bewegung, wie viele andere auch, ihre rückwärtige Basis im Sudan eingerichtet und ihren Treueeid auf Osama bin Laden geleistet, den mit Abstand reichsten unter allen fundamentalistischen Führern.

Dieser verfolgte ihre Weiterentwicklung mit großem Interesse und gewährte ihnen bereitwillig Unterstützung. 1993 fasste er Libyen sogar als Wahlheimat ins Auge. In der Mitte zwischen Algerien, wo die islamistischen Kräfte an Boden gewannen, und Ägypten, wo die Djamaa und der Islamische Djihad noch über mächtige Netzwerke verfügten, bot sich das Land als Areal zum Aufbau des Nervenzentrums von al-Qaida geradezu an.

Einzelne Angaben in Interpol-Dokumenten beweisen übrigens, dass der Terrorist zeitweise auch seinen Wohnsitz dort hatte. Er soll sich in der kleinen Stadt Jabala-Larde unweit von Benghazi im Osten des Landes aufgehalten haben. Dort war bin Laden auf arabischem Gebiet, und außerdem war das Regime von Oberst Gaddafi nicht Teil der internationalen Völkergemeinschaft und erhielt folglich keine Unterstützung aus dem Ausland, im Gegenteil. Der ehemalige britische Geheimdienstler David Shayler,[6] der der Abteilung MI 5 Nordafrika zugeteilt war, hat enthüllt, dass die britischen Geheimdienste die Ausschaltung Moammar Gaddafis im November 1996 vorbereitet hätten – mit Unterstützung der Kämpfer von al-Muqatila.[7] Bei der – gescheiterten – Operation sollte Gaddafi anlässlich eines öffentlichen Umzugs in seiner Eskorte ermordet werden.

Zu jener Zeit also, das heißt zumindest bis 1996, arbeiteten die britischen Geheimdienste, die Teil des Foreign Office sind, aber dem Premierminister unterstehen, mit den wichtigsten Verbündeten von Osama bin Laden zusammen! So erklärt sich schon eher, warum die Dokumente von Interpol lange Zeit in Archiven aufgehoben wurden, zu denen niemand Zugang hatte. Und es handelte sich nicht etwa um eine gelegentliche Zusammenarbeit. Das Mitteilungsblatt der al-Muqatila nämlich, das den Titel *Al-Fajr* trug, wurde in London von Said Mansour herausgegeben, einem prominenten Mitglied der radikalen Sunnitengemeinde.

Da Osama bin Laden ausgesprochen kriegerische Absichten

gegenüber Gaddafi hegte und seine Brüder von al-Muqatila auf die Hilfe Londons setzen konnten, war der libysche Geheimdienst der erste, der seine Verfolgung wirklich in die Wege geleitet hat, und das zu einer Zeit, als bin Laden die Anliegen zahlreicher Staaten unterstützte, von den Ufern der Themse bis zu den ausgestorbenen Vororten Riads.

Ironie dieses verlogenen Pokerspiels: Der libysche Geheimdienstchef Moussa Kusa begab sich Ende September nach London, um seinen Kollegen vom MI 6 (dem britischen Geheimdienst) überaus brisante Informationen zu übermitteln. Es handelte sich um eine Liste mit rund einem Dutzend Namen von in London lebenden al-Muqatila-Mitgliedern, die der britische Geheimdienst aufzugreifen hoffte.[8]

1 Das Schriftstück trägt den Vermerk *Confidential intended only for police and judicial authorities.* Angesichts seiner Brisanz ist es im Anhang ungekürzt abgedruckt. Vgl. Anhang 2.

2 «U. S. cites Saudi Businessman as Leading Terrorist», *Associated Press,* 14. August 1996.

3 Vgl. *Maghreb Confidential* Nr. 184 vom 21. April 1994.

4 Von den wirtschaftlichen Verlusten für Großbritannien war auch die Rüstungsindustrie betroffen. Vgl. dazu das dubiose und überaus präzise *Dossier A Comme armes* von Éric Gerdan, Alain Moreau, 1975.

5 Genaueres über diese von Großbritannien durchgeführten Operationen erfährt man in dem ausgezeichneten Buch des Historikers Stephen Dorril, *MI 6: inside the covert world of her Majesty's secret intelligence service,* London 2000.

6 Vgl. das Dokument von Mark Hollingsworth und Nick Fielding: *Defending the Real, MI 5 and the Shayler Affair,* London 1999.

7 Diese Version vom Ablauf der Ereignisse wurde von einem Nachfahren des libyschen Königs Idriss Senoussi in einem Gespräch mit der

Presseagentur Washington Compass Middle East Wire bestätigt. Sie wurde auch durch die von dem Historiker Stephen Dorril durchgeführten Recherchen untermauert.

8 Die Unterredung wurde von Muhammad Azwai, dem libyschen Botschafter in London, in einem Interview mit dem *Guardian* vom 7. Oktober 2001 bestätigt.

10. Familiäre Bande

«Die islamische Familienstruktur beruht auf einem besonderen Prinzip, dem zufolge man zur Solidarität gegenüber den Mitgliedern seiner Familie gezwungen ist, auch wenn es sich um entfernte Verwandte handelt. Sofern es in jemandes Macht steht, ist er verpflichtet, seinen Cousin, seine Nichte, seinen Neffen und an erster Stelle seinen Bruder zu unterstützen. Und es wäre beispielsweise ein Vergehen, einer Person, in dem Fall bin Laden, das für sie bestimmte Geld vorzuenthalten.»

Dr. Saad al-Faqih weiß, wovon er spricht. Dieser in London lebende saudi-arabische Dissident, ein ehemaliger Afghanistan-Kämpfer, pflegte über lange Zeit Kontakt zu Osama bin Laden.

Ist bin Laden wirklich das «schwarze Schaf» der Familie, wie heute einer seiner Brüder behauptet, derjenige, von dem die Familie sich – ohne ihn allerdings zu enterben – 1994 lossagte, nachdem er 1991 aus Saudi-Arabien ausgewiesen worden war?

1994 verkündete Bakr bin Laden vor der saudischen Presse, dass «alle Familienmitglieder die von Osama bin Laden begangenen Taten bedauern, anklagen und verurteilen».[1]

Das ist jedoch leicht gesagt. Erst kürzlich gestand bin Ladens eigene Schwester, dass es undenkbar sei, «dass keines der 54 Mitglieder der Familie mehr Beziehungen zu ihm gehabt haben soll». Sie stellte auch fest, dass der Ton ihm gegenüber jetzt ein anderer sei. Seit den Attentaten vom 11. September sei Osama bin Laden für seine Brüder und Schwestern ein «Halbbruder». Ein relativ leicht durchschaubares sprachliches Ablenkmanöver, sind doch in einem islamischen Land, in dem die Polygamie gilt, die Kinder der verschiedenen Frauen eben ganz einfach Brüder und Schwestern.

In einem Interview, das der CNN-Reporter Peter Arnett 1997 mit Osama bin Laden führte, hat dieser auch behauptet, dass «die [saudische] Regierung versucht, Zwietracht in meiner Familie zu säen», und enthüllt, dass er in Khartum im Sudan neunmal Besuch von seiner Mutter, seinem Onkel und einem seiner Brüder erhalten habe.

Der Tatbestand familiärer Heuchelei ist, wie gesagt, auch im Hinblick auf bin Ladens Heimatland Saudi-Arabien erfüllt, das, obwohl es ihm 1994 die Staatsangehörigkeit aberkannte, der von ihm verteidigten Sache weiterhin Unterstützung gewährt.

Unter dem Stichwort «Familieninterna» sind auch die sehr entschiedenen Reaktionen des bin-Laden-Clans zu verbuchen. In Wirklichkeit riss der Kontakt zu Osama bin Laden nie wirklich ab. So heißt es in der zusammenfassenden Beurteilung eines westlichen Geheimdienstes, dass die Familie bin Laden sich seit Anfang der achtziger Jahre rigoros an «das Prinzip der absoluten Solidarität sämtlicher Familienmitglieder untereinander» gehalten habe.

Zwei Schwäger von Osama bin Laden beispielsweise, Muhammad Djamal Khalifa und Saad al-Sharif, haben nach Ansicht der amerikanischen Behörden bei der Finanzierung der Terrororganisation al-Qaida eine entscheidende Rolle gespielt, Ersterer auf dem Umweg einer karitativen Einrichtung mit Sitz in Jeddah, die auf den Philippinen tätig ist. Er soll auch Osama bin Ladens Aktivitäten für Malaysia, Singapur und die Insel Mauritius finanziert haben.[2]

Nach Angaben von Vincent Cannistraro, dem ehemaligen Koordinator im Anti-Terror-Kampf der CIA, wird Muhammad Khalifa verdächtigt, die Islamische Armee in Aden finanziert zu haben, eine jemenitische Terrorgruppe, die Osama bin Laden nahe steht und sich unter anderem zu dem Attentat auf den amerikanischen Zerstörer USS Cole bekannt hat.

Khalifa war 1994 sogar kurzzeitig in Haft, nachdem die amerikanischen Einwanderungsbehörden entdeckt hatten, dass er von einem jordanischen Gericht wegen «Verschwörung zur Durchführung eines terroristischen Aktes» in Abwesenheit zum Tode verurteilt worden war.[3] Er wurde nach Jordanien ausgeliefert und kurz darauf wegen eines Formfehlers wieder auf freien Fuß gesetzt.

Mahrous, einer der Brüder von Osama bin Laden, hat sich auf einen ganz ähnlichen Weg begeben wie sein Bruder. Anfang der siebziger Jahre freundete er sich während seiner Ausbildungszeit in England mit Mitgliedern der Muslim-Brüder an, damals eine syrische Islamistenorganisation, die Saudi-Arabien zu ihrem Exilort gemacht hatte. 1979 stürmten fast 500 Dissidenten unter Führung der Muslim-Brüder die Große Moschee in Mekka. Zum Transport von Waffen benutzten sie Lastwagen aus dem Besitz des Familienkonzerns bin Laden. Die Organisation wollte gegen den Legitimitätsverlust der saudischen Machthaber protestieren, denen man vorwarf, «korrupt, prahlerisch und ein schwacher Abglanz des Westens» zu sein.

Sämtliche Mitglieder des Netzwerkes, die an der Operation teilnahmen, wurden im Anschluss geköpft, mit Ausnahme von Mahrous bin Laden, der zunächst wegen Mittäterschaft verhaftet, jedoch einige Zeit später wieder aus dem Gefängnis entlassen wurde.

Die saudischen Geheimdienste kamen zu dem Schluss, dass einzig die Familie bin Laden, die am Bau eines Abschnitts der Großen Moschee beteiligt gewesen war, über entsprechende Pläne verfügt haben konnte, um dem wachsamen Auge der Sicherheitskräfte zu entgehen.

Mahrous verdankte seine Freilassung größtenteils den besonderen Beziehungen, die die Familie bin Laden seit Jahrzehnten mit der regierenden Familie unterhielt. Mahrous bin Laden leitet heute einen Ableger des Familienkonzerns in Medina.[4]

Interessant ist auch die Aussage Abdullah Muhammad bin Ladens, eines der jüngsten Brüder von Osama bin Laden,[5] dass seine Familie der islamischen Hilfsorganisation Oxford Trust for Islamic Studies alljährlich beträchtliche Summen zukommen lässt, vor allem vor dem Hintergrund, dass diese Organisation unter derselben Londoner Adresse residiert wie die International Islamic Relief Organization (IIRO), die als eines der wichtigsten Rekrutierungszentren für die Terrornetze von Osama bin Laden gilt.

Das Wirtschafts- und Finanzimperium der bin Laden wurde Anfang des Jahrhunderts von dem im jemenitischen Hadramawt geborenen Patriarchen Muhammad Awad begründet, der sich 1928 in Saudi-Arabien niederließ. Sehr bald schon war die Familie aufs Engste mit der Entstehung und dem Aufbau des wahhabitischen Königreichs durch König Abd-ul-Aziz verknüpft.

Der König war es auch, der den Grundstein für den Aufstieg der Familie legte, indem er ihr zunächst den Bau eines Teils des königlichen Palastes anvertraute und im Anschluss daran die gesamten Renovierungsarbeiten der heiligen Stätten in Mekka und Medina.

Aufgrund gegenseitigen Vertrauens konnte die Familie in einem Königreich, dessen Aufbau erst noch geleistet werden musste, in eine viel versprechende Zukunft blicken.

Schon 1931 gründete Muhammad bin Laden in Jeddah die Saudi Binladin Group (SBG) oder Binladin Organization,[6] die sich schnell zu einem der wichtigsten Arbeitgeber im Königreich entwickelte.

Die enge Verbindung zu den saudischen Herrschern erklärt auch, warum selten in Ministerien oder anderen zuständigen

Dienststellen über die geschäftlichen Angelegenheiten der Familie entschieden wird. Ausschreibungen für das Haus bin Laden sind nicht vorgesehen. Die Verträge werden direkt mit dem Privatsekretär des Königs abgeschlossen und häufig per königlichem Dekret genehmigt. Über mehrere Jahre hinweg war der Konzern sogar der offizielle und ausschließliche Vertragspartner für die heiligen Stätten des Königreichs und bis 1967 auch für die heiligen Stätten in Jerusalem. Muhammad bin Laden wurde dafür im Übrigen über mehrere Jahre mit dem Posten des Ministers für Hoch- und Tiefbau belohnt.[7] Als Gegenleistung für das königliche Wohlwollen erwies der Konzern dem Königreich enorme Dienste und vermittelte den Mitgliedern der Königsfamilie beispielsweise die Grundlagen des Handels und des Finanzwesens.

Auch in finanzieller Hinsicht genießt dieser Konzern mit seinem familiären Aktionärskreis ein Vorrecht, das einen weiteren Hinweis auf die Macht der bin Laden in Saudi-Arabien darstellt. Die Unternehmensgruppe wird nämlich als Institution und nicht etwa als Firma geführt, was sie von der Veröffentlichung jeder Bilanz entbindet. Vor allem aber darf die SBG als einzige saudische Privateinrichtung Obligationen ausgeben, und das in einem Land, in dem Schatzanweisungen und Obligationen keine Gültigkeit haben, weil das Korangesetz es mit dem Begriff des Zinses sehr genau nimmt. Dieser Umstand erlaubt es ihr, die eigene Entwicklung zu sichern und gleichzeitig die Kontrolle über ihre Aktionäre zu bewahren.

Seit fast 30 Jahren bemüht sich die SBG um Diversifizierung. Über das Bauwesen hinaus, das Kerngeschäft, das die Hälfte des Umsatzes ausmacht, hat sich der Konzern nach und nach zu einem wirklichen Konglomerat entwickelt, das auf dem Gebiet des Engineering, im Immobilienwesen, Vertrieb, Kommunikations- und Verlagswesen aktiv ist. Mit 5000 Angestellten im Jahr 2000 ist die SBG darüber hinaus auch einer der größten Arbeitgeber im Königreich.[8]

Von einem Finanzblatt wurde der Umsatz 1991 auf 36 Milliarden Dollar geschätzt, ein Betrag, mit dem die SBG unter den 100 reichsten Firmen der Welt vertreten ist.[9]

Seit seinen Anfängen und auch nach dem Tod seines Gründers im Jahr 1968 konnte der Konzern auf die stete Unterstützung der saudischen Behörden zählen. Das ist einer der Gründe, warum etliche internationale Unternehmen mit der SBG Partnerschaften eingegangen sind, die ihnen eine Ansiedlung im Mittleren Osten erleichtern sollten. In den achtziger Jahren vertrat der Konzern unter anderem die Interessen von Audi und Porsche in Saudi-Arabien. Die SBG knüpft auch Partnerschaften mit hochrangigen internationalen Firmen wie General Electric, Nortel Networks oder Cadbury Schweppes. Und alle sind, wie General Electric, überzeugt, dass der saudische Konzern und Osama bin Laden «nichts miteinander zu tun haben».

Jüngste Enthüllungen belegen auch beträchtliche Familieninvestitionen in erstklassige Finanzstrukturen wie den Carlyle-Konzern (s. Teil IV), der von mehreren ehemaligen Mitgliedern der Verwaltung George Bush sen. geleitet wird.[10] Laut *New York Times* hat die Leitung von Carlyle sich bis zum 26. Oktober Zeit gelassen, um ihre Verbindungen zur Bin-Laden-Familie abzubrechen.

1995 soll der Binladin-Konzern auch 2 Millionen Dollar in den Carlyle Partners 11 Fund investiert haben, einen der Londoner Investmentfonds des Carlyle-Konzerns.[11] Zu dem Zeitpunkt hatte der Fonds 1,3 Milliarden Dollar für die Übernahme mehrerer Luftfahrtgesellschaften aufgebracht. Die Familie bin Laden soll in diesem Zusammenhang einen 40-prozentigen Gewinn auf ihre Anfangsinvestition realisiert haben. In den Vereinigten Staaten ist Carlyle unter anderem Teilhaber mehrerer Luftfahrt- und Rüstungsunternehmen wie Lockheed Martin und General Dynamic.

Parallel dazu bezieht sich das *Wall Street Journal* auch auf Verbindungen, die in der Vergangenheit über den Erdölsektor hinaus (s. Teil IV) im Bauwesen zwischen einem der Brüder von Osama bin Laden und George W. Bush bestanden.

Das Industrie-, Finanz- und Politimperium bin Laden hat mit der Übernahme durch die Söhne des 1968 gestorbenen Begründers noch an Macht gewonnen. Die meisten von ihnen wurden im namhaften Victoria College im ägyptischen Alexandria ausgebildet, einem der letzten Symbole der britischen Hegemonie in der Gegend. Die Schule wurde damals von Prominenten besucht oder solchen, die es werden wollten, wie König Hussein von Jordanien, den Kashoggi-Brüdern, dem künftigen saudischen Geheimdienstchef Kamal Adham oder auch dem Schauspieler Omar Sharif.

Während seine Geschwister in den besten britischen und amerikanischen Privatschulen unterrichtet wurden, entschied sich Osama dafür, in Saudi-Arabien zu bleiben, um an der König-Abd-ul-Aziz-Universität zu studieren. Nach dem Tod Muhammads 1968 wurde das Familienvermögen unter dessen 23 Ehefrauen und den 54 Kindern aufgeteilt, von denen das jüngste 1967 zur Welt gekommen war.

Mit der Interessenvertretung der Unternehmensgruppe wurde zunächst Muhammad Bahareth betraut, ein Onkel mütterlicherseits und Vormund der damals durchweg minderjährigen Kinder. Er war im Laufe der Jahre zum wichtigsten Finanzberater des Patriarchen geworden. Erst 1972 übernahm der älteste Sohn Salem die Führung des Imperiums. Ihm stand ein Rat zur Seite, dem mehrere Brüder und auch Muhammad Bahareth angehörten. Zahlreiche Gerüchte haben die Runde gemacht über eine mögliche Verwicklung von Salem bin Laden in die Affäre mit dem Waffenverkauf an den Iran, die so genannte Irangate-Affäre, sowie eine mögliche Hilfeleistung zugunsten des afghanischen Widerstands. Der enge Vertraute von König Fahd kam 1988 bei einem Flugzeugabsturz in Texas ums Leben.

Darauf trat Bakr, der älteste Sohn, die Nachfolge an, unterstützt von seinen 13 Brüdern, darunter auch Mahrous. Drei Brüder erwiesen sich als die wirklichen Entscheidungsträger innerhalb der Unternehmensgruppe: Hassan, Yeslam und Yehya.

Die Kinder von Muhammad bin Laden stammen von 23 Müttern. Innerhalb des Clans herrscht ein starker Zusammenhalt, gleichzeitig verfügt der Konzern über weit verzweigte internationale Kontakte. So gibt es die «Gruppe der Syrier», die von Bakr und Yehya repräsentiert wird, ferner die «Gruppe der Libanesen», zu der Yeslam gehört, sowie die «Gruppe der Jordanier». Abd-ul-Aziz, einer der jüngsten Söhne, gehört zur «Gruppe der Ägypter». Paradoxerweise ist Osama bin Laden das einzige Kind, dessen Mutter Saudi-Araberin ist.

In den Augen der Machthaber machte diese saudische Herkunft ihn zu einem vertrauenswürdigen Gesprächspartner, und so entwickelte er sich, wie wir bereits gesehen haben, nach und nach zum Vertrauten von Geheimdienstchef Prinz Turki. Anfang der neunziger Jahre pflegten die beiden so häufig und offensichtlich Kontakt miteinander, dass bin Laden von ausländischen Geheimdiensten, allen voran dem israelischen, zunächst für einen saudischen Agenten gehalten wurde, wenn nicht gar für den eigentlichen Chef des saudischen Geheimdienstes.[12]

Bin Ladens Interessen sind so nachhaltig mit denen des Königreichs verknüpft, dass die Unterstützung, die ihm die Familie auf direktem oder indirektem Weg gewährt hat, zwangsläufig nur mit ausdrücklicher Billigung oder zumindest mit wohlwollendem Gleichmut der saudischen Machthaber erfolgt sein kann. Das zeigt auch ein rätselhaftes Geständnis von Osama bin Laden aus dem Jahr 1995: Als die saudischen Machthaber beschlossen hätten, aktiv am islamischen Widerstand in Afghanistan mitzuwirken, «haben sie sich an meine Familie gewandt».[13] Die familienbedingte Treue zum Königreich beinhaltete eben auch einen tatkräftigen Beitrag zu dessen düstersten Vorhaben.

1 «Bin Ladin Family distances itself from Osama», *APS Diplomat Recorder*, 5. März 1994.
2 «Saudi elite tied to money groups linked to bin Laden», *Boston Herald*, 14. Oktober 2001.
3 «Family ties; The Bin Ladens», *The Sunday Herald*, 7. Oktober 2001.
4 «John Major link to Bin Laden dynasty», *The Sunday Herald*, 7. Oktober 2001.
5 CNN-Interview vom 8. Oktober 2001.
6 IAC Company Intelligence, 2001; Saudi Binladin Group.
7 Quelle: Deklassifizierte Notiz der CIA zu Osama bin Laden (undatiert). Vgl. Anhang V.
8 The Major Companies Database, 2000.
9 «US Raids», *Middle East Economic Digest*, 4. September 1998.
10 «US President's father was in business with Bin Laden's family», *Sunday Business Post*, 30. September 2001.
11 «Bin Laden family is tied to US Group», *Wall Street Journal*, 27. September 2001.
12 «Behind the veil», *The Jerusalem Report*, 3. Juni 1993.
13 Unveröffentlichtes Interview mit *France Soir*, 1995, zitiert in «Ben Laden, le milliardaire diabolique», *Le Point* Nr. 1513, 14. September 2001.

11. Die Galaxie bin Laden[1]

Sieben Jahrzehnte nach seiner Gründung wird der Familien-konzern SBG (Saudi Binladin Group) heute von dem 1947 geborenen Bakr M. bin Laden geleitet. Der Aufsichtsrat der SBG besteht aus Salih Gazaz, Muhammad Bahareth, Abdullah bin Said, Muhammad Nour Rahimi, Tarek bin Laden und Omar bin Laden. Die ursprünglich in Jeddah ansässige Gruppe ist mittlerweile auf sämtlichen Kontinenten vertreten.

Der Konzern umfasst zahlreiche Untergliederungen und Tochtergesellschaften. Nachfolgend sind die wichtigsten Holdinggesellschaften nach Wirtschaftssektoren gegliedert aufgeführt: Binladin Group International für das Bauwesen, auch in Ägypten, Jordanien, im Libanon, in Malaysia und in den Vereinigten Arabischen Emiraten vertreten; Bemco für den Energiesektor; Binladen-Bemco für das Elektroingenieurswesen; Muhammad bin Laden Organization für Infrastruktur; Project Management & Development Co. Real Estate Ltd. für Immobilien; al-Salim Group für Industrie; Mimar Industrial Group für die Textilindustrie, auch im Libanon, in Großbritannien und Spanien vertreten; Casareen Contract Manufacturing für den Vertrieb von Bekleidungswaren in Großbritannien; Palwa Beleuchtungs GmbH und Palwa Iberica in Deutschland und Spanien für Kristallglaswaren; Hazar Media Group für das Verlagswesen im Libanon, in Frankreich, Großbritannien, in den Vereinigten Arabischen Emiraten und in Ägypten; United Saudi Maintenance & Services Co. für Wartung; GFC und Casareen Retail International für Vertrieb in Großbritannien, Malaysia, Singapur, Ägypten, im Libanon, in Frankreich und den Vereinigten Staaten; Forship Ltd. für Frachtgut in Großbritannien, Frankreich, Ägypten und Kanada; Binladin

Telecommunications Co. (1999 umbenannt in Baud Telecommunications) für Telekommunikation und Middle East International Group (MEIG) in der Schweiz für Public Relations.

Die SBG besitzt einen in London stationierten Vorposten.
Geleitet wird die Organisation von dem Briten Leonard Cowking und von Bakr bin Laden.[2]

Gemeinsam mit Akderali Muhammad Ali Moawalla ist
Leonard Cowking auch Leiter der Turkey Rock UK Ltd., einer
entfernten und nebulösen Tochtergesellschaft der SBG.[3]

Die Leitung der in Jeddah ansässigen internationalen Tochter der SBG, Binladin Group International (BGI), besteht
ebenfalls aus Bakr bin Laden (Geschäftsführer) sowie Yehya
bin Laden (Generaldirektor), Omar bin Laden (Präsident) und
Hassan bin Laden (Vizepräsident). Der Betriebsleiter für
Hoch- und Tiefbau und Flughäfen ist Abou Bakr S. al-Hamed,
die Abteilung Bauten wird von Ahmed M. bin Laden koordiniert, Henry Sarkissian ist Leiter für Industrie- und Energieprojekte. Mu'tazz Sawwaf leitet die Abteilung Architektur und
Innenarchitektur, Abou Bakr bin Ali al-Akhdar ist Leiter der
Abteilung Erdöl und Bergbau, Shafiq M. bin Laden ist Mitglied
des Aufsichtsrats.

Hassan bin Laden, Vizepräsident der BGI, ist auch Direktor
von Iridium Middle-East LLC, an der die Gruppe Binladen
beteiligt ist.

Die Tochterfirma Binladen-Bemco and Mechanical Industrial and Power Contracting[4] ist auf dem Gebiet des Elektroinge-
nieurwesens tätig. Sie wird von Henry Cabrera und Bakr bin
Laden geleitet. Zu ihren Aufsichtsratsmitgliedern gehören
Souren Sarkissian, Henry Sarkissian und Greg Sarkissian. Anteilseigner ist auch die Binladen Bros. for Contracting and Industry, die von Bakr M. bin Laden geleitet wird. Er ist Aktionär

bei der Saudi Traffic Safety Ltd.[5] sowie der Arabian Aerosurvey Company Ltd.[6]

In Europa war die Tochterfirma Casareen Retail International Ltd.[7] mit Sitz in London im Vertrieb tätig. Sie wurde bis zu ihrer Auflösung am 17. Juli 2001 von den Briten Mark Adams, Thomas Payne und Nabella Khan geleitet.

Nabella Khan ist auch in geschäftsführender Position in der Capex Ltd.[8] tätig. Sie ist ferner in den Aufsichtsräten der Hazar Licensing & Marketing Ltd.[9] sowie der von Sadek Sawwaf geleiteten Casareen Ltd.[10] vertreten.

Die Firma Casareen France[11] wurde am 6. Oktober 1992 gegründet. Sie hat ihren Sitz in Courbevoie im Departement Hauts-de-Seine und wurde von dem Libanesen Charles Nakhle geleitet, auf den Muhammad Kammourieh folgte.

Die Unternehmensgruppe SBG ist in Europa auch in Form des Verlagsunternehmens Hazar Publishing Ltd.[12] präsent, deren Leiter der libanesische Geschäftsmann Basim Nicolas Ziadeh ist. In Frankreich wird die Firma durch die ebenfalls in Courbevoie ansässigen Éditions Hazar[13] unter der Leitung von Charles Nakhle vertreten.

Basim Nicolas Ziadeh ist Mitglied der Nationalistischen Arabischen Konferenz, die sich unter anderem aus ägyptischen Islamisten zusammensetzt. Innerhalb der Bewegung steht er Mona al-Solh nahe, einer Verwandten von Hisham al-Solh, der gemeinsam mit Dalya Salam Rhishani die British Lebanese Association in London gegründet hat. Letztere führt in Zusammenarbeit mit der Familie Azzam (Azzam Publications) Aktionen durch, die Osama bin Laden offen unterstützen.[14] Basim Nicolas Ziadeh steht im Rahmen dieser Bewegung auch mit Diya'-ed-Din Dawoud in Verbindung, dem Generalsekretär der ägyptischen Nasser-Partei. Er besucht regelmäßig die sunnitische al-Azhar-Moschee in Kairo (deren Name mit dem von ihm geleiteten Verlagshaus in Zusammenhang steht), unter anderem auch im Dezember 1998, als die Bewegung zum Djihad gegen die Vereinigten Staaten aufrief. Diya'-ed-Din Dawoud wurde zweimal zusammen mit Mitgliedern der Muslim-Brüder verhaftet (1977 und 1981). Auch Osama bin Laden hängt der sunnitischen Glaubensrichtung an.[15]

Der Libanese Mu'tazz Sawwaf, einer der Direktoren der BGI, übt gemeinsam mit Mustafa Kamal Kassas auch in dem Unternehmen Dar al-Reisha for Publishing and Distribution Ltd. leitende Funktionen aus. Es hat seinen Sitz in London, an der gleichen Adresse wie Hazar Publishing.

Die in London ansässige Forship Ltd.[16] ist seit 1998 als Dienstleistungsunternehmen im Frachtgutgeschäft tätig. Sie wird von dem am 1. März 1947 geborenen Amerikaner Adnan Kronfol und von Omar Youssef Salhab geleitet (der auch in mehreren französischen Tochtergesellschaften präsent ist). In Frankreich wird Forship[17] von dem Libanesen Nouhad Gholam vertreten.

In Europa verfügt die SBG auch in der Public-Relations-Branche über eine Tochtergesellschaft, die Middle East International Group – MEIG AG[18] in Zürich. Die 1998 gegründete Firma wird von Hassan bin Laden, Elisabeth Guggenheim und Pierre Guggenheim vertreten.

Der Sektor der Textilwaren wird in Deutschland durch die Tochterfirma Mimar Trading Im- und Export GmbH[19] abgedeckt. Muhammad Ghazi Ragheb leitet die 1994 gegründete Firma. Ihre niederländische Tochterfirma ist die Mimar Trading,[20] die von dem am 1. September 1970 geborenen U. Özdemir geleitet wird.

Der Bereich der Kristallverarbeitung schließlich unterliegt der direkten Tochter Palwa Beleuchtungs GmbH[21] in Deutschland. Muhammad Ghazi Ragheb (Leiter der Mimar GmbH) und Ahmed Farid al-Azem leiten die am 30. März 1987 gegründete Tochterfirma. Teilhaber ist Basim Nicolas Ziadeh (Leiter der Hazar Publishing in London und, gemeinsam mit Namir Michel Cortas – der auch bei Hazar Publishing vertreten ist –, der Multimedia Ventures Ltd.[22] in London).

Farid al-Azem, Unternehmensleiter von Palwa, leitet ebenfalls die Firma Egyptian Finance Co.[23] mit Sitz in Kairo. Hauptaktionäre des 1974 gegründeten Investment- und Finanzunternehmens sind American Express und die saudische Unternehmensgruppe Olayan. Ihr Aufsichtsrat setzt sich zusammen aus Farid W. Saad, Munir F. Abd-el-Nour, Djamil W. Saad, Gilbert N. Gargour, Akram Abd-ul-Hidjazi und Elie Baroudi.

Die Gruppe Olayan wird von dem am 5. November 1918 in Onaira (Saudi-Arabien) geborenen Sulayman Saleh Olayan geleitet, der mit Akram Ojjeh, Kamal Adham und Ghayth Pharaon in Verbindung steht.

Akram Abd-ul-Hidjazi, der am 14. September 1939 geboren wurde und die griechische Staatsangehörigkeit besitzt, leitet die britische Firma Worldmass Ltd.[24]

Elie Baroudi ist Mitglied des Aufsichtsrats der International Corporate Bank Inc.,[25] deren Teilhaber American Express ist.

Munir Abd-el-Nour und sein Bruder Fakhry Abd-el-Nour schließlich leiten die Firmen Middle East Petroleum und Interstate, die in Panama eingetragen sind und Anfang der achtziger Jahre unter Verletzung des von der UNO verhängten Embargos ägyptisches Erdöl nach Südafrika lieferten.[26]

Die Schritte zur Umgehung des Embargos wurden von der südafrikanischen Strategic Fuel Fund koordiniert. Damals stand Fakhry Abd-el-Nour mit dem Zwischenhändler Emmanuel Shaw in Verbindung, dem ehemaligen liberianischen Wirtschaftsminister, der über die Firma Tiger Oil ebenfalls an diesen Operationen beteiligt war (Partner der Tiger Oil war der

Waffenhändler Marc Rich, der auch in die Irangate-Affäre verwickelt war und vom FBI gesucht wurde, bis die gerichtlichen Schritte gegen ihn aufgrund einer umstrittenen Entscheidung von Präsident Clinton eingestellt wurden).[27]

Emmanuel Shaw leitet das Offshore-Unternehmen First Liberian Holdings, zu dessen Partnern unter anderem Mazen Rashad Pharaon gehört, der Bruder von Ghayth Pharaon, der am 7. September 1940 in Saudi-Arabien geboren wurde und als zentrale Figur in der BCCI-Affäre gilt. Mazen Rashad Pharaon steht dem libyschen Staatschef Moammar Gaddafi nahe, in dessen Auftrag er Waffenlieferungen durchgeführt hat.[28]

Das Vermögen der Pharaon-Brüder geht fast ausschließlich auf die Familie und den Vater Rashid zurück, einen Berater von Saudi-Arabiens Gründer König Abd-ul-Aziz. Rashid Pharaon hatte von 1948 bis 1954 verschiedene diplomatische Posten in Europa bekleidet. Ghayth Pharaon absolvierte seine Ausbildung in Paris, im Libanon, in Syrien, der Schweiz sowie den Vereinigten Staaten, wo er eine Zusatzausbildung im Bereich Ingenieurwesen mit Schwerpunkt Erdölförderung durchlief. Mitte der sechziger Jahre wurde er dem Leiter des damaligen saudi-arabischen Geheimdienstes, Kamal Adham, vorgestellt, der ihn mit Agha Hassan Abedi, dem Gründer der BCCI, bekannt machte. Gemeinsam mit diesem tätigte Pharaon mehrere Investitionen, und er diente ihm als Strohmann bei Betrugsgeschäften der Bank, unter anderem bei der Übernahme der National Bank of Georgia (NBG) und der Financial General Bankshares (FGB), die vor dem Konkurs der BCCI 1991 stattfand. Kamal Adham leitete eine der Firmen von Ghayth Pharaon, die Attock Oil. 1996 trat Ghayth Pharaon einen Teil seiner BCCI-Aktien an Khalid Salim bin Mahfouz und dessen Bruder ab, die mit einer Beteiligung von 20 Prozent eingestiegen waren.

134

Ghayth Pharaon wird vom FBI wegen Betrugs im Rahmen der BCCI-Affäre sowie wegen Schutzgelderpressung in den Vereinigten Staaten gesucht. Mehrere Gerichte in New York, Washington, Georgia und Florida haben diverse Haftbefehle gegen ihn erlassen, die vom FBI und dem amerikanischen Internal Revenue Service (IRS) verbreitet werden.[29] Charakteristisch für die Vorgehensweise der Saudi Binladin Group ist die Einbindung hochrangiger Persönlichkeiten in ihre wichtigsten Investitionsgeschäfte bei gleichzeitiger Miteinbeziehung von Personen, die aufgrund ihrer Beteiligung an zweifelhaften Transaktionen umstritten sind.

Die Bank of New York – Inter Maritime Bank[30] mit Sitz in Genf, als deren Direktor Bruce Rappaport fungiert, war unter anderem in die Skandale der BCCI und die amerikanischen Waffenverkäufe an den Iran, die Irangate-Affäre, verwickelt, bei denen ihr Direktor als Partner von Oliver North in Erscheinung trat, welcher damals im amerikanischen Nationalen Sicherheitsrat für die Organisation von Waffenlieferungen zuständig war.

Vizedirektor der Inter Maritime Bank war der am 21. Februar 1923 geborene Schweizer Alfred Hartmann, ehemaliger Direktor der Banque de Commerce et de Placements SA (BCP), einer Tochter der BCCI, in der Hartmann auch als Verwaltungsrat vertreten war. Die BCP war unter anderem an mehreren Betrugsgeschäften der BCCI beteiligt. Sie verfügt über mehrere spezialisierte Tochtergesellschaften, darunter auch das britische Unternehmen Inter Maritime Securities Underwriters Ltd.,[31] mittlerweile umbenannt in Inter Maritime Management SA, dessen Geschäftsadresse mit jener der Bank übereinstimmt.

Letztere wiederum ist dem libanesischen Ableger der in Beirut ansässigen saudi-arabischen National Commercial Bank[32]

135

angeschlossen. Die saudische Bank wird von Khalid bin Mahfouz geleitet, dem ehemaligen Direktor und Aktionär der BCCI, der in Verdacht steht, die Operationen von Osama bin Laden mitfinanziert zu haben (vgl. Teil IV).

Am 19. Mai 1980 gründete die SBG in der Schweiz eine Investmenttochter mit Namen Cygnet SA, die in die Saudi Investment Company (SICO)[33] mit Sitz in Genf und einem Kapital von einer Million Schweizer Franken umgewandelt wurde. Die SICO wird von Yeslam bin Laden geleitet, dem Bruder von Osama. Geschäftsführer sind der am 5. Dezember 1954 in Saint-Germain-en-Laye geborene Baudoin Dunand, Kjell Carlsson, geboren am 7. März 1951 in Ludvik (Schweden), Franck Warren, Bruno Wyss, Charles Rochat, al-Hanafi Tiliouine und Béatrice Dufour. Bruno Wyss leitet die Im- und Exportfirma für Automobile Sport Garage Bruno Wyss in Zofingen in der Schweiz. Bei Béatrice Dufour, die iranischer Abstammung ist, handelt es sich um eine Schwägerin von Yeslam bin Laden.

Die Firma SICO (Saudi Investment Company) ist vom Anwaltsbüro Magnin, Dunand & Associés[34] eingetragen worden, einer 1972 gegründeten Kanzlei mit Sitz in Genf, der neben Baudoin Dunand auch der am 5. Dezember 1940 in Genf geborene Jean-Jacques Magnin, der am 22. November 1950 in Budapest geborene Otto-Robert Guth und der am 19. Oktober 1962 in Damaskus in Syrien geborene Muhammad Mardam Bey angehören.

Die Saudi Investment Company hält mehrere unterschiedliche Beteiligungen an gewerblichen Firmen, darunter der CI Group Plc. (Metallbau),[35] Johnsons Fry Holdings Plc. (Finanzdienstleistungen),[36] Starmin Plc. (Bauwesen) – mit Talal y Zahid & Bros. und Ahmed Abdullah,[37] Water Hall Group Plc.

(Bauwesen) – mit el-Khereili Trading & Electronic und Goldenash Ltd.[38]

Darüber hinaus hat die SICO über das in Genf am Sitz der Anwaltskanzlei Magnin, Dunand & Associés beheimatete Unternehmen Nicris Ltd. auch weitere Investitionen getätigt. Die Firma wird von Yehya bin Laden geleitet, dem Vizepräsidenten der Saudi Binladin Group in Jeddah. Die Nicris ist eine Hauptanteilseignerin des in Massachusetts von Eugene Andrews Grinstead, Sudhir Agrawal und Robert Andersen geleiteten amerikanischen Pharmakonzerns Hybridon Inc.[39] Im März 1998 hielt Yehya bin Laden 7,5 Prozent am Kapital der amerikanischen Unternehmensgruppe.

Neben Nicris Ltd. sind auch Intercity Holdings Ltd. mit Sitz auf den Bermudas an der Gruppe beteiligt (14 Prozent), ferner Sedco in Jeddah (14 Prozent), die französische Firma Pillar SA (26 Prozent)[40] und Faisal Finance Switzerland SA (7 Prozent).

1997 überwies die Hybridon Inc. den Betrag von 1,034 Millionen Dollar auf ein Konto der in Düsseldorf eingetragenen Bank für Vermögensanlagen und Handel (BVH Bank), wenige Monate vor dem Konkurs der Bank im November 1997 und der Eröffnung einer gerichtlichen Untersuchung durch die Düsseldorfer Staatsanwaltschaft wegen Bankrotts, Geldwäsche und Betrug. Die Ermittlungen wurden gegen den Direktor der Bank, Dominique Santini, geführt, den Bruder des ehemaligen französischen Ministers André Santini. Das Verfahren zog ein internationales Rechtshilfeersuchen nach sich.

Dominique Santini ist auch Geschäftsführer der 1984 gegründeten BAII Gestion, eines Unternehmens für Vermögensanlagen, Tochter der Banque Arabe et Internationale d'Investissement – BAII – mit Sitz an der gleichen Adresse. Die BAII war direkt mit der BCCI verbunden. Einer ihrer Aktionäre nämlich war die First Arabian Corp.; sie diente, wie die amerikanischen Bundesbehörden 1991 zutage förderten, als Strohfirma bei dem Versuch der BCCI, durch betrügerische Übernahme durch eine Investorengruppe – bestehend aus Kamal Adham, Faisal al-Fulaij und Abdullah Darwish – in den Besitz der amerikanischen Bank Financial General Bankshare zu gelangen.

Die amerikanischen Behörden fanden auch heraus, dass Ghayth Pharaon 1985 dank eines Darlehens, das aufgrund eines Kreditbriefs der BAII gewährt wurde, die Independence Bank kaufen konnte. Außerdem war der Präsident der BAII, Yves Christian Lamarche, einer der Direktoren im Aufsichtsrat der BCCI.[41]

Faisal Finance Switzerland SA wird von Iqbal al-Fallouji geleitet. Es handelt sich um einen Zweig der islamischen Finanzholding Dar al-Maal al-Islami (DMI) SA, die unter der gleichen Adresse in der Schweiz firmiert. Die DMI wird von Prinz Muhammad al-Faisal al-Saud geleitet.

Die 1976 gegründete Saudi Economic and Development Company Ltd. (SEDCO)[42] mit Sitz in Jeddah in Saudi-Arabien ist eine Unternehmensgruppe für Elektro- und Elektronikwaren. Ihr Präsident ist Muhammad Salim bin Mahfouz, geboren am 24. Juni 1944 in Saudi-Arabien. Der Aufsichtsrat besteht aus den Familienmitgliedern Khalid Salim bin Mahfouz, Salih Salim bin Mahfouz, Abdullah Salim bin Mahfouz und Ahmed Salim bin Mahfouz.

Das Haupttochterunternehmen, die al-Khalijiyya for Export, Promotion and Marketing Co. oder al-Maddah Corp.[43] mit Sitz in Jeddah, wird von Walid bin Mahfouz geleitet. Die 1977 gegründete Werbeagentur steht laut den Vereinigten Staaten im Verdacht, Osama bin Laden mit Schenkungen bedacht zu haben.

Darüber hinaus ist die SEDCO-Holding einer der Hauptaktionäre der Binladin Telecommunications Company Ltd.[44] (die jetzige Baud Telecommunications) in Jeddah, deren Geschäftsführer Salih bin Mahfouz ist.

Muhammad Salim bin Mahfouz ist gemeinsam mit dem am 21. Juli 1934 geborenen Briten Muhammad Salih Affara der Gründer der International Development Foundation (IDF)[45] in Oxford.

Es gibt viele Beispiele für derart durchlässige Strukturen im Firmenuniversum der Familie bin Laden. Ihre Identifizierung fällt wegen der gehäuften Einrichtung von Scheinfirmen oft schwer, aber etliche Verbindungen lassen die indirekte Nähe zu zweifelhaften Organisationen vermuten.

Am 7. Juli 1998 hat Yeslam bin Laden in Genf eine Luftfahrtgesellschaft mit Namen Avcon Business Jets Geneva SA[46] und einem Kapital von 100 000 Schweizer Franken gegründet, die ihren Sitz unter der gleichen Adresse hat wie die SICO. Die Firma ist eine Tochter der 1994 gegründeten AVCON AG,[47] die im schweizerischen Kloten ansässig ist und von dem am 3. März 1941 in Genf geborenen und in Monaco wohnenden Uhrmacher Sandro Arabian geleitet wird.

Zu den Organen von Avcon Business Jets gehören die Schweizer Jürg Edgar Brand-Jud und Alfred Muggli sowie das Unternehmen Unitreva AG[48] in Zürich. Seite an Seite mit Alfred Muggli ist Jürg Edgar Brand-Jud im Verwaltungsrat mehrerer Luftfahrtgesellschaften vertreten. Unitreva AG wird von Rolf Peter Fuchs geleitet.

Jürg Edgar Brand-Jud leitet bzw. leitete mehrere Unternehmen, darunter die Eunet AG[49] in Zürich und mehrere im schweizerischen Zug ansässige Firmen: Eurofloats AG,[50] G5 Executive Holding AG,[51] Heliz Air Services AG,[52] Poseidon

Derivates AG,[53] Premiere Beteiligungen GmbH,[54] Facto Treuhand AG,[55] Grocor Group AG[56] und Sky Unlimited AG.[57]

Sandro Arabian besitzt mehrere Investmentfirmen und Baugeschäfte in der Schweiz und in Frankreich. Am umtriebigsten ist die Sogespa Finance SA[58] in Neuchâtel, deren Vorsitz der am 31. Juli 1945 in Neuchâtel geborene Pierre-Alain Blum innehat. Weitere Teilhaber sind Claude-André Weber und die Firmen Agenda Holding und Look Holding SA. In Frankreich leitet Sandro Arabian die Holding Parlook[59] in Nevers, in deren Aufsichtsrat der am 29. Mai 1947 in Rocourt (Schweiz) geborene Michel Vauclair und der am 7. Februar 1951 in Lyon geborene Bruno Finaz vertreten sind. Die Holding kontrolliert das Unternehmen Look Cycle SA[60] in Nevers, dessen Geschäftsführer Pierre-Alain Blum (Präsident der Sogespa Finance), Bruno Finaz und der am 30. Mai 1945 in Chicago geborene John Jellinek sind. Sandro Arabian hat seine Investitionen auch auf das Gebiet der audiovisuellen Produktion ausgeweitet, und zwar über die Pariser Firmen SPAD[61] (gemeinsam mit Pierre-Alain Blum) und Simar Films.[62] Mehrere dieser Unternehmen existieren mittlerweile nicht mehr.

Arabian ist auch Präsident der LK Holding[63] in Nevers, die sich seit 1998 in einem gerichtlichen Vergleichsverfahren befindet. Die Firma wurde von dem am 20. September 1940 in Salem, Dakota (USA), geborenen James Hamlin McGee geleitet. Von 1984 bis 1986 war er der Auslandsvertreter der First Arabian Management Co. Ltd. (FAMCO)[64] in Boulogne-Billancourt, die auch über eine britische Tochter verfügt. Das Investmentunternehmen wurde von dem am 27. Dezember 1951 in Plessis-Robinson (Frankreich) geborenen Franzosen Pierre Levine geleitet. First Arabian Co., deren Aktionäre Prinz Abdullah bin Musaid von Saudi-Arabien und Salem bin Laden waren und das ab 1974 von Roger Tamraz geleitet wurde, spielte eine

Schlüsselrolle im BCCI-Skandal. Roger Tamraz hat unter anderem gemeinsam mit Kamal Adham, einem der Partner von Ghayth Pharaon und Khalid bin Mahfouz, Investitionen getätigt.[65]

James Hamlin McGee ist unter anderem Geschäftsführer der Société Occidentale pour la Finance et l'Investissement (SOFIC) in Neuilly-sur-Seine. Es handelt sich um ein auf Wertpapieranlagen spezialisiertes Unternehmen. Geleitet wird es von Jean-Pierre Calzaroni, der am 29. August 1940 in Kambodscha geboren wurde, und Peter Bunger, geboren am 25. Oktober 1940 in Magdeburg.

Parallel zur Einrichtung der SICO hat die SBG auf den Cayman Islands, den Niederländischen Antillen und den britischen Kanalinseln Offshore-Unternehmen etabliert. Diese Unternehmen wurden von ein und demselben Genfer Anwaltsbüro gegründet. Es handelt sich um SICO Curaçao (Niederländische Antillen), als deren Präsident Yeslam bin Laden fungiert. Mit im Aufsichtsrat sind Salah bin Laden, Béatrice Dufour und Charles Tickle, Falken Ltd. (Cayman Islands), Tropiville Corp. NV (Niederländische Antillen) und Islay Holdings (Islay). Charles Tickle ist der Generaldirektor der amerikanischen Firma Daniel Corp. mit Sitz in den Vereinigten Staaten.

Über diese Durchlaufgesellschaften konnten im Laufe der achtziger Jahre Tochterfirmen in London gegründet werden: Saudi Investment Co. – SICO – London Ltd., die am 15. November 1984 gegründet und am 15. Dezember 1992 wieder aufgelöst wurde; Saudi Investment Company – SICO – (UK) Ltd. in Bristol, eingetragen am 2. August 1985 und aufgelöst am 15. Mai 1990; und SICO Services Ltd., deren Firmensitz mit dem von Saudi Investment übereinstimmt, eingetragen am 27. September 1985 und aufgelöst am 19. Dezember 1989.

An die Stelle dieser Gesellschaften trat nach und nach die

Investmentfirma Russell Wood Holdings Ltd.,[66] eine gemeinsame Tochter von Tropiville Corp. und Falken Ltd. Die Firma, die ihren Sitz in der Great Guildford Street 30 in London hat, wurde am 17. Februar 1987 gegründet. Sie besteht aus Hanafi Tiliouine (im Verwaltungsrat der SICO in Genf vertreten) und Akderali Muhammad Ali Moawalla, geboren am 9. April 1949 in Tansania.

Russell Wood Holdings Ltd. hat am 9. Juni 1987 eine Tochtergesellschaft mit Namen Russell Wood Ltd.[67] gegründet. Ihre Geschäftsführer sind Akderali Muhammad Ali Moawalla (Leiter von Russell Wood Holdings Ltd.), der am 25. Januar 1935 in Großbritannien geborene John Cyril Dorland Pilley und der am 2. Mai 1951 in Malaysia geborene Seng Hock Yeoh.

Am 8. Mai 1984 hatte Akderali Muhammad Ali Moawalla gemeinsam mit dem Briten Sajjad Jiwaji, geboren am 25. September 1956, die Firma Teqny Ltd.[68] gegründet und am 30. April 1985 dann die Investmentfirma Lonshare Nominees Ltd.,[69] beide mit Sitz in London.

Akderali Muhammad Ali Moawalla ist gleichzeitig einer der Direktoren der Saudi Binladin International Sdn. Bhd., der malaysischen Tochter der Saudi Binladin Group, deren Präsident Omar bin Laden ist.[70]

Ab 1987 hat die Russell Wood Ltd. ein Geflecht von Investmentfirmen hervorgebracht, das folgende Unternehmen umfasst: Globe Administration Ltd.[71] gegründet am 29. Oktober 1987 in London, Tochter der Islay Holdings, deren Direktor Akderali Muhammad Ali Moawalla ist[72]; Falcon Capital Managment Ltd.[73] gegründet am 9. Mai 1988 in London (am Sitz von Russell Wood), deren Geschäftsführer ebenfalls Akderali Muhammad Ali Moawalla ist; Falcon Capital Nominees Ltd.[74], gegründet am 9. Mai 1988 in London, geleitet wiederum von Akderali Muhammad Ali Moawalla; Falcon Properties Ltd. auf

142

den Bahamas, Turkey Rock UK Ltd.[75] (ehemals Tyrolese 350 Limited), gegründet am 20. Februar 1996 in London, zu deren Geschäftsführern Leonard Cowking gehört (Vertreter der Saudi Binladin Group in Europa), und Safron Advisors UK Ltd.[76] (ehemals Tyrolese 359 Limited), gegründet am 17. Mai 1996 in London und geleitet von Akderali Muhammad Ali Moawalla und dem am 14. Juni 1953 geborenen Amerikaner Basil Mehdi al-Rahim.

Größter Aktionär der Tyrolese-Investmentfonds ist die Firma First Arabian Management Holding Ltd., die auf den Niederländischen Antillen eingetragen ist. Ihre britische Tochter, First Arabian Management Co. (UK) Ltd., wird von Colin Granville Murray geleitet. Im Eintrag werden als Holdings auch die Firmen FAMCO SA (Saudi-Arabien) und FAMCO Panama aufgeführt. Die FAMCO zählte Salem bin Laden und Prinz Abdullah bin Musaid von Saudi-Arabien zu ihren Aktionären.

Dieses Firmengeflecht ist zwar dazu gedacht, die Finanzwege undurchschaubar zu machen. Dennoch bietet es interessante Einblicke in Besorgnis erregende Verbindungen zu zweifelhaften Organisationen. Es existieren Überschneidungen mit Firmen, die normale Handelsbeziehungen pflegen, aber auch mit Organisationen, die eigens zum Zweck zweifelhafter Finanztransfers geschaffen wurden.

Die Familie bin Laden hat also einen Sinn für das Geheimnisvolle. Diese Neigung ist vielleicht einer der Gründe für die Langlebigkeit ihrer besonderen Beziehungen zu den höchsten Würdenträgern des saudischen Königreichs. Seit den siebziger Jahren konnte keiner der Skandale, mit denen die Dynastie in Zusammenhang stand, den Familienkonzern erschüttern, angefangen bei der Verhaftung von Mahrous bin Laden Ende der siebziger Jahre über die Verwicklung einiger Familienmitglieder in den BCCI-Skandal bis hin zu Osama bin Ladens Hinwendung zum Terrorismus.

Für das Königreich wie für die Familie bin Laden steht Ähnliches auf dem Spiel, was die Beziehungen beider untereinander dauerhaft festigt.

Einer Anekdote zufolge wurde einem Subunternehmer des Familienkonzerns kurzerhand der Vertrag gekündigt, weil er einer Wirtschaftszeitschrift Auskunft über ein laufendes Projekt gegeben hatte.

Die bin Laden hängen zu sehr an ihren Privilegien und an der Sicherheit, die ihnen das saudi-arabische Königreich gewährt, als dass sie auch nur ansatzweise Einblick in ihre unbekannten Seiten geben würden. Diese teilen sie zwangsläufig mit einem Königreich, das seit Jahren toleriert, was einer seiner Söhne in Sachen weltweiter Verbreitung des radikalen Islamismus unternimmt. Wie erklärt sich also die Behauptung, es gebe keinerlei Beziehungen mehr zwischen Osama bin Laden und seiner Familie, wenn diese Familie seit Jahren direkte und intensive Beziehungen zur Familie seines Schwagers Khalid bin Mahfouz unterhält, der beschuldigt wird, Osama bin Laden bis in die letzten Monate hinein mit etlichen Millionen Dollar bei seinen terroristischen Aktivitäten unterstützt zu haben?

Etwas ist im Reich des schwarzen Goldes in noch reichlicherem Maße vorhanden als Erdöl: die Scheinheiligkeit, mit der Saudi-Arabien dem Westen begegnet.

---

1 Sämtliche in diesem Kapitel genannten Unternehmen und Personen können keineswegs grundsätzlich und pauschal mit den terroristischen Aktivitäten in Verbindung gebracht werden, derer Osama bin Laden verdächtigt wird.

2 Quelle: ICC Directors, 2001.

3 Quelle: ICC Directory of UK Companies, 1999; ICC Directors, 1999.

4 Quelle: IAC Company Intelligence, 2000.

5 Quelle: IAC Company Intelligence, 2000.

6 Quelle: IAC Company Intelligence, 2000.

7 Quelle: ICC Directory of UK Companies, 2000; ICC Directors, 2001.

8 Quelle: ICC Directors, 1998.

9 Quelle: ICC Directors, 1999.

10 Quelle: ICC Financial Analysis Reports, 1999.

11 Quelle: Kanzlei des Handelsgerichts Paris, 1998.

12 Quelle: ICC Directory of UK Companies, 2001; ICC Directors, 2001.

13 Quelle: Kanzlei des Handelsgerichts Paris, 1998.

14 *Mideast Mirror,* 17. Mai 1994.

15 Quelle: «The state of the arab nation», *Mideast Mirror,* 17. Mai 1994.

16 Quelle: ICC Financial Analysis Reports, 1998.

17 Quelle: Kanzlei des Handelsgerichts Paris, 1998.

18 Quelle: Creditreform Swiss Companies, 2001.

19 Quelle: Creditreform German Companies, 1999.

20 Quelle: MASAI, 2001.

21 Quelle: Creditreform German Companies, 1999.

22 Quelle: ICC Directors, 2001.

23 Quelle: IAC Company Intelligence, 2001.

24 Quelle: ICC Directors, 1999.

25 Quelle: IAC Company Intelligence, 1997.

26 Quelle: «South Africa's pariah cost to get oil likely higher due to gulf crisis», *Platt's Oilgram News,* 12. September 1990.

27 Quelle: «Inquiry hears fund MD horrified by bribe he did not report», *Africa News,* 23. Juni 1998; «South Africa: New order follows the bad old ways», *Africa News,* 12. Dezember 1997.

28 Quelle: «Sheik down», *Time,* 21. März 1983.

29 Quelle: «The BCCI Affair», Report to the Committee on Foreign Relations, United States Senate, Senator John Kerry and Senator Hank Brown, Dezember 1992 – 102d Congress 2d Session Senate Print 102–140.

30 Quelle: Creditreform Swiss Companies, 1999; *The Bankers Almanach*,1999.

31 Quelle: ICC Directory of UK Companies, 1999.

32 Quelle: Association of Banks in Lebanon, database, 1999.

33 Quelle: Creditreform Swiss Companies, 1999.

34 Quelle: International Professional Biographies, Martindale-Hubbell Law Directory, 1999.

35 Quelle: Jahresbericht 1993; IAC Company Intelligence, 1997.

36 Quelle: IAC Company Intelligence, 1997.

37 Quelle: Jahresbericht 1992 und 1993; IAC Company Intelligence, 1997; Investment Dealers Digest, 1998.

38 Quelle: Worldscope, 1999; Extel Cards Database, 1996; ICC Financial Analysis Reports, 1998; ICC Directors, 1998.

39 Quelle: US Securities and Exchange Commission, form S1, 23. Dezember 1998; form SC13E4, 6. Februar 1998.

40 Quelle: Kanzlei des Handelsgerichts Paris, 1999; ICC Directors, 1998.

41 Quelle: «The BCCI Affair», Report to the Committee on Foreign Relations, United States Senate, Senator John Kerry and Senator Hank Brown, December 1992 – 102d Congress 2d Session Senate Print 102–140.

42 Quelle: IAC Company Intelligence, 1999.

43 Quelle: IAC Company Intelligence, 1999.

44 Quelle: IAC Company Intelligence, 1999.

45 Quelle: ICC Directors, 1998; ICC Directory of UK Companies, 1998.

46 Quelle: Creditreform Swiss Companies, 1999.

47 Quelle: Creditreform Swiss Companies, 1999; «One stop service center for private planes expand to Gulf», *Moneyclips,* 8. Dezember 1994.

48 Quelle: Creditreform Swiss Companies, 1999.

49 Quelle: Creditreform Swiss Companies, 1999.

50 Quelle: Creditreform Swiss Companies, 1999.

51 Quelle: Creditreform Swiss Companies, 1999.

52 Quelle: Creditreform Swiss Companies, 1999.

53 Quelle: Creditreform Swiss Companies, 1999.

54 Quelle: Creditreform Swiss Companies, 1999.

55 Quelle: Creditreform Swiss Companies, 1999.

56 Quelle: Creditreform Swiss Companies, 1999.

57 Quelle: Creditreform Swiss Companies, 1999.

58 Quelle: Creditreform Swiss Companies, 1999.

59 Quelle: Kanzlei des Handelsgerichts Paris, 1999.

60 Quelle: Kanzlei des Handelsgerichts Paris, 1999.

61 Quelle: Kanzlei des Handelsgerichts Paris, 1999.

62 Quelle: Kanzlei des Handelsgerichts Paris, 1999.

63 Quelle: Kanzlei des Handelsgerichts Paris, 1999.

64 Quelle: Kanzlei des Handelsgerichts Paris, 1999.

65 Quelle: «Arab investor cites Kaiser's expertise», *New York Times*, 26. März 1981.

66 Quelle: ICC Financial Analysis Reports, 1998.

67 Quelle: ICC Financial Analysis Reports, 1998; ICC Directors, 1998.

68 Quelle: ICC Financial Analysis Reports, 1997; ICC Directors, 1998.

69 Quelle: ICC Directory of UK Companies, 1998; ICC Directors, 1998.

70 Quelle: «No link between firm and Osama», *New Straits Times Malaysia*, 17. Dezember 1998.

71 Quelle: ICC Financial Analysis Reports, 1998; ICC Directors, 1998.

72 Quelle: ICC Directors, 1998.

73 Quelle: ICC Directory of UK Companies, 1998; ICC Directors, 1998.

74 Quelle: ICC Directory of UK Companies, 1998; ICC Directors, 1998.

75 Quelle: ICC Directory of UK Companies, 1998; ICC Directors, 1998.

76 Quelle: ICC Directory of UK Companies, 1998; ICC Directors, 1998.

IV

Khalid bin Mahfouz:
ein Vermögen
im Dienst des Terrorismus

12. Bankier des Terrors

Khalid bin Mahfouz ist nicht einer dieser tadellos gekleideten Banker britischen Stils, denen man in der Londoner City begegnet und deren weltgewandtes Auftreten Erfolgssicherheit signalisiert. Mit seinen 73 Jahren ist er ein diskreter, eher schüchterner Mann, der sich nur äußerst selten in der Öffentlichkeit zeigt. Seit mehreren Jahren leidet er an Diabetes. Er wirkt hinter seiner dicken Brille und dem dichten Schnurrbart so unbeweglich, als misstraue er allem, was nicht zu seiner Welt gehört.

Als Sohn des Gründers der ersten Bank Saudi-Arabiens, der seit 1950 bestehenden National Commercial Bank (NCB), ist er so diskret wie mächtig in diesem Königreich, dessen zahlreiche Extravaganzen er finanziert. So hat er zum Beispiel 1983 den monumentalen Sitz der NCB in Jeddah bauen lassen, ein dreieckiges Gebäude mit 27 Stockwerken, das am Ufer des Roten Meeres die Stadt, das Meer und die Wüste beherrscht.

Er gehört zu einer der einflussreichsten Familien Saudi-Arabiens. Wie die bin Laden stammen die bin Mahfouz aus der Provinz Hadramawt im südlichen Jemen. Als Abkömmlinge eines alten Handelsgeschlechtes wanderten sie zu Beginn des letzten Jahrhunderts nach Saudi-Arabien aus, um an der Gründung des Königreichs mitzuwirken. Dieses frühe Engagement ist einer der Gründe dafür, warum die bin Mahfouz den saudiarabischen Herrschern sehr nahe stehen.

Salim bin Mahfouz, das Familienoberhaupt, wurde 1909 geboren und ließ sich 1922 in Saudi-Arabien nieder. Während des Zweiten Weltkriegs betätigte er sich in Jeddah als Geldmakler, wo er sich durch sein Verhandlungstalent hervortat.

Als Protegé der Kaufmannsfamilie Kaaki eignete sich Salim

bin Mahfouz innerhalb kurzer Zeit die entsprechenden Kenntnisse an, diversifizierte die Dienstleistungen der Wechselstube und begründete damit die Anfänge eines privaten Bankwesens. Die Familien Mahfouz und Kaaki erhielten 1950 die Genehmigung zur Gründung der ersten Handelsbank des Landes, der National Commercial Bank (NCB), die bis 1999 zu über 50 Prozent von den beiden Familien kontrolliert wurde.[1]

Salim bin Mahfouz wurde 1997 von der Arab Bankers Association of North America (Abana) für seine Bankkarriere ausgezeichnet. Unter den ehemaligen Vorsitzenden dieser Vereinigung mit Sitz in New York sind insbesondere Talat M. Othman, Camille A. Chebeir und Ziad K. Abd-el-Nour zu erwähnen, die Schlüsselfiguren in der Karriere des Khalid bin Mahfouz darstellten.[2]

Ein halbes Jahrhundert nach der Eröffnung der National Commercial Bank besitzt die Familie bin Mahfouz eines der größten Vermögen der Welt. Es wurde 1999 auf 2,4 Milliarden Dollar geschätzt.[3]

Salim und später Khalid bin Mahfouz verstanden es, sich für die saudi-arabischen Machthaber unentbehrlich zu machen, indem sie in allen Ländern, in denen der religiöse Einfluss Saudi-Arabiens gestärkt werden sollte, massiv investierten. Die National Commercial Bank avancierte zur Hausbank der saudi-arabischen Herrscherfamilie und wurde mit einem für das Jahr 2000 angekündigten Gewinn in Höhe von 450 Millionen Dollar zu einer der rentabelsten Banken des Königreichs.[4]

1989 wurde Khalid bin Mahfouz durch König Fahd in den obersten Rat der Aramco berufen. Er etablierte sich überall in der Welt, auch in den Vereinigten Staaten, wo er einen luxuriösen Zweitwohnsitz in Houston, Texas, hat, das mit der steigenden Erdölgewinnung zum «zweiten Mekka der Saudi-Araber» wurde, wie 1981 die *Washington Post* schrieb.[5] Khalid bin Mahfouz ist mit Naila Abd-ul-Aziz Kaaki verheiratet und hat drei Kinder: Sultan bin Mahfouz, Jahrgang 1973, Abd-ul-Rahman und Iman.

Nach dem Tod seines Vaters Salim im Jahr 1994 übernahm Khalid die Leitung des Imperiums der bin Mahfouz, das sich über die ganze Welt erstreckt. Es deckt die wichtigsten Wirtschaftssektoren in Saudi-Arabien wie im Ausland ab, insbesondere Bereiche wie Banken, Landwirtschaft, Pharmaindustrie und Telekommunikation.

Die wirtschaftliche Präsenz der bin Mahfouz wurde durch drei große Holdings mit Sitz in Jeddah ausgebaut: die National Commercial Bank,[6] die Nimir Petroleum Limited[7] und die Saudi Economic and Development Company Ltd. (SEDCO). Mit dieser Ausgangsbasis verfügen Khalid Salim bin Mahfouz und seine Familie über Mehrheitsbeteiligungen an knapp 70 Unternehmen in der ganzen Welt.

Es handelt sich dabei um Geldinstitute wie die SNCB Corporate Finance Limited,[8] die Jordan International Bank in Großbritannien, SNCB Securities Limited in Großbritannien und den Vereinigten Staaten,[9] Langdon P. Cook[10] und Eastbrook in den Vereinigten Staaten,[11] die Arab Asian Bank,[12] die Arab Financial Services Company,[13] die Trans Arabian Investment Bank,[14] die Capital Investment Holding und Taib Bank in Bahrain, die Yatirim Bank in der Türkei, die Middle East Capital Group,[15] Crédit Libanais,[16] die United Bank of Saudia and Lebanon[17] und die First Phoenician Bank im Libanon, die Prime Commercial Bank[18] in Pakistan, die Middle East Financial Group und International Trade and Investment Bank in Luxemburg, die Housing Bank[19] und die Industrial Development Bank in Jordanien, Yemen Holdings,[20] die International Bank of Yemen,[21] die Saudi Sudanese Bank,[22] die Saudi Sudanese

Commercial Co. und Saudi Sudanese Solidarity Investment Co. im Sudan sowie die Delta International Bank in Ägypten.[23]

Im Industriesektor sind die bin Mahfouz in Saudi-Arabien durch die Unternehmen al-Murdjan, al-Zamil,[24] Red Sea Insurance,[25] Saudi Davy Company,[26] Saudi International Group,[27] Saudi Tarmac Company,[28] Saudi Industry and Development Co., Health Care Technologies International, al-Hikma Medical Supplies and Services Co., Saif Noman Said and Partners, al-Khalijiyya for Export Promotion and Marketing (al-Maddah Corp.)[29] und Binladin Telecommunications Company[30] (als Geschäftspartner der Familie bin Laden) vertreten.

In Europa ist die Familie an der Firma AAK Properties Limited[31] in Großbritannien beteiligt.

In den Vereinigten Staaten sind die bin Mahfouz an mehreren Unternehmen – zum Teil mehrheitlich – beteiligt, unter anderen an Metrowest, Isolyser und dem Pharmaunternehmen Hybridon Inc.

Der Erdölsektor wird durch Nimir Petroleum in Saudi-Arabien und Großbritannien abgedeckt. Dieses Unternehmen ist über die Arabian Shield Development Co.[32] auch in den Vereinigten Staaten präsent.

Weitere Firmen der Unternehmensgruppe werden durch Finanzstrukturen gesteuert, die in Offshore-Zentren angesiedelt sind: Intercity Holdings Limited auf den Bermudas und HTI Investment Limited auf den Niederländischen Antillen.

Schließlich ist die Familie bin Mahfouz auch an der International Development Foundation, einer karitativen Einrichtung in Großbritannien, beteiligt.

Khalid bin Mahfouz war eine der Schlüsselfiguren der BCCI-Affäre. Von 1986 bis 1990 hatte er eine Führungsposition in der Bank,[33] an der seine Familie damals mit 20 Prozent des Kapitals beteiligt war.[34]

1992 wurde in den Vereinigten Staaten im Zusammenhang mit dem betrügerischen Bankrott der Bank ein Ermittlungsverfahren wegen Steuerhinterziehung gegen ihn eingeleitet.[35]

Drei Jahre später, nachdem er für den Bankrott der BCCI mitverantwortlich gemacht worden war, akzeptierte er einen Vergleich und zahlte den Gläubigern der Bank eine Geldstrafe in Höhe von 245 Millionen Dollar, wodurch die Kunden teilweise entschädigt werden konnten. Die Anklage lautete insbesondere auf Unterschlagung und Verletzung der amerikanischen, luxemburgischen und britischen Bankgesetze.

Die BCCI, die in den neunziger Jahren in der Finanzwelt von sich reden machte,[36] bildete den Kern eines Finanzsystems, das zur Unterstützung Osama bin Ladens eingesetzt wurde.

Die Bank of Credit and Commerce International wurde am 29. November 1972 von Agha Hassan Abedi, einem schiitischen Pakistaner, gegründet.

Als diplomierter Jurist machte dieser im Bankensektor Karriere, namentlich in der Habib Bank. Nach der Teilung Indiens zog Abedi gegen Ende der fünfziger Jahre nach Karatchi in Pakistan. Er traf dort auf Youssef Saigol, den Erben einer großen Kaufmannsfamilie, der die Gründung der United Bank Ltd. finanzierte. Indem er die wirtschaftliche Krise des Landes und die Abhängigkeit der arabischen Länder von pakistanischen Arbeitskräften ausnutzte, brachte er 1966 die Machthaber in Abu Dhabi dazu, ihn eine Zweigniederlassung im Königreich eröffnen zu lassen und ihm die Finanzverwaltung für die pakistanischen Arbeitskräfte anzuvertrauen.

Agha Hassan Abedi wollte auf diese Weise ein internationales Finanzinstitut schaffen, das die wirtschaftliche Vitalität der arabischen Länder gegenüber den großen westlichen Banken zu behaupten und zu stärken vermochte; dabei stützte er sich auf zwei Eckpfeiler: die Kontrolle der Pakistani und die finanzielle Unterstützung der Emirate. Um die Unabhängigkeit der BCCI zu gewährleisten, beschloss Abedi, zwei Holdinggesellschaften zu gründen, in denen sämtliche Zweigniederlassungen zusammengefasst wurden. Die BCCI Holdings SA wurde 1972 in Luxemburg registriert, während die BCCI SA 1975 auf den Cayman Islands eingetragen wurde.

Dort wurde gleichzeitig ein Kapitalbeteiligungsfonds der Arbeitnehmer gegründet, die International Credit and Investment Company Holding.

Die Bankengründer erhielten auch die Unterstützung der Bank of America und konnten auf diese Weise die internationale Verankerung der BCCI verstärken. Da die US-Bank ihre Präsenz auf die Golfländer ausweiten wollte, erwarb sie für 2,5 Millionen Dollar 25 Prozent des Kapitals der BCCI. Sie wurde Aktionär neben Scheich Sayyed bin Sultan al-Nahayan, Kamal Adham, dem ehemaligen Chef des saudi-arabischen Nachrichtendienstes, Faisal al-Fulaidj, dem Präsidenten von Kuwait Airways, und den Herrschern der Mitgliedsstaaten der Vereinigten Arabischen Emirate.

Die BCCI konnte ein rasches Wachstum verzeichnen, wobei die Erdölkrise einen wichtigen Expansionsfaktor darstellte. 1988 hatte sie bereits 400 Zweigniederlassungen in 73 Ländern. Von Anfang an bediente sich die BCCI jedoch ungewöhnlicher Finanzierungsmethoden. Unter anderem gewährte sie nach dem Loan-back-Verfahren im Gegenzug für Kapitaleinzahlungen hohe Darlehen ohne wirkliche Sicherheiten. Die wichtigsten Darlehensempfänger waren ihre eigenen Aktionäre: Kamal Adham (300 Millionen Dollar) und die Familie Gokal (80 Millionen Dollar).

Die BCCI wollte auch in den Vereinigten Staaten – dem Mittelpunkt der westlichen Finanzwelt – Fuß fassen. 1976 versuchte sie, die National Bank of Georgia aufzukaufen, im Einvernehmen mit ihrem Präsidenten Thomas Bertram Lance, der Jimmy Carter nahe stand und später Leiter der Staatshaushaltsplanung des US-Präsidenten wurde. Doch die mit der Bank of America getroffenen Vereinbarungen standen einem Beteiligungserwerb auf amerikanischem Boden entgegen. Die Verhandlungen wurden von Clark M. Clifford und Robert Altman, zwei mit Lance befreundeten amerikanischen Anwälten, geführt. 1977 wurde die Beteiligung der Bank of America von der BCCI und Ghayth Pharaon (für 34 Millionen Dollar) aufgekauft. Im gleichen Jahr versuchte die BCCI, die amerikanische Chelsea National Bank zu übernehmen. Das Angebot wurde von der Familie Gokal gemacht, die BCCI trat dabei als Finanzberater auf. Doch die Verflechtungen mit der BCCI veranlassten die US-Kontrollbehörden, ihre Zustimmung zu verweigern. Die für jede ausländische Bank, die in den Vereinigten Staaten investieren möchte, verpflichtende Überprüfung konnte nicht durchgeführt werden, da die BCCI in Ländern registriert war, in denen keine ausreichenden Kontrollbestimmungen galten.

Ghayth Pharaon, der bereits Beteiligungen an mehreren Banken in Detroit und Houston besaß, wurde mit Lance in Verbindung gebracht. Pharaon hatte mit Kamal Adham in verschiedene Hotels in Saudi-Arabien investiert, und Abedi hatte ihm in Pakistan die Übernahme der Aktienmehrheit von Attock Oil mit Unterstützung der Behörden und des Präsidenten T. A. T. Lodhi gewährleistet, um die Kontrolle des Unternehmens auf die Kuwait International Finance Company (KIF-CO) zu übertragen, die von Ghayth Pharaon, Kamal Adham, Faisal al-Fulaidj und Abdullah Darwish geleitet wurde.

Pharaon trat 1977 als Käufer der National Bank of Georgia auf und ernannte Roy Carlson, einen ehemaligen Mitarbeiter der Bank of America, zum Direktor der Bank. Später sollte sich erweisen, dass die BCCI Ghayth Pharaon ein Darlehen für diese Investition gewährt hatte und er von ihr als Strohmann vorgeschoben worden war.

Ende 1977 suchten Jack Stephens, der mit Lance und Jimmy Carter befreundet war, und Eugene Metzger einen Interessenten für die Übernahme von Financial General Bankshares. Die BCCI entschloss sich daraufhin, als Käufer aufzutreten, und wurde dabei von einer Anlegergruppe vertreten, die sich aus Kamal Adham, Faisal al-Fulaidj, Scheich Sultan bin Sayyed Sultan al-Nahayan und Abdullah Darwish zusammensetzte. Diese kaufte unter Verletzung der entsprechenden Meldepflicht Aktien auf, woraufhin die US-Behörden sie zur Abtretung der erworbenen Wertpapiere zwangen. Um dieses Problem zu umgehen, gründeten die Interessenten 1978 auf den Niederländischen Antillen die Credit and Commerce American Holdings (CCAH), deren Leitung Clark Clifford, Robert Altman, Jack W. Beddow und A. Vincent Scoffone anvertraut wurde. Die Holding kündigte 1980 die Übernahme der Financial General Bankshares an. 1982 wurde diese von den US-Behörden genehmigt, nachdem sie die Zusicherung erhalten hatten, dass keine Kapitalverflechtungen mit der BCCI bestünden.

Die Bank, die damals in «First American Bank» umbenannt wurde, stand unter der Leitung von Clark Clifford, Robert Altman und Aijaz Afridi. Erst 1991 enthüllten die US-Bundesbehörden, dass die französische Banque Arabe et Internationale d'Investissement, die von Yves Christian Lamarche geleitet wurde und in enger Beziehung mit der BCCI stand, der CCAH ein Darlehen gewährt hatte. Für den Kredit in Höhe von 50 Millionen Dollar hatte eine Filiale der BCCI auf den Cayman Islands gebürgt. Außerdem fand sich unter den Aktionären der CCAH die Mashriq Corp., eine Tochter der BCCI. Von 1980 bis

1989 gewährte die BCCI der CCAH Darlehen in einer Gesamthöhe von 856 Millionen Dollar.

1985 kaufte Ghayth Pharaon die amerikanische Independence Bank mithilfe eines Darlehens auf, das ihm aufgrund eines Kreditbriefs der Banque Arabe et Internationale d'Investissement gewährt wurde. 1986 trat er einen Teil seiner Beteiligung an der BCCI an Khalid bin Mahfouz und seine Brüder ab, die auf diese Weise 20 Prozent des Kapitals bekamen. Dessen ungeachtet erließen 1991 das FBI und der amerikanische Internal Revenue Service wegen Steuerhinterziehung im Zusammenhang mit der BCCI-Affäre und Schutzgelderpressung in den Vereinigten Staaten zwei internationale Haftbefehle gegen ihn.[37]

Neben dem Erwerb diverser Beteiligungen betrieb die BCCI auch die Eröffnung mehrerer Außenstellen in den Vereinigten Staaten, die von Amjad Awan geleitet wurden. In der Schweiz hatte die BCCI eine Filiale, die Banque de Commerce et de Placements, die von Franz Maissen und Aziz-ul-Lah Chodary geleitet wurde.

Ab Mitte der achtziger Jahre wurden der BCCI weitere betrügerische Aktivitäten zugeschrieben. Deswegen wurde die Bank 1985 von den US-Behörden wegen Umgehung gesetzlicher Bestimmungen und Geheimhaltung eines Transfers von 12 Milliarden Dollar zur Bezahlung einer Geldstrafe in Höhe von 4,7 Millionen Dollar verurteilt.

Die amerikanischen Bundesbehörden brachten nach Abschluss einer verdeckten Ermittlung der US-Zollbehörde, die zur Verhaftung und Verurteilung von Khalid Amjad Awan und Nazir Chinoy führte, umfangreiche Steuerflucht- und Geldwäschegeschäfte der BCCI an den Tag.

Rudolf Armbrecht und Gonzalo Mora, zwei kolumbianische Drogenhändler, wurden ebenfalls wegen dieser Affäre verhaftet und 1990 verurteilt. In erster Linie transferierte die BCCI Depositen auf Firmenkonten in panamaischen Zweigstellen oder stellte von der BCP in der Schweiz gewährte Darlehen zur Verfügung – als Gegenleistung für Bareinzahlungen, die in Miami in den Vereinigten Staaten geleistet wurden.

Diese Geschäfte wurden durchgeführt, obwohl die Bank darüber informiert worden war, dass es sich um schmutziges Geld handelte.

1988 wurde eine Zweigniederlassung der BCCI in Kolumbien, die in dem Dorf des Drogenhändlers Pablo Escobar eingerichtet worden war, beschuldigt, diesem ein Darlehen zur Finanzierung des Mordes an einem kolumbianischen Richter gewährt zu haben.

Nach der Verhaftung Manuel Noriegas 1989 fanden die US-Justizbehörden heraus, dass die BCCI, insbesondere Amjad Awan, mit der Verwaltung der persönlichen Konten des ehemaligen Diktators und mehrerer Drogenhändler in Panama beauftragt war. Die BCCI war an dem Versuch beteiligt, 23 Millionen Dollar von den Konten Manuel Noriegas ins Ausland zu schleusen.

Auch Beziehungen zwischen der BCCI und verschiedenen Waffenhändlern, aber auch mit Abou Nidhal, dessen Niederlassung in London Geheimkonten verwaltete, wurden nachgewiesen. Die BCCI nahm vor allem die Finanzgeschäfte des irakischen Waffenhändlers Samir Najm-ed-Din wahr und betreute im Rahmen geheimer Waffenverkäufe an den Iran die Geschäfte Adnan Kashoggis, eines Bekannten von Kamal Adham, der zu dieser Zeit mit Manucher Ghorbanifar, einem iranischen Mittelsmann, in Kontakt stand.

1987 soll die BCCI das Kapital für den Kauf von hochfestem Stahl für General Inam ul-Haqq, den Verantwortlichen des pakistanischen Atomwaffenprogramms, beschafft haben. Die

Bank soll auch die Einrichtung eines von A. Qadir Khan, einem Verantwortlichen der pakistanischen Atomforschung, geleiteten Hightech-Forschungszentrums finanziert haben.

In Peru enthüllten die Behörden des Landes, dass die BCCI zwischen 1986 und 1987 der damaligen Regierung als Gegenleistung für die Einzahlung von 250 Millionen Dollar auf ein Konto in Panama, welche die internationalen Organisationen über die Finanzlage des Landes hinwegtäuschen sollten, Provisionen in Höhe von 3 Millionen Dollar gezahlt hatte.

Da die Transaktionen der in Steuerparadiesen gemeldeten BCCI nicht von finanziellen Aufsichtsbehörden kontrolliert wurden, konnte die Bank bis 1990 ungestraft ihren Geschäften nachgehen. Nach einem von Price Waterhouse 1990 durchgeführten Audit beliefen sich die den Aktionären im Rahmen des Loan-back-Systems gewährten Darlehen 1989 auf 2 Milliarden Dollar. Die wichtigsten Kreditnehmer waren die Familie Gokal, die 705 Millionen Dollar für Sicherheiten in Höhe von nur 65 Millionen Dollar erhielt, Ghayth Pharaon, der 288 Millionen Dollar für die 11 Prozent des Kapitals bekam, die sein Bruder Wabel hielt, und Khalid bin Mahfouz, dem 152,5 Millionen Dollar als Gegenleistung für die 1986 erfolgte Einzahlung einer Beteiligung von 150 Millionen Dollar zugute kamen. Price Waterhouse gab 1991 ein alarmierendes Gutachten über die entstandenen Verluste ab, die auf 5 bis 10 Milliarden Dollar geschätzt wurden.

Die punktuellen Interventionen des Herrschers von Abu Dhabi, dessen finanzielle Unterstützung für die Bank sich insgesamt auf über eine Milliarde Dollar belief und der ihr Hauptaktionär geworden war, reichten nicht mehr aus, um die Lage wieder in den Griff zu bekommen.

Am 2. Juli 1991 beschlossen die Regulierungsbehörden der Vereinigten Staaten, Großbritanniens, Frankreichs und Spaniens sowie die schweizerischen und luxemburgischen Verwaltungsbehörden die Liquidation der Bank. Diese Maßnahme wurde am 5. Juli durchgeführt. Am 29. Juli leitete der District Attorney von New York ein Ermittlungsverfahren wegen Betruges gegen die Hauptverantwortlichen der Bank ein. Die BCCI wurde zur Zahlung einer Geldstrafe in Höhe von 550 Millionen Dollar verurteilt.

«Der mächtigste Bankier des Mittleren Ostens», wie Khalid bin Mahfouz 1992 von dem für die BCCI-Affäre gebildeten Ausschuss des amerikanischen Senats genannt wurde,[38] ist in einer Grauzone anzusiedeln, in der Geschäfte und militanter Islamismus auf einen gemeinsamen Nenner gebracht werden. Er vereint in sich all die Widersprüche, die das Königreich dem islamischen Fundamentalismus gegenüber an den Tag legt.

Die Lage wurde für Khalid bin Mahfouz unangenehm, als 1992 der Skandal wegen der BCCI ausbrach, für deren Konkurs er mitverantwortlich gemacht wurde. Zur gleichen Zeit wurden in dem Bericht des amerikanischen Senats über die BCCI Dokumente enthüllt, die auf die Rolle der National Commercial Bank bei den Waffenlieferungen zwischen Israel und Iran in den achtziger Jahren hinwiesen. Diese wurden von den Saudi-Arabern im Rahmen eines Abkommens zur Freilassung der in Beirut festgehaltenen amerikanischen Geiseln finanziert.

Angesichts dieser Anschuldigungen sah sich Khalid bin Mahfouz dazu gezwungen, seine Stellung als Generaldirektor der NCB 1992 zu kündigen. Sein Bruder Muhammad vertrat ihn vier Jahre lang, bis er 1996 auf seinen Posten zurückkehrte, nachdem er einen Vergleich zur Entschädigung der Gläubiger der BCCI akzeptiert hatte.

1999 rückte für ihn der Abgrund näher, als die amerikanischen Ermittlungen zu den Attentaten, die ein Jahr zuvor gegen Botschaften der Vereinigten Staaten in Afrika verübt worden waren, neue Ergebnisse zeitigten. Die US-Behörden entdeckten ab April 1999 verdächtige Transfers von der National Commercial Bank zu karitativen Einrichtungen, die Osama bin Laden nahe standen und von denen einige von der Familie bin Mahfouz kontrolliert wurden. Bei diesen Transaktionen ging es um astronomische Beträge, die sich auf zwei Milliarden Dollar belaufen haben sollen.[39]

Für Saudi-Arabien, das sich bisher bei der Zusammenarbeit mit den US-Behörden oft zurückhaltend gezeigt hatte, stellte sich damit eine Gewissensfrage, die im Hinblick auf die schwere Schädigung seiner eigenen Interessen – die Bank war schließlich auch «seine Bank» – noch schwerer wog.

Noch im selben Jahr ordnete das Königreich eine finanzielle Kontrolle der Geschäftsführung der NCB an, um diese Behauptungen zu überprüfen. Dabei wurden massive Transfers zu karitativen Einrichtungen festgestellt, die mit Osama bin Laden in Verbindung standen. Einige davon wurden von Mitgliedern der Familie bin Mahfouz geleitet. Kurze Zeit später beschlossen die saudi-arabischen Machthaber, Khalid bin Mahfouz in einem Krankenhaus in Ta'if unter Polizeiaufsicht zu stellen. Nach unseren Informationen soll er sich dort heute noch aufhalten.

Da die Interessen des Königreichs auf dem Spiel standen, musste von der Bank so viel wie möglich gerettet und ihre Geschäftsführung unter Kontrolle gebracht werden. Im Juli 1999 löste das saudi-arabische Königreich die Beteiligungen des Clans der bin Mahfouz an der Bank auf, indem es die Anteilsmehrheit des Kapitals aufkaufte, die zu 40 Prozent dem Public Investment Fund und zu 10 Prozent der General Organization for Social Insurance anvertraut wurde. Gleichzeitig wurde die Bank einer neuen Leitung unterstellt: Abdullah Salim Bahamdan hatte den Posten des Generaldirektors lange Zeit inne.

Um nicht über das Ziel hinauszuschießen, mussten die Saudi-Araber gegenüber den bin Mahfouz, deren enge Verbindungen mit Osama bin Laden ihnen bekannt waren, jedoch auch eine gewisse Rücksicht walten lassen. James Woolsey, der ehemalige Leiter der CIA, ließ verlauten, dass außer der finanziellen Unterstützung der bin Mahfouz auch familiäre Bande bestünden. Die Schwester von Khalid bin Mahfouz ist mit Osama bin Laden verheiratet.[40]

Das saudi-arabische Königreich hütete sich also wohl, die Familie bin Mahfouz strenger als nötig zu bestrafen. Der Fall Khalid bin Mahfouz war durch die Medien gegangen, sodass seine Bestrafung unumgänglich erschien; doch dies galt noch lange nicht für seine Familie und die Familie seines Schwagers.

Die Söhne der bin Mahfouz durften 16 Prozent des Kapitals der Bank behalten; Naila Kaaki, die Frau von Khalid bin Mahfouz, behielt 10 Prozent, und – was noch erstaunlicher ist – Khalid selbst hält weiterhin 10 Prozent des Kapitals. Die bin Mahfouz sind somit nach wie vor wichtige Aktionäre der Bank.

Darüber hinaus wird der neunköpfige Vorstand der NCB weiterhin zu einem Drittel von der Familie bin Mahfouz beherrscht: die Söhne Abd-ul-Rahman und Sultan sowie der Schwager Salih Hussein Kaaki sind Vorstandsmitglieder.[41]

Das finanzielle und karitative Netzwerk der bin Mahfouz war bei der Unterstützung der Aktivitäten Osama bin Ladens mit am aktivsten. Erst jetzt werden die zahlreichen Verästelungen und die Verbindungen dieses Imperiums mit der Organisation al-Qaida bekannt.

Es gibt zahlreiche Berührungspunkte zwischen den beiden Einflusssphären, die schon lange bestehen. Im Gegensatz zu der finanziellen Unterstützung, die in gewissen Fällen angesichts der Undurchsichtigkeit mancher Banken- und Finanznetze nur schwer nachzuweisen ist, ist die Verschachtelung wirtschaftlicher Strukturen mit islamistischen Einrichtungen deutlich genug, um ein heimliches Einvernehmen festzustellen.

Im Einflussbereich der bin Mahfouz sind Beispiele für Beziehungen beider Art zu finden. Mehrere Einrichtungen stehen demnach mit Osama bin Laden direkt oder indirekt in Kontakt. Es handelt sich dabei um Unternehmen wie al-Khalijiyya for Export Promotion and Marketing Co., Saudi Sudanese Bank oder SEDCO. Auch karitative nicht-staatliche Organisationen wie die International Development Foundation in Großbritannien, Blessed Relief im Sudan und Muwafaq Foundation in Saudi-Arabien gehören dazu.

Die Kommunikationsagentur Al-Khalijiyya for Export, Promotion and Marketing,[42] die 1977 gegründet wurde und von Walid bin Mahfouz, einem der Brüder Khalids, geleitet wird, steht in den Vereinigten Staaten im Verdacht, Osama bin Laden nahe stehenden karitativen Einrichtungen Schenkungen gemacht zu haben. Am Kapital des Unternehmens ist auch Salih Abdullah Kamil beteiligt, der diese Netzwerke über sudanesische Banken finanziert. Er erklärte 1992 nach dem BCCI-Skandal und dem Rücktritt von Khaled bin Mahfouz: «Khaled ist für seine Rechtschaffenheit und Integrität bekannt ... die Anschuldigungen gegen ihn sind unbegründet und unwahr.»[43]

Nichtsdestotrotz zahlte Letzterer 245 Millionen Dollar Strafe für seine «Rechtschaffenheit».

Wie weiter oben bereits erwähnt wurde, gründete Muhammad Salim bin Mahfouz, der Bruder von Khalid bin Mahfouz, zusammen mit Muhammad Salih Affara die International Development Foundation (IDF),[44] die ihren Sitz bis vor kurzem in Oxford in Großbritannien hatte. Muhammad Salih Affara, der bei Waffenkäufen als Unterhändler fungiert, war auch an dem Sawari-2-Rüstungsgeschäft mit Saudi-Arabien beteiligt.

Die IDF ist wiederum unter der gleichen Adresse gemeldet wie die International Islamic Relief Organization (IIRO), eine der wichtigsten Rekrutierungseinrichtungen des Osama bin Laden.

Unter dieser Anschrift in Großbritannien ist auch eine Hilfsorganisation registriert, die sich Oxford Trust for Islamic Studies[45] nennt; einer der Brüder Osama bin Ladens hat vor kurzem zugegeben, dass seine Familie dieser Wohltätigkeitseinrichtung jedes Jahr hohe Spenden überweist.[46]

Was noch beunruhigender ist – Sedco, die Familienholding der bin Mahfouz, hat in Großbritannien eine Filiale namens Sedco Services Limited,[47] die am 6. Dezember 1994 in London angemeldet wurde. Die Adresse dieses Unternehmens entspricht seit dem 6. September 1999 dem neuen Sitz der International Development Foundation.

Die britische Filiale der Sedco hat zwei Direktoren, Adnan Soufi, geboren am 23. September 1953, im Besitz der saudi-arabischen Staatsangehörigkeit und wohnhaft in Jeddah, und Dr. Ahmad Nashar, der ebenfalls in Jeddah gemeldet ist. Adnan Soufi ist neben dem amerikanischen Staatsbürger Camille Abbas Chebeir auch Leiter des Bidenden Golf Club[48] der sich in der Weeks Lane in Bidenden in Großbritannien befindet. Chebeir wiederum war Vizepräsident und Generaldirektor der von Khalid bin Mahfouz geleiteten saudi-arabischen National Commercial Bank. Er wurde am 21. Dezember 1999 in seiner Eigenschaft als Vertreter der Sedco, einer Aktionärin von Hybridon Inc., zum Vorstandsmitglied des amerikanischen Pharmakonzerns ernannt.[49] Ahmad Nashar hingegen ist der ehemalige Direktor des pakistanischen Zweigs der BCCI. Muhammad Salim bin Mahfouz ist auch der Gründer der Saudi Sudanese Bank[50] in Khartum im Sudan.

Abd-ul-Rahman bin Mahfouz, einer der Söhne von Khalid bin Mahfouz, ist Mitglied im Vorstand der sudanesischen Wohltätigkeitsorganisation Blessed Relief, die im Verdacht steht, 1995 an der Durchführung des Attentats gegen den ägyptischen Präsidenten Hosni Mubarak mitgewirkt zu haben. Diese Organisation soll auch mit Osama bin Laden in Verbindung stehen und wird von der CIA angeklagt, Gelder über die saudi-arabische National Commercial Bank erhalten zu haben, die damals von Khalid bin Mahfouz geleitet wurde.

Eine andere karitative Einrichtung weckt das Interesse der Ermittler. Es handelt sich um die Muwafaq Foundation, die von dem reichen saudi-arabischen Industriellen Yassim al-Qadi geleitet wird. Die US-Behörden führen ihn in einer Liste von 30 Organisationen und Personen, die geheimer Absprachen mit der terroristischen Vereinigung al-Qaida verdächtigt werden.

Muwafaq ist eine saudi-arabische Stiftung, die von verschiedenen hoch gestellten Familien des Königreichs verwaltet wurde. Die Vereinigten Staaten sind heute nichtsdestoweniger der Ansicht, dass «Muwafaq eine Tarnorganisation von al-Qaida ist, die von reichen saudi-arabischen Geschäftsleuten finanziert wird», und die US-Finanzbehörde fügt hinzu, dass die Stiftung es ermöglicht hat, «Millionen von Dollar an Osama bin Laden zu überweisen».[51]

Ein Bericht der UNO-Generalversammlung von 1997 über die Lage der Menschenrechte im Sudan[52] weist darauf hin, dass mehrere Mitglieder der Stiftung 1996 in Malakal im Sudan ermordet worden sein sollen. Er stellt darüber hinaus fest, dass die Stiftung in verschiedenen Regionen im Sudan Ernährungs- und Erziehungsprogramme aufstellt und auch im sozialen und landwirtschaftlichen Bereich tätig ist.

Die Muwafaq Foundation verfügt über eine Offshore-Holding, deren Vertreter dank eines Prozesses identifiziert werden konnten, der in Großbritannien stattfand. Aus den während dieses Prozesses veröffentlichten Dokumenten geht hervor, dass außer Yassim al-Qadi zwei Mitglieder der Familie bin Mahfouz zur Holding gehören, darunter der Sohn Abd-ul-Rahman, Leiter der Nichtregierungsorganisation Blessed Relief im Sudan und Mitglied im Vorstand der National Commercial Bank.

Yassim al-Qadi ist eine wichtige Person im Imperium der bin Mahfouz. Insbesondere ist er Aktionär und Vorstandsmitglied der kalifornischen Global Diamond Resources, die auf Diamantensuche spezialisiert ist. Er ist außerdem im Immobilien-, Chemie- und Bankensektor in Saudi-Arabien, in der Türkei, Kasachstan, Pakistan und Malaysia tätig. Der Generaldirektor von Global Diamond Resources wies im Übrigen darauf hin, dass die Yassim al-Qadi bewilligte Beteiligung an der Firma 1998 in Anwesenheit arabischer Investoren und sogar eines Vertreters der Familie bin Laden beschlossen worden war. Er gab weiter an, dass er damals die Beteiligung am Kapital des Unternehmens in Höhe von drei Millionen Dollar im Vertrauen auf die von der Familie bin Laden vorgelegten Sicherheiten gewährt hatte.[53]

Anderen Informationen nach soll Yassim al-Qadi bereits 1998 von den Vereinigten Staaten als eine der wichtigsten finanziellen Stützen der Terroristenorganisation Hamas genannt worden sein. Die US-Justizbehörde hatte damals beschlossen, sein Guthaben in einer in Chicago ansässigen Stiftung namens Quranic Literacy Institute einzufrieren, deren Mitarbeiter Muhammad Salah ebenfalls unter Verdacht stand, an einem der Finanznetze der Hamas beteiligt zu sein. So konnten die amerikanischen Bundesbeamten nachweisen, dass Yassim al-Quadi 1991 versucht hatte, eine Überweisung in Höhe von 820 000

Dollar zu verheimlichen, die von einem seiner Bankkonten in der Schweiz stammte und später von Muhammad Salah für Waffenkäufe für die Hamas benutzt wurde.

Unseren Informationen nach ist Yassim Qadi auch Direktor der pakistanischen Shifa International Hospitals Ltd.[54] mit Sitz in Islamabad, in deren Vorstand ein bin Mahfouz (Rais) zu finden ist. Das Beispiel Yassim al-Qadis veranschaulicht wie viele andere das Abgleiten saudi-arabischer Finanznetze in den Terrorismus und die engen Bande, die im Kern dieser Netze zwischen den bin Ladens und den bin Mahfouz bestehen.

In weiteren Firmen tauchen Verbindungen mit Kamal Adham auf, dem ehemaligen Leiter des saudi-arabischen Nachrichtendienstes, der in den BCCI-Skandal verwickelt war. Das Gleiche gilt für Delta International Bank SAE und Arabian Shield Development Co., an denen Kamal Adham als Aktionär beteiligt war.

Die Rolle, die Khalid bin Mahfouz nahe stehende Personen in der Unternehmens- und Geschäftsleitung der pharmazeutischen Fabrik al-Shifa spielten, lässt die Präsenz mächtiger saudischer Geschäftsleute in der Umgebung des Osama bin Laden deutlich werden.

Der saudi-arabische Geschäftsmann Salih Idris, der aus dem Sudan stammt, war seit April 1998 Eigentümer der Pharmafabrik al-Shifa, als diese am 20. August 1998 von den Streitkräften der Vereinigten Staaten bombardiert wurde, da sie der Herstellung von Bestandteilen chemischer Waffen verdächtigt wurde. Bis zu diesem Zeitpunkt war nach Ansicht der CIA Osama bin Laden einer der Hauptaktionäre des Unternehmens und intervenierte auf dem Umweg über Tarngesellschaften.[55] Eine Ermittlung der amerikanischen Wirtschaftsdetektei Kroll Associates zog die Entwicklung chemischer Waffen in dieser Fabrik in Zweifel. Ohne die Unparteilichkeit der Ergebnisse dieser

Nachforschungen infrage stellen zu wollen, ist es immerhin interessant, dass sie von der amerikanischen Anwaltskanzlei Akin, Gump, Strauss, Hauer & Feld in Auftrag gegeben wurden. Diese verteidigte Salih Idris und hatte früher bereits die Interessen von Khalid bin Mahfouz und Muhammad al-Amoudi wahrgenommen.

Tatsache ist, dass Salih Idris durch verschiedene Investitionen an Khalid bin Mahfouz und Muhammad al-Amoudi gebunden war, welche die Interessenverflechtungen von al-Shifa in einem anderen Licht erscheinen lassen. Salih Idris war insbesondere in der al-Madjd General Services Ltd.[56] tätig, die am Sitz der Abou Fath al-Tigani Investment Intena in Khartum ansässig ist; Letztere ist eine Tochter der Tadamon Islamic Bank, die wiederum Aktionär der al-Shamal Islamic Bank ist, eines der wichtigsten Finanzvehikel Osama bin Ladens im Sudan.

Salih Idris ist auch Direktor der Saudi Sudanese[57] Bank, deren Vorstandsvorsitzender niemand anderes als Khalid bin Mahfouz ist. Im Lauf der achtziger Jahre war Salih Idris sogar Vorstandsmitglied der saudi-arabischen National Commercial Bank. Er ist in der britischen M. S. Management Ltd. zusammen mit Nasrullah Khan (verwandt mit Nabella Khan, unter deren Leitung Casareen Retail International Ltd. steht, eine der Filialen der saudi-arabischen Unternehmensgruppe der bin Laden) auch Geschäftspartner von Muhammad al-Amoudi.

Khalid bin Mahfouz ist außerdem neben der Bank of America (20 Prozent) einer der Hauptaktionäre der International Bank of Yemen (25 Prozent). Die jemenitische Bank wird von Ahmad Kaid Barakat und Ali Lutf al-Thor geleitet. Die Familie bin Mahfouz besitzt auch eine Erschließungsgesellschaft in Saudi-Arabien, die in Jeddah ansässige Marei bin Mahfouz and Ahmad al-Amoudi Co.,[58] in der Muhammad Hussein al-Amoudi tätig ist. In der Versicherungsgruppe Red Sea Insurance,[59] deren Sitz sich in Jeddah befindet, sind sowohl die bin Mahfouz als auch die Barakat (Ahmad Kaid Barakat ist Präsident der International Bank of Yemen) repräsentiert.

Muhammad Hussein al-Amoudi ist wiederum Vorstandsvorsitzender der Al Amoudi Group Company Ltd. in Saudi-Arabien, die in Jeddah ansässig ist und einen der wichtigsten Mischkonzerne des Königreichs darstellt. Deren Generaldirektor ist Ali bin Mussalam, der in die Affäre des Sawari-2-Rüstungsgeschäfts verwickelt war und dem Gründer der International Development Foundation in London nahe steht.

Muhammad Hussein al-Amoudi und Khalid bin Mahfouz sind außerdem beide Aktionäre von World Space, einem Konsortium von Telefonbetreibern, das sich auf Satellitenkommunikation spezialisiert hat.[60]

Das Bin-Mahfouz-Imperium beruht nicht nur auf dubiosen Investitionen, doch die Persönlichkeit seines Begründers lässt die Geschäftsbeziehungen, die es in der Vergangenheit – insbesondere mit den Vereinigten Staaten – aufgebaut hat, in einem anderen Licht erscheinen.

Das Beispiel einer pakistanischen Bank, deren Hauptaktionär er ist, macht dies nur allzu deutlich. Die Prime Commercial Bank mit Sitz in Lahore in Pakistan wird von dem Saudi-Araber Sami Mubarak Baarma, Said Chodary und dem Sohn Khalid bin Mahfouz', Abd-ul-Rahman bin Khalid bin Mahfouz, geleitet. Sami Mubarak Baarma ist einer der Leiter von SNCB Securities Limited in London, einer weiteren Finanztochtergesellschaft der bin Mahfouz. Er leitet für NCB das im Libanon angesiedelte Finanznetz der Middle East Capital Group (MECQ), zu deren Vorstand Henry Sarkissian, Leiter verschiedener Firmen der Unternehmensgruppe bin Laden, gehört. Baarma ist auch für die internationale Abteilung der saudi-arabischen National Commercial Bank verantwortlich. Dank seines Einflusses in Pakistan konnte er Mitglied im Vorstand der amerikanischen Carlyle Group werden.

An der Spitze der Carlyle-Group-Investmentgesellschaft sind zahlreiche Persönlichkeiten aus der Umgebung des ehemaligen US-Präsidenten George Bush und des heutigen Präsidenten, seines Sohns George W. Bush, zu finden.[61] Zum Vorstand zählen insbesondere enge Mitarbeiter von Bush: James A. Baker III., der ehemalige Außenminister des Präsidenten George Bush, Franck C. Carlucci, unter Ronald Reagan Staatssekretär im Verteidigungsministerium, Richard G. Darman, zwischen 1989 und 1993 Leiter des Office of Management and Budget des Präsidenten George Bush, und John Sununu, unter George Bush sen. Staatssekretär im Weißen Haus.

Darüber hinaus wird dem saudi-arabischen Prinzen al-Walid bin Talal, Neffe des Königs Fahd, eine unbestimmte Beteiligung an dem Investmentfonds zugeschrieben.

US-Präsident George W. Bush war zwischen 1990 und 1994 selbst Mitglied im Vorstand von Caterair, einer der Tochtergesellschaften der Carlyle Group. Khalid bin Mahfouz hat – wie bereits erwähnt – einen ständigen Wohnsitz im River-Oaks-Viertel in Houston.

1987 trat ein obskurer saudi-arabischer Geldgeber namens Abdullah Taha Bakhsh als Teilhaber in eine texanische Erdölgesellschaft ein, die von einem gewissen George Bush gegründet und von 1986 bis 1993 von seinem Sohn George W. Bush geleitet wurde.[62] Diese Transaktion diente dazu, neues Kapital in die Firma einzuschießen, die schwierige Zeiten durchmachte. Der saudi-arabische Investor war niemand anderes als der Geschäftspartner von Khalid bin Mahfouz und Ghayth Pharaon. Taha Bakhsh stieg mit einer Beteiligung in Höhe von 11,5 Prozent in die Harken Energy Corp. ein.[63] Sein Vertreter in Harken

Energy war auch kein Unbekannter: Talat Othman, geboren am 27. April 1936 in Betunia, Palästina, war neben Franck Carlucci Mitglied im amerikanischen Middle East Policy Council, einem hoch qualifizierten Think Tank der Vereinigten Staaten.[64]

Diese Investoren kannten sich, sie nahmen seit über zehn Jahren zusammen mit einem gewissen Salim bin Laden, einem inzwischen bei einem Flugzeugunfall in Texas verstorbenen Bruder Osama bin Ladens, an gemeinsamen Vorstandssitzungen teil. Es ist also nicht weiter erstaunlich, dass an zwei anderen GmbHs von George W. Bush (Arbusto 79 Ltd. und Arbusto 80 Ltd.) ein gewisser James R. Bath beteiligt war, ein wichtiger texanischer Finanzier, der gegen Ende der siebziger Jahre 50 000 Dollar investierte, um den Aufschwung dieser beiden Firmen anzukurbeln. In den Vereinigten Staaten nahm er die Interessen Salim bin Ladens im Rahmen einer Vereinbarung aus dem Jahr 1976 wahr. 1993 kam durch eine amerikanische Urkunde ans Licht, dass er auch der gesetzliche Vertreter von Khaled bin Mahfouz war.[65] Die beiden von George W. Bush gegründeten Unternehmen wurden später mit Harken Energy zusammengelegt, sodass sich die Spuren dieser Transaktionen allmählich verwischten.

Khalid bin Mahfouz war zu dieser Zeit sehr aktiv in Texas. So behauptete James R. Bath in einer Aussage gegenüber den Behörden des Financial Crimes Enforcement Network (FINCEN), Besitzer von Skyway Aircraft Leasing Ltd. zu sein, das – wie sich später herausstellen sollte – jedoch Khalid bin Mahfouz gehörte.

1990 beschaffte Letzterer James R. Bath ein Darlehen von 1,4 Millionen Dollar, mit dem dieser eine Parzelle des Flughafens von Houston in Texas erwerben konnte. Nach dem Tod Salim bin Ladens 1988 soll Khalid bin Mahfouz diese Beteiligung übernommen haben.[66]

Das Bin-Mahfouz-Imperium weist aber auch Überschneidungen mit den Erdölinteressen der Vereinigten Staaten in den zentralasiatischen Ländern rund um das Kaspische Meer auf. Diese stehen für die amerikanischen Ölgesellschaften mit an erster Stelle.

Die Firma Nimir Petroleum, die größtenteils Khalid bin Mahfouz gehört, traf in den letzten Jahren Vereinbarungen zur Erdölsuche und -gewinnung in den wichtigsten Golfstaaten von Oman bis Kasachstan, aber auch in Venezuela. 1994 erklärte sich Nimir Petroleum zu einem Zusammenschluss mit der saudi-arabischen Delta Oil Company bereit, die seit mehreren Jahren den Bau einer über Afghanistan führenden Erdgas- und Ölpipeline zwischen Turkmenistan und Pakistan vertraglich abzusichern suchte. Der wichtigste Partner des Joint-Ventures, das für dieses Fünf-Milliarden-Dollar-Projekt gebildet wurde, war niemand anderes als der amerikanische Ölriese Unocal Corp.[67] Die mit den Taliban geführten Verhandlungen waren an einem toten Punkt angelangt, und das Konsortium Delta Oil – Unocal rechnete bei diesem Unterfangen wahrscheinlich mit der Unterstützung von Khalid bin Mahfouz. Dieser war übrigens nicht der einzige saudi-arabische Unternehmer, der sich näher für das zentralasiatische Erdöl interessierte.

Auch die Unternehmensgruppe Dallah al-Baraka, die von Salih Abdullah Kamil kontrolliert wurde, hatte ab 1991 mit der Erschließung mehrerer Erdölvorkommen in Kasachstan und Usbekistan begonnen.

Eine weitere, wenig bekannte Episode war der Einstieg der Protagonisten der BCCI-Affäre in die Luxusindustrie – über eine Finanzgruppe der Golfländer, die von den Männern Khalid bin Mahfouz' kontrolliert wurde.

1982 gründete eine Investorengruppe aus dem Mittleren Osten eine Finanzgesellschaft, die ein diversifiziertes Portfolio anlegte, das heute auf über fünf Milliarden Dollar geschätzt wird. Die Firma konzentrierte sich dabei auf den Erwerb von Beteiligungen an bekannten Unternehmen mit stabiler Finanzlage sowie auf Anlagewerte in den Bereichen Verlagswesen, Vertrieb, Uhrenindustrie und Luxusartikel.

Investcorp, deren Sitz sich in der bahrainischen Hauptstadt Manama befindet, wurde von der Hautevolee der Finanz- und Erdölwirtschaft der Region gegründet: Nemir Kirdar, irakischer Geschäftsmann, ehemaliger Leiter der Chase Manhattan Bank für den Persischen Golf; Ahmad Ali Kanoo, 1997 verstorben; Ahmad Zaki Yamani, ehemaliger Erdölminister Saudi-Arabiens, und Abd-ul-Rahman Salim al-Atiqi, ehemaliger Erdölminister von Kuwait.[68]

Investcorp Holdings Corp., die Holding von Investcorp, wurde auf den Cayman Islands registriert. Investcorp SA, ihre wichtigste Tochtergesellschaft, die sämtliche internationalen Transaktionen kontrolliert, wurde in Luxemburg eingetragen. Unter dem Einfluss der nach dem ersten Ölschock entstandenen Bewegung für die Unabhängigkeit und finanzielle Emanzipation des Persischen Golfs – insbesondere von den großen westlichen Finanzinstitutionen – wurde Investcorp vor einem ähnlichen Hintergrund geschaffen wie die BCCI 1972.

Diese beiden Einrichtungen hatten zwar nicht die gleichen Aufgaben – die BCCI war eine Bank, während Investcorp als Investmentgesellschaft fungierte –, wurden jedoch beide mit der gemeinsamen Unterstützung der Machthaber der Emirate, der saudi-arabischen Investoren und westlicher Banken (Bank of America für die BCCI und Chase Manhattan für Investcorp) gegründet. Außerdem wurden ihre Holdings an die gleichen Offshore-Zentren verlagert (Cayman Islands und Luxemburg). Ähnlichkeiten zwischen den beiden Unternehmen sind auch im Hinblick auf ihre Kapitalbeteiligungen festzustellen.

Abgesehen von den beiden wichtigsten leitenden Direktoren (Abd-ul-Rahman Salim al-Atiqi, Chairman, und Nemir Kirdar, Vorstand und CEO) und den Vertretern der Regierung der Emirate hat Investcorp einen 18-köpfigen Vorstand, in dem die Hauptaktionäre der Gruppe vertreten sind, von denen wiederum einige zu den Aktionären der BCCI zählten.

Mindestens vier dieser Vorstandsmitglieder vertreten die Interessen saudischer Geschäftsleute, die eine entscheidende Rolle in der Geschichte der BCCI gespielt haben, oder stehen ihnen zumindest sehr nahe. Es handelt sich um Abdullah Taha Bakhsh, Muhammad Abdullah al-Zamil, Bakr Muhammad bin Laden und Omar al-Aggad.

Abdullah Taha Bakhsh, von dem bereits die Rede war, vertrat von 1976 bis 1982 die Familie bin Laden in den Vereinigten Staaten. Er ist insbesondere Geschäftspartner und Repräsentant der finanziellen Interessen Khalid bin Mahfouz' im Mittleren Osten. Aus verschiedenen Quellen geht überdies deutlich hervor, dass er im Vorstand von Investcorp die Interessen von Khalid Salim bin Mahfouz vertritt, der durch seinen Mittelsmann über 25 Prozent des Kapitals des Finanzinstituts halten soll.

Muhammad Abdullah al-Zamil, Jahrgang 1936, ist einer der wichtigsten Direktoren der Bahrain Islamic Bank BSC. Diese ist an knapp 20 Banken in der ganzen Welt beteiligt, darunter der Tadamon Islamic Bank, einem der wichtigsten Aktionäre der al-Shamal Islamic Bank, die weiter oben im Zusammenhang mit persönlichen Investitionen Osama bin Ladens genannt wurde.

Darüber hinaus leitet Muhammad Abdullah al-Zamil den Familienkonzern al-Zamil Company (Saudi-Arabien), dessen Hauptaktionär wiederum Khalid bin Mahfouz ist.

Schließlich ist sein Sohn Hamad al-Zamil Teilhaber von Khalid bin Mahfouz in der Werbegruppe Tihama for Advertising, Public Relations and Marketing, die in Jeddah ansässig ist. Der Vorstand des Unternehmens, Salih Abdullah Kamil, war Vorstand der al-Baraka Bank Sudan und Aktionär der Tadamon Islamic Bank, einer Holding der al-Shamal-Bank, die mit Osama bin Laden in Verbindung steht.

Der am 14. Februar 1947 geborene saudi-arabische Staatsangehörige Bakr Muhammad bin Laden ist ein Bruder Osama bin Ladens. Seit 1988 leitet er den Familienkonzern Binladin Group, zu dem mehrere Tochtergesellschaften gehören, an denen auch Khalid bin Mahfouz beteiligt ist, insbesondere über die Finanzgesellschaft Saudi Investment Company (SICO), die 1980 gegründet wurde. Das von Yeslam bin Laden, einem weiteren Bruder Osamas, geleitete Unternehmen setzte im Lauf der achtziger Jahre ein ganzes Netz von Scheingesellschaften ein, die auf den Cayman Islands, den Bahamas und in Irland angemeldet wurden. Diese Firmen wurden im Allgemeinen von der SICO und von Geschäftspartnern aus dem Umfeld der BCCI kontrolliert.

Omar al-Aggad, geboren am 20. April 1927 in Jaffa, Palästina, im Besitz der saudi-arabischen Staatsangehörigkeit, hat massiv in Saudi-Arabien investiert. Er ist gleichzeitig auch Anteilseigner der schweizerischen karitativen Einrichtung Welfare Association. Diese pro-palästinensische Einrichtung weist die Besonderheit auf, von Abdul Majeed Shoman geleitet zu werden. Dieser ist der ehemalige Vorstand von Saudfin, einer schweizerischen Finanzholding des pakistanischen Reeders Abbas Gokal, der einer der Mitbegründer und Hauptaktionäre der BCCI war. Er wurde 1997 im Rahmen der Liquidation der Bank in Großbritannien wegen Unterschlagung und betrügerischer Verabredung zu 14 Jahren Freiheitsstrafe verurteilt. Das Berufungsgericht in London hat dieses Urteil 1999 bestätigt.

Die von Investcorp getätigten Investitionen waren nicht immer klug gewählt, sodass mehrere gerichtliche Verfahren wegen Betrugs oder Nichteinhaltung der Buchführungsvorschriften in den Vereinigten Staaten, Großbritannien und Frankreich gegen die Firma eingeleitet wurden.

Die Gründung von Investcorp steht – wie wir weiter oben gesehen haben – durchaus in Zusammenhang mit den Problemen der BCCI zu Beginn der achtziger Jahre, insbesondere der Aufdeckung gewisser betrügerischer Praktiken. Die Aktionäre wollten ihre Anlagen allem Anschein nach durch die Gründung einer in finanzieller und politischer Hinsicht gesunden Unternehmensgruppe diversifizieren.

Die Verflechtungen zwischen der Familie bin Mahfouz und mehreren Protagonisten des BCCI-Skandals wie ihre Verbindungen mit den Netzen des Osama bin Laden können als Beweise für die Durchlässigkeit der saudi-arabischen Finanzwelt gedeutet werden.

Der eine oder andere Bankier mag durch Unachtsamkeit ungewollte Beihilfe zu Kapitaltransfers an gewisse Organisationen geleistet haben. Der Fall bin Mahfouz entspricht jedoch nicht dem herkömmlichen Schema, das manchen Führungskräften der BCCI zur Rettung gereichte, als sie ohne ihr Zutun in zweifelhafte Transaktionen verwickelt worden waren. Khalid bin Mahfouz lässt die Vitalität und die Macht der saudi-arabischen Banken deutlich werden. Er stand mit dem Herrscher, der auch sein bester Kunde war, in direkter Verbindung. In diesem Königreich der tausend Möglichkeiten profitierte er von dessen stiller Duldung, während die Obrigkeit jahrelang die größte Nachsicht an den Tag legte und sogar geheimes Einverständnis zeigte.

Khalid bin Mahfouz war für das saudische Königreich zeitweilig das inoffizielle Instrument seiner eigenen Widersprüche, in die es sich einem bin Laden gegenüber, der Terrorist geworden war und den es hätte verleugnen müssen, verstrickt hatte.

1 «NCB net profit edges up in 1998», Middle East Economic Digest, 9. Juli 1999; «NCB names twenty owners under new arrangement», Moneyclips, 18. Juni 1997; «NCB moves towards public ownership», *Financial Times*, 5. Mai 1997.
2 Arab Bankers Association of North America, 2000.
3 «Billionaires», *Forbes*, 28. Juli 1997 und 5. Juli 1999.
4 The Banker, 1. März 2001.
5 «The Saudi Connection: The Next Best Thing to Mecca Is Houston; Houston as the Mecca for the Saudis», *Washington Post,* 19. April 1981.
6 The Bankers Almanach, 1999.
7 ICC Directors, 1999; «Saudi Aramco-Nimir Petroleum Company Limited», *APS Review Downstream Trends*, 24. November 1997.
8 ICC Directors, 1998.
9 ICC Directors, 1998.
10 «Bin Mahfouz family», *Forbes*, 25. Juli 1988.
11 «Bin Mahfouz family», *Forbes*, 25. Juli 1988.
12 *The Bankers Almanach*, 1999.
13 IAC Company Intelligence, 1997.
14 IAC Company Intelligence, 1997.
15 MECG, 1999.
16 «Dubai group invests in Lebanese bank», *Middle East Economic Digest,* 13. Februar 1998.
17 IAC Company Intelligence, 1997.
18 Prime Commercial Bank, 1999; The Bankers Almanach, 1999.
19 The Bankers Almanach, 1999.
20 «PSA takes equity stake in Aden terminal project», *Business Times Singapore,* 22. Oktober 1997.

21 IAC Company Intelligence, 1997.

22 *The Bankers Almanach*, 1999.

23 *The Bankers Almanach*, 1999; IAC Company Intelligence, 1997.

24 «Family firms start to share their riches» *Middle East Economic Digest,* 31. Juli 1998.

25 IAC Company Intelligence, 1997.

26 IAC Company Intelligence, 1997.

27 IAC Company Intelligence, 1997.

28 IAC Company Intelligence, 1997.

29 IAC Company Intelligence, 1997.

30 IAC Company Intelligence, 1997.

31 ICC Directors, 1999.

32 Standard & Poor, 1999; SEC filings.

33 ICC Directors, 1998; «The BCCI Affair», Report to the Committee on Foreign Relations, United States Senate, Senator John Kerry and Senator Hank Brown, December 1992 – 102d Congress 2d Session Senate Print 102–140.

34 «A rich man whose reputation was on the rocks», *The Irish Times,* 4. Oktober 1997.

35 Manhattan District Attorney, 2. Juli 1992.

36 Siehe insbesondere James Adams und Douglas Frantz, A Full Service Bank. How BCCI stole billions around the world, Pocket Books, 1992.

37 Quelle: «The BCCI Affair», Report to the Committee on Foreign Relations, United States Senate, Senator John Kerry and Senator Hank Brown, December 1992 – 102d Congress 2d Session Senate Print 102–140.

38 «The BCCI Affair», Report to the Committee on Foreign Relations, United States Senate, Senator John Kerry and Senator Hank Brown, December 1992 – 102d Congress 2d Session Senate Print 102–140.

39 USA Today, 29. Oktober 1999.

40 James Woolsey hearing, US Counterterrorism strategy, Senate Judiciary Committee, US Senate, 3. September 1998.

41 «State outs Bin Mahfouz from NCB», *Middle East Economic Digest,* 11. Juni 1999; «Africa, Middle East», *Forbes,* 5. Juli 1999.

42 IAC Company Intelligence, 1997.

43 *Moneyclips*, 8. Juli 1992.

44 ICC Directors, 1998; ICC Directory of UK Companies, 1998.

45 ICC Directors, 1998.

46 Interview, *CNN*, 8. Oktober 2001.

47 ICC Directors, 2001.

48 ICC Directors, 1999.

49 Hybridon Inc. Press release, 21. Dezember 1999.

50 *The Bankers Almanach*, 1999.

51 «More Assets on Hold In Anti-Terror Effort; 39 Partys Added to List of Al Queda Supporters», *Washington Post*, 13. Oktober 2001.

52 Organisation der Vereinten Nationen, Akte A/51/490, 14. Oktober 1997.

53 *New York Times*, 13. Oktober 2001.

54 The Major Companies Database, 2000.

55 «Middle Eastern & Group State Sponsors», Policy Papers 2000, 17. August 2000.

56 ICC Directors, 1998.

57 *The Bankers Almanach*, 1999.

58 IAC Company Intelligence, 1997.

59 IAC Company Intelligence, 1997.

60 «Worldspace reveals identity of investors», *Space Business News*, 3. Februar 1999.

61 Hoover's Company Profile, 2001.

62 Directory of Corporate Affiliations, National Register, 1999; *S &P Daily News*, 2. November 1993; *Reuters*, 6. Dezember 1991.

63 Mergers & Acquisitions Database, 3. Dezember 1987; SEC Document 13D – Amendment n° 1, 3. Dezember 1987.

64 MEPC, 1999.

65 United Financial Group, SEC 1993.

66 «Feds investigate entrepreneur allegedly tied to Saudis», *The Houston Chronicle*, 4. Juni 1992.

67 Arab Press Service Organization, 24. November 1997.

68 Hoover's Company Profile 2002.

Schlussbemerkung

Osama bin Laden hat wahrscheinlich am 11. September 2001 einer langen Folge von Missverständnissen und widerstrebenden Bündnissen ein Ende gesetzt, durch die alle Anhänger eines radikalen Islam geprägt und bestärkt wurden.

Finanziers, die zu den ehrbarsten der Welt zählen, eine Familie, die am Aufbau des saudi-arabischen Königreichs mitwirkte, afghanische Freundschaften, die eher auf Opportunismus als auf strategischen Überlegungen beruhen, verborgene Verbrechen in Libyen, die mit Freunden der britischen Krone begangen wurden, ein Mann, der vom FBI verfolgt, aber vom State Department verschont wird, der von den führenden westlichen Politikern angeprangert, aber von Oberst Gaddafi gejagt wird, Taliban-Freunde, mit denen sich die US-Diplomatie immer wieder versöhnt, bevor sie bombardiert werden – Osama bin Laden hat von all dem etwas.

Doch im Gegensatz zu dem, was manche nur allzu oft behaupten, um diese Ölmonarchien zu erhalten, die sich ihren Günstlingen gegenüber stets großzügig erweisen, hat Osama bin Laden nichts mit einem scharfmachenden Terroristenanführer gemein, der durch seinen während des Krieges gegen die Sowjetunion erworbenen Fanatismus vollkommen verblendet sein soll. Was beim Zurückverfolgen seiner Geschichte aufhorchen lassen sollte, ist vielmehr, dass die von ihm finanzierten Attentate keineswegs das Werk eines Geistesgestörten sind.

Dieser Sohn aus gutem Hause begnügt sich damit, das Schicksal seines Landes nachzuvollziehen und mit den Waffen zu kämpfen, die wir ihm anvertraut haben. Er hat sich Subversion, Guerilla und Propaganda als modus operandi zu Eigen gemacht, um seine höchsten Werte zu verteidigen.

Von nun an kann sich in den reichen Ländern niemand mehr einer kritischen Betrachtung der Außenpolitik der letzten 50 Jahre entziehen, insbesondere der Erdölpolitik. Unsere wirtschaftliche Entwicklung beruht unter anderem auf Bündnissen mit Öldiktaturen und bestärkt diese darin, vollkommen überholte Glaubenslehren zu begünstigen. Früher oder später wird mit den Terroristen, ihren Geldgebern und vielleicht auch den Staaten, die sie beherbergen und in der einen oder anderen Weise unterstützen, ins Gericht gegangen werden. Ungewiss ist hingegen, ob diejenigen, die durch aktives Handeln, bewusstes Verschweigen oder aus eigenem Interesse hinter den Terroristen stehen und sie finanzieren, eines Tages zur Verantwortung gezogen werden.

Anhang

Anhang I
Chronologie

1957 Osama bin Laden wird als 17. von insgesamt 54 Kindern in Riad geboren; der Vater Muhammad bin Laden stammt aus dem Jemen.

1979 Osama bin Laden macht an der King-Abd-ul-Aziz-Universität in Jeddah ein Diplom als Bauingenieur.

1979 Am 26. Dezember marschiert die sowjetische Armee in Afghanistan ein. Osama bin Laden verlässt Saudi-Arabien, um sich der afghanischen Widerstandsbewegung anzuschließen.

1980 bis 1986 Osama bin Laden beteiligt sich am Aufbau des moslemischen Widerstands in Afghanistan.

1988 Osama bin Laden gründet zur Rekrutierung und Finanzierung des afghanischen Widerstands die Organisation al-Qaida.

1989 Am 30. Juni ergreift die Islamische Nationalfront die Macht im Sudan.

1989 Nach dem sowjetischen Rückzug aus Afghanistan kehrt Osama bin Laden nach Saudi-Arabien zurück, wo er Protestbewegungen unterstützt und im Familienkonzern Binladin arbeitet.

1990 Am 2. August fallen irakische Truppen in Kuwait ein.

1991 Im April verlässt Osama bin Laden Saudi-Arabien, nachdem er sich dem Bündnis zwischen dem Königreich und den Vereinigten Staaten widersetzt hat. Er begibt sich nach Afghanistan, dann nach Khartum im Sudan, wo Moslems auch ohne Visum aufgenommen werden.

1991 Die Vereinigten Staaten richten Stützpunkte in Saudi-Arabien ein.

1992 Osama bin Laden legt die Grundsätze von al-Qaida fest: Opposition zu schiitischen Terroristengruppen, Ablehnung der amerikanischen Präsenz auf saudi-arabischem Boden, Konfrontation mit den US-Truppen, die am Horn von Afrika, insbesondere in Somalia stationiert sind. Gleichzeitig siedelt er mehrere Unternehmen in Khartum an, um die Finanzierung seiner politischen Aktivitäten zu stützen. 480 afghanische Soldaten schließen sich ihm an.

1992 Am 29. Dezember explodiert eine Bombe in einem Hotel in Aden, in dem amerikanische Truppen für humanitäre Einsätze in Somalia untergebracht sind. Zwei österreichische Touristen werden bei dem Attentat getötet. Die US-Behörden führen Ermittlungen zu einer möglichen Beteiligung der Organisation Osama bin Ladens an dem Anschlag durch.

1993 Dem sudanesischen Staat wird die Unterstützung von Terroristen vorgeworfen. Die Aktivisten bin Ladens versuchen, Bauteile für Atomwaffen zu bekommen.

1993 Am 26. Februar wird ein Anschlag auf das World Trade Center in New York verübt.

1993 Am 3. und 4. Oktober werden in Somalia 18 US-Soldaten in Mogadischu getötet. Die Amerikaner zögern, Osama bin Laden anzuklagen, über dessen Verwicklungen keine einhellige Meinung innerhalb der Nachrichtendienste besteht.

1994 Im Januar wird gemeldet, dass Osama bin Laden mindestens drei Ausbildungslager im Norden des Sudans finanziert, in denen Aktivisten aus verschiedenen Ländern eine militärische Ausbildung erhalten.

1994 Am 10. März ermorden Osama bin Laden und drei Komplizen zwei deutsche Staatsangehörige im libyschen

Syrte, die dem deutschen Bundesamt für Verfassungsschutz angehören.

1994 Am 9. April beschließt die saudi-arabische Regierung, Osama bin Laden wegen Unterstützung radikaler Bewegungen auszubürgern und sein Vermögen einzufrieren.

1995 Osama bin Laden richtet im nördlichen Jemen mehrere Ausbildungslager an der saudi-arabischen Grenze ein.

1995 Im Februar wird Ramzi Youssef, der das Attentat gegen das World Trade Center in New York angestiftet hatte, in Pakistan verhaftet und an die Vereinigten Staaten ausgeliefert. Durch die Ermittlungen werden verschiedene Verbindungen mit Osama bin Laden aufgedeckt.

1995 Im Juni wird in Addis Abeba ein Mordanschlag auf den ägyptischen Präsidenten Hosni Mubarak verübt. Osama bin Laden soll den Anschlag finanziert haben.

1995 Im August ruft Osama bin Laden in einem offenen Brief an König Fahd zu einem Guerilla-Feldzug gegen die in Saudi-Arabien stationierten US-Truppen auf.

1995 Am 13. November werden fünf Amerikaner und zwei Inder bei einem Attentat auf ein Gebäude der saudischen Nationalgarde in Riad getötet. Osama bin Laden streitet jede Verantwortung ab, macht jedoch keinen Hehl aus seiner Freude über den Anschlag.

1996 Im Mai wird Osama bin Laden aus dem Sudan ausgewiesen und kehrt nach Afghanistan zurück.

1996 Am 31. Mai werden vier Saudi-Araber hingerichtet, die des Attentats gegen die Einrichtungen in Riad beschuldigt wurden.

1996 US-Präsident Clinton erteilt der CIA im Frühjahr einen streng geheimen Befehl, der diese dazu ermächtigt, alle erforderlichen Mittel einzusetzen, um das Netz der al-Qaida zu vernichten.

1996 Am 25. Juni zerstört ein mit Sprengstoff beladener Rammbock-Lkw eine amerikanische Militäreinrichtung in Dhahran; 19 US-Soldaten werden dabei getötet. Die amerikanischen Ermittler weisen auf eine mögliche Beteiligung Osama bin Ladens hin.

1996 Am 23. August richtet Osama bin Laden eine Kriegserklärung an die Vereinigten Staaten, in der er den Abzug der US-Truppen von der Arabischen Halbinsel, die Befreiung der heiligen Stätten und den Sturz der saudischen Machthaber fordert; er ruft die fundamentalistischen Bewegungen dazu auf, sich seinem Kampf anzuschließen.

1998 Im Februar rufen Osama bin Laden und mehrere islamische Gruppen gemeinsam dazu auf, Amerikaner, auch Zivilisten, in der ganzen Welt zu töten.

1998 Am 16. März erlässt Libyen gegen Osama bin Laden und drei Komplizen den ersten internationalen Haftbefehl wegen Mordes.

1998 Am 8. Juni erhebt die Grand Jury in New York wegen «verschwörerischen Angriffs auf amerikanische Militäreinrichtungen» Anklage gegen Osama bin Laden.

1998 Am 6. August richtet der ägyptische Djihad eine Warnung an die Vereinigten Staaten und erklärt, dass Amerika «eine deutliche und verständliche Botschaft» erhalten werde.

1998 Am 7. August erschüttern zwei Explosionen gleichzeitig die US-Botschaften in Nairobi in Kenia, wo 213 Opfer zu beklagen sind, und in Daressalam in Tansania, wo elf Personen getötet werden.

1998 Am 20. August reagiert die US-Armee darauf, indem sie in Afghanistan mehrere Ausbildungslager sowie die Pharmafabrik al-Shifa im Sudan zerstört, in der eine

Waffenproduktion vermutet wird. Die sudanesische Regierung bestreitet diese Behauptungen. Osama bin Laden wird in die Liste der Personen aufgenommen, die unter dem Verdacht terroristischer Aktivitäten stehen und deren Vermögen beschlagnahmt werden kann.

1998 Am 4. November wird Osama bin Laden zum zweiten Mal in den Vereinigten Staaten angeklagt – diesmal wegen der Attentate gegen die amerikanischen Botschaften in Afrika.

1999 Am 16. Januar stellt das amerikanische Justizministerium Osama bin Laden sowie elf Komplizen erneut wegen der Anschläge auf die US-Botschaften unter Anklage.

2001 Am 29. Mai werden vier Mitglieder der Organisationen Osama bin Ladens der Attentate auf die amerikanischen Botschaften schuldig gesprochen. Alle Verdächtigen werden zu lebenslänglichen Freiheitsstrafen verurteilt.

2001 Am 11. September bohren sich zwei Zivilflugzeuge in die Zwillingstürme des World Trade Center, während ein weiteres Flugzeug auf das Pentagon stürzt und ein viertes in Pennsylvania am Boden zerschellt. Bei diesen mörderischsten Attentaten, die jemals von einer Terroristengruppe verübt wurden, sollen über 4000 Menschen umgekommen sein.

Anhang II
Der internationale Haftbefehl
gegen Osama bin Laden (März 1998)

Das folgende Dokument ist ein singuläres Dokument, das noch nie veröffentlicht wurde. Es handelt sich um den ersten internationalen Haftbefehl, der von einem Staat gegen Osama bin Laden erlassen wurde. Er datiert vom 16. März 1998 und wurde auf Betreiben Libyens wegen Totschlags und illegalen Waffenbesitzes ausgestellt. Osama bin Laden wird darin des am 10. März 1994 in Libyen begangenen Totschlags bezichtigt. Der Haftbefehl wurde ab dem 15. April 1998 durch Interpol verbreitet.

BIN LADEN Usama
A-268/5-1998

NOM DE FAMILLE ACTUEL : BIN LADEN

PRENOM : Usama

Sexe : M

DATE ET LIEU DE NAISSANCE : 1957 - DJEDDAH (Arabie saoudite)

PRENOMS DU PERE : Abdulrahamn 'Awadh

<u>IDENTITE EXACTE - NATIONALITE SAOUDIENNE (EXACTE)</u>

<u>LANGUE PARLEE</u> : Arabe.

<u>COMPLICES</u> :

- AL-'ALWAN Faraj Mikhaïl Abdul-Fadeel Jibril, né en 1969, objet de la notice rouge N° de dossier 1998/20220, N° de contrôle A-270/5-1998.
- AL-WARFALI Faez Abu Zeid Muftah, né en 1968, objet de la notice rouge N° de dossier 1998/20223, N° de contrôle A-271/5-1998.
- AL-CHALABI Faraj, né en 1966, objet de la notice rouge N° de dossier 1998/20230, N° de contrôle A-269/5-1998.

<u>EXPOSE DES FAITS</u> :

LIBYE : Le 10 mars 1994, près de Syrte, les nommés AL-CHALABI, AL-'ALWAN, AL-WARFALI et BIN LADEN ont tué deux ressortissants allemands.

<u>MOTIF DE LA DIFFUSION</u> :

Fait l'objet du mandat d'arrêt N° 1.27.288/1998, délivré le 16 mars 1998 par les autorités judiciaires de TRIPOLI (Libye) pour meurtre et détention illégale d'armes à feu.

L'EXTRADITION SERA DEMANDEE EN TOUT PAYS SAUF EN ISRAEL.

En cas de découverte dans un pays auquel l'extradition sera demandée, procéder à sa détention provisoire ; en cas de découverte dans tout autre pays, surveiller ses déplacements et ses activités. Dans tous les cas, aviser immédiatement INTERPOL TRIPOLI (Référence N° 6.27.8497.352 du 15 avril 1998), ainsi que le Secrétariat général de l'O.I.P.C.-Interpol.

N° de dossier : 1998/20232   N° de contrôle : A-268/5-1998

CONFIDENTIEL A l'usage exclusif de la police et de l'autorité judiciaire

BIN LADEN Usama
A-268/5-1998

PRESENT FAMILY NAME: BIN LADEN

FORENAME: Usama　　　　　　　　　　　　　SEX: M

DATE AND PLACE OF BIRTH: 1957 - Jeddah, Saudi Arabia

FATHER'S FORENAMES: Abdulrahamn 'Awadh

<u>IDENTITY CONFIRMED - NATIONALITY: SAUDI ARABIAN (CONFIRMED)</u>

<u>LANGUAGE SPOKEN</u>: Arabic.

<u>ACCOMPLICES</u>:

AL-'ALWAN Faraj Mikhaïl Abdul-Fadeel Jibril, born in 1969, subject of red notice File No. 1998/20220, Control No. A-270/5-1998;

AL-WARFALI Faez Abu Zeid Muftah, born in 1968, subject of red notice File No. 1998/20223, Control No. A-271/5-1998;

AL-CHALABI Faraj, born in 1966, subject of red notice File No. 1998/20230, Control No. A-269/5-1998.

<u>SUMMARY OF FACTS OF THE CASE</u>: LIBYA: On 10th March 1994, BIN LADEN, AL-CHALABI, AL-'ALWAN and AL-WARFALI killed two German nationals near Surt.

<u>REASON FOR NOTICE</u>: Wanted on arrest warrant No. 1.27.288/1998, issued on 16th March 1998 by the judicial authorities in Tripoli, Libya, for murder and illegal possession of firearms.

EXTRADITION WILL BE REQUESTED FROM ANY COUNTRY EXCEPT ISRAEL.

If found in a country from which extradition will be requested, please detain; if found elsewhere, please keep a watch on his movements and activities. In either case, immediately inform INTERPOL TRIPOLI (Reference 6.27.8497.352 of 15th April 1998) and the ICPO-Interpol General Secretariat.

File No. 1998/20232　　　　　　　　　　　　**Control No. A-268/5-1998**

CONFIDENTIAL INTENDED ONLY FOR POLICE AND JUDICIAL AUTHORITIES

BIN LADEN Usama
A-268/5-1998

الاسم العائلي الحالي: بن لادن
الاسم الشخصي: أسامة   الجنس: ذكر

تاريخ ومكان الولادة: 1957 ــ جدة/المملكة العربية السعودية

اسما الأب الشخصيان: عبدالرحمن عوض

الهوية مؤكدة ــ الجنسية سعودية (مؤكدة)

يتكلم العربية

شركاؤه:
فرج ميكائيل عبدالفضيل جبريل العلوان المولود عام 1969 ، الذي صدرت بشأنه النشرة الحمراء ذات رقم الملف 1998/20220 ورقم المراقبة A-270/5-1998 ؛
فائز ابو زيد مفتاح الورفلي المولود عام 1968 ، الذي صدرت بشأنه النشرة الحمراء ذات رقم الملف 1998/20223 ورقم المراقبة A-271/5-1998 ؛
فرج الشلبي المولود عام 1966 ، الذي صدرت بشأنه النشرة الحمراء ذات رقم الملف 1998/20230 ورقم المراقبة A-269/5-1998 .

ملخص وقائع القضية: ليبيا: بتاريخ 1994/3/10 ، بالقرب من مدينة سرت، قام الشلبي والعلوان والورفلي وبن لادن بقتل مواطنين المانيين.

سبب اصدار النشرة: مطلوب بموجب مذكرة توقيف رقمها 1998/288.27.1 وتاريخها 1998/3/16 صادرة عن السلطات القضائية في طرابلس/ليبيا لقتل وحيازة اسلحة نارية بدون ترخيص.

سيُطلب تسليمه من أي بلد من بلدان العالم عدا اسرائيل.

اذا عُثر عليه في بلد من البلدان التي سيُطلب منها تسليمه فيُرجى توقيفه، واذا عُثر عليه في غيرها فيُرجى مراقبة تنقلاته ونشاطاته. وفي الحالتين يُسارع الى إعلام انتربول طرابلس (المرجع 352.8497.27.6 المؤرخ 1998/4/15) والأمانة العامة للــ م د ش ج ــ انتربول.

رقم المراقبة A-268/5-1998   رقم الملف 1998/20232
وثيقة سرية استعمالها مقصور على الشرطة والسلطة القضائية

Anhang III
«Red Notice» von Interpol

Das folgende Dokument ist eine «Red Notice» von Interpol. Es handelt sich um das Fahndungsblatt von Osama bin Laden, so wie es in den Akten der Internationalen Kriminalpolizeilichen Organisation geführt wird. Es wird regelmäßig aktualisiert und informiert die internationalen Polizeieinheiten über die wichtigsten Personaldaten und die Straftaten, die Osama bin Laden vorgeworfen werden.

Ref : FORM 1 BIN LADEN USAMA 19980909401/SPC . Page n° 1/5

GE 1216/99

PRIORITY: Normal

DATE: 6 March 2000

FROM: Interpol Washington

OUR REF: 19980909401/SPC

SUBJECT: BIN LADEN, f/n Usama; born in 1957

RedHead   PERSON WANTED FOR PROSECUTION

1.   IDENTITY PARTICULARS   * IPCE Usa 4-12-98
                                              * red A-268/5-1998 Libya
WARNING: THIS PERSON MAY BE:
      Armed   EP 20232/98
      Dangerous   alc GE 20215/98 → A268/5-98 (LIBYE)
1.1 PRESENT FAMILY NAME: GE 20253/98 → TANZANIE
      Bin Laden   GE 30272/98 → KENYA
1.2 FAMILY NAME AT BIRTH / PREVIOUS FAMILY NAMES:
      Bin Laden   GE 1215/99 USA (NOTICES)

1.3 FORENAMES:
      Usama,

1.4 SEX: **MRRB 4**
      M
                                               − 5 AVR. 2000
1.5 DATE AND PLACE OF BIRTH: QUALITY CONTROL
      Date Unknown, 1957
      Jeddah,
      Saudi Arabia

1.6 FATHER'S FAMILY NAME AND FORENAMES:
      Bin Laden,   Abdul Rahamn Awadh

1.7 MOTHER'S MAIDEN NAME AND FORENAMES:
      not known

                            ypol le 5/4 B/G

197

1.8 RESULT OF IDENTITY CHECK:
IDENTITY CONFIRMED

1.9 NATIONALITY(IES):
Saudi Arabia ...   (CONFIRMED)

1.10 IDENTITY DOCUMENTS:
Passport Number: not known
Other Identification Information:
none known

1.11 ALSO KNOWN AS:
Usamah Bin Muhammad Bin Laden; Shaykh Usamah Bin Ladin; Abu Abdullah; Mujahid Shaykh; Hajj; al Qaqa; "the Director."

1.12 DESCRIPTION:
Height: 195.6 cm
Weight: 67.5 kg
Hair Color: Black
Eye Color: Brown
Complexion: Medium

1.13 DISTINQUISHING MARKS AND CHARACTERISTICS:
Usually wears full beard and mustache, may walk with a cane.

1.14 OCCUPATION:
Religious Cleric; Arms Dealer

1.15 LANGUAGES SPOKEN:
Arabic

1.16 REGIONS/COUNTRIES LIKELY TO BE VISITED:
Middle East; Southwest Asia

1.17 ADDITIONAL INFORMATION:
Also the subject of Red Notice Control Number A-268/5-1998, File Number 1998/20232 issued at the request of IP Libya for killing two German nationals in 1994.

2. JUDICIAL INFORMATION

2.1 SUMMARY OF FACTS OF THE CASE:
BIN LADEN is wanted for his role in the bombing of United States Embassies in Kenya and Tanzania on 7th August 1998. BIN LADEN was a leader of "al Qaeda," a group that conspired to commit violent acts against the United States. Specifically, on 23 August 1996, BIN LADEN signed and issued a declaration of jihad against Americans in the Arabian peninsula,

authorizing his followers to commit violent acts against the U.S. In February, 1998 BIN LADEN endorsed a fatwah authorizing the killing of American civilians anywhere in the world where they can be found. The substance of these were repeated by Bin Laden during a press conference in May, 1998. During July and August, 1998 members of "al Qaeda" made preparations to detonate explosives near the U.S. embassies in Kenya and Tanzania. The embassies were actually bombed on 7 August 1998. More than 216 lives were lost in the Kenya explosion and more than 10 lives were lost in the explosion in Tanzania.

2.2 ACCOMPLICES:
Muhammad Atef; Wadih El Hage; Mohamed Sadeek Odeh; Mohamed Rashed Daoud Al-Owhali; Mustafa Mohamed Fadhil; Khalfan Khamis Mohamed; Ahmed Khalfan Ghailani; Sheikh Ahmed Salim Swedan;Msalam, f/n Fahid, Mohammed Ally

2.3 CHARGE:
Murder; Murder Conspiracy; Attack on a United States Facility

2.4 LAW COVERING THE OFFENCE:
Title 18 United States Code Sections 2332(b), 844(f) and 930(a)

2.5 MAXIMUM PENALTY POSSIBLE:
Life in prison

2.6 TIME-LIMIT FOR ENFORCEMENT: None

2.7 ARREST WARRANT: ER: 04/11/98
No. S(2) 98 CR. 1023 issued on 16 December 1998
by the judicial authorities in United States District Court, Southern District of New York;
New York, New York (USA)
Name of signatory: Theodore Katz, United States Magistrate Judge

2.8 RECORD OF CONVICTION / SENTENCE AVAILABLE AT THE GENERAL SECRETARIAT IN THE LANGUAGE USED BY THE REQUESTING COUNTRY: NO

3 - ACTION TO BE TAKEN IF FUGITIVE IS FOUND
PROVISIONAL ARREST

It is understood that:
- the NCB of the country where the wanted person is found should immediately inform the requesting NCB (quoting reference and date) and the General Secretariat;
- if that country considers red notices to be valid requests for provisional arrest, the fugitive should be provisionally arrested.

EXTRADITION

Please tick the wording required (before asking for publication of a red notice, the requesting

NCB should obtain an assurance from its competent judicial authorities that extradition will be requested):

(X) EXTRADITION WILL BE REQUESTED FROM ANY COUNTRY WITH WHICH THE REQUESTING COUNTRY IS LINKED BY A BILATERAL EXTRADITION TREATY, AN EXTRADITION CONVENTION OR BY ANY OTHER CONVENTION OR TREATY CONTAINING PROVISIONS ON EXTRADITION THAT COVER THE OFFENSE(S) IN QUESTION,

or

() EXTRADITION WILL BE REQUESTED FROM ANY COUNTRY WITH WHICH THE REQUESTING COUNTRY IS LINKED BY A BILATERAL EXTRADITION TREATY, AN EXTRADITION CONVENTION OR BY ANY OTHER CONVENTION OR TREATY CONTAINING PROVISIONS ON EXTRADITION THAT COVER THE OFFENSE(S) IN QUESTION, WITH THE EXCEPTION OF THE FOLLOWING COUNTRIES:

or

() EXTRADITION WILL BE REQUESTED FROM ANY COUNTRY WITH WHICH THE REQUESTING COUNTRY IS LINKED BY A BILATERAL EXTRADITION TREATY, AN EXTRADITION CONVENTION OR BY ANY OTHER CONVENTION OR TREATY CONTAINING PROVISIONS ON EXTRADITION THAT COVER THE OFFENSE(S) IN QUESTION AND ALSO FROM THE FOLLOWING COUNTRIES: ANY COUNTRY THAT CAN EXTRADITE FOR THE OFFENSE(S) UNDER ITS DOMESTIC LAW.

or

() EXTRADITION WILL BE REQUESTED FROM ANY COUNTRY WITH WHICH THE REQUESTING COUNTRY IS LINKED BY A BILATERAL EXTRADITION TREATY, AN EXTRADITION CONVENTION OR BY ANY OTHER CONVENTION OR TREATY CONTAINING PROVISIONS ON EXTRADITION THAT COVER THE OFFENSE(S) IN QUESTION AND ALSO FROM ANY COUNTRY THAT CAN EXTRADITE FOR THE OFFENSE(S) UNDER ITS DOMESTIC LAW, EXCEPT FOR THE FOLLOWING COUNTRIES.

Requesting National Central Bureau:

Interpol Washington
U. S. Department of Justice
Washington, DC 20530
Phone #:   202 - 616 - 9000

CF : 98/20215

ADDITIFS ET RECTIFICATIFS
AUX NOTICES INTERNATIONALES DEJA PARUES

ADDITIF

Rédacteur : CC	Groupe NOTICES	Date : 04.04.2000

NOM(S) :   BIN LADEN
PRENOM(S) :   Usama
NE(E) :   10.03.1957

MRRB 3

N° DE DOSSIER :   1998/20232
N° DE CONTROLE : A-268/5-1998

1 1 AVR. 2000
QUALITY CONTROL

From INTERPOL WASHINGTON:

BIN LADEN Usama is now subject of a red notice File N° 1998/20232,
Control N° A-326/4-2000 issued at request of IP WASHINGTON for conspiracy to kill
United States nationals by bombing U.S. embassies in Tanzania (Dar Es Salaam) and Kenya
(Nairobi) on 7th August 1998.

ACCOMPLICES:
GHAILANI Ahmed Khalfan born on 14th March 1974, subject of red notice File N°
1999/4424,
Control N° A-329/4-2000
SWEDAN Sheikh Ahmed Salim born on 9th April 1969, subject of red notice File N°
1999/4408,
Control N° A-327/4-2000
MSALAM Fahid Mohammed Ally born on 19th February 1976, subject of red notice
File N° 1999/4393, Control N° A-330/4-2000
FADHIL Mustafa Mohamed born c. 1st January 1976, subject of red notice File N°
1999/4418, Control N° A-328/4-2000

Anhang IV
Eine Mitteilung des
amerikanischen State Department (1996)

Das folgende Dokument ist eine Mitteilung des amerikanischen State Department von 1996. Darin wird zum ersten Mal die Beteiligung des mehrerer Attentate verdächtigten Osama bin Laden an verschiedenen Investitionen im Sudan erwähnt, insbesondere durch Beteiligungen an der al-Shamal Islamic Bank.

TEXT: STATE DEPARTMENT ISSUES FACTSHEET ON BIN LADIN
(Sponsor of Islamic extremist activities described)

August 14, 1996

Washington -- The State Department issued the following factsheet on Usama bin
Muhammad bin Awad Bin Ladin on August 14, calling him a financier of Islamic
extremist activities.

(begin text)

Usama Bin Ladin: Islamic Extremist Financier

Usama bin Muhammad bin Awad Bin Ladin is one of the most significant financial
sponsors of Islamic extremist activities in the world today. One of some 20 sons of
wealthy Saudi construction magnate Muhammad Bin Ladin -- founder of the Kingdom's
Bin Ladin Group business empire -- Usama joined the Afghan resistance movement
following the 26 December 1979 Soviet invasion of Afghanistan. "I was enraged and
went there at once," he claimed in a 1993 interview. "I arrived within days, before
the end of 1979."

Bin Ladin gained prominence during the Afghan war for his role in financing the
recruitment, transportation, and training of Arab nationals who volunteered to
fight alongside the Afghan mujahedin. By 1985, Bin Ladin had drawn on his family's
wealth, plus donations received from sympathetic merchant families in the Gulf
region, to organize the Islamic Salvation Foundation, or al-Qaida, for this
purpose.

-- A network of al-Qaida recruitment centers and guesthouses in Egypt, Saudi
Arabia, and Pakistan has enlisted and sheltered thousands of Arab recruits. This
network remains active.

-- Working in conjunction with extremist groups like the Egyptian al-Gama'at al-
Islamiyyah, also know as the Islamic Group, al-Qaida organized and funded camps in
Afghanistan and Pakistan that provided new recruits paramilitary training in
preparation for the fighting in Afghanistan.

-- Under al-Qaida auspices, Bin Ladin imported bulldozers and other heavy equipment
to cut roads, tunnels, hospitals, and storage depots through Afghanistan's~~
mountainous terrain to move and shelter fighters and supplies.

After the Soviets withdrew from Afghanistan in 1989, Bin Ladin returned to work in
the family's Jeddah-based construction business. However, he continued to support
militant Islamic groups that had begun targeting moderate Islamic governments in
the region. Saudi officials held Bin Ladin's passport during 1989-1991 in a bid to
prevent him from solidifying contacts with extremists whom he had befriended during
the Afghan war.

Bin Ladin relocated to Sudan in 1991, where he was welcomed by National Islamic
Front (NIF) leader Hasan al-Turabi. In a 1994 interview, Bin Ladin claimed to have
surveyed business and agricultural investment opportunities in Sudan as early as
1983. He embarked on several business ventures in Sudan in 1990, which began to
thrive following his move to Kh~artoum. Bin Ladin also formed symbiotic business
relationships with wealthy NIF members by undertaking civil infrastructure
development projects on the re~gime's behalf:

-- Bin Ladin's company, Al-Hijrah for Construction and Development, Ltd., built the
Tahaddi (challenge) road linking Khartoum with Port Sudan, as well as a modern
international airport near Port Sudan.

203

-- Bin Ladin's import-export firm, Wadi al-Aqiq Company, Ltd., in conjunction with his Taba Investment Company, Ltd., secured a near monopoly over Sudan's major agricultural exports of gum, corn, sunflower, and sesame products in cooperation with prominent NIF members. At the same time, Bin Ladin's Al-Themar al-Mubarak~ah Agriculture Company, Ltd. grew to encompass large tracts of land near Khartoum and in eastern Sudan.

-- Bin Ladin and wealthy NIF members capitalized Al-Shamal Islamic Bank in Khartoum. Bin Ladin invested $50 million in the bank.

Bin Ladin's work force grew to include militant Afghan war veterans seeking to avoid a return to their own countries, where many stood accused of subversive and terrorist activities. In May 1993, for example, Bin Ladin financed the travel of 300 to 480 Afghan war veterans to Sudan after Islamabad launched a crackdown against extremists lingering in Pakistan. In addition to safehaven in Sudan, Bin Ladin has provided financial support to militants actively opposed to moderate Islamic governments and the West:

-- Islamic extremists who perpetrated the December 1992 attempted bombings against some 100 U.S. servicemen in Aden (billeted there to support U.N. relief operations in Somalia) claimed that Bin Ladin financed their group.

-- A joint Egyptian-Saudi investigation revealed in May 1993 that Bin Ladin business interests helped funnel money to Egyptian extremists, who used the cash to buy unspecified equipment, printing presses, and weapons.

-- By January 1994, Bin Ladin had begun financing at least three terrorist training camps in northern Sudan (camp residents included Egyptian, Algerian, Tunisian and Palestinian extremists) in cooperation with the NIF. Bin Ladin's Al-Hijrah for Construction and Development works directly with Sudanese military officials to transport and provision terrorists training in such camps.

-- Pakistani investigators have said that Ramzi Ahmed Yousef, the alleged mastermind of the February 1993 World Trade Center bombing, resided at the Bin Ladin-funded Bayt Ashuhada (house of martyrs) guesthouse in Peshawar during most of the three years before his apprehension in February 1995.

-- A leading member of the Egyptian extremist group al-Jihad claimed in a July 1995 interview that Bin Ladin helped fund the group and was at times witting of specific terrorist operations mounted by the group against Egyptian interests.

-- Bin Ladin remains the key financier behind the "Kunar' camp in Afghanistan, which provides terrorist training to al-Jihad and al~-Gama'at al-~Islamiyyah members, according to suspect terrorists captured recently by Egyptian authorities.

Bin Ladin's support for extremist causes continues despite criticisms from regional governments and his family. Algeria, Egypt, and Yemen have accused Bin Ladin of financing militant Islamic groups on their soil (Yemen reportedly sought INTERPOL's assistance to apprehend Bin Ladin during 1994). In February 1994, Riyadh revoked Bin Ladin's Saudi citizenship for behavior that "contradicts the Kingdom's interests and risks harming its relations with fraternal countries." The move prompted Bin Ladin to form the Advisory and Reformation Committee, a London-based dissident organization that by July 1995 had issued over 350 pamphlets critical of the Saudi Government. Bin Ladin has not responded to condemnation leveled against him in March 1994 by his eldest brother, Bakr Bin Ladin, who expressed, through the Saudi media, his family's "regret, denunciation, and condemnation" of Bin Ladin's extremist activities.

(end text)

NNNN

Anhang V

Eine Mitteilung der CIA
über Osama bin Laden (undatiert)

Das folgende Dokument ist eine deklassifizierte Mitteilung der
CIA über Osama bin Laden. Sie ist nicht datiert.

UNCLASSIFIED

Factsheet: Usama Bin Ladin

Usama Bin Ladin was born around 1955 in Jeddah, Saudi Arabia. He is the youngest son of Muhammad Bin Ladin, a wealthy Saudi of Yemeni origin and founder of the Bin Ladin Group, a construction firm heavily involved with Saudi Government contracts. Usama Bin Ladin left Saudi Arabia to fight against the Soviets in Afghanistan in 1979. In the mid-1980s he co-founded the Maktab al-Khidamat (MAK) or Services Office, to help funnel fighters and money to the Afghan resistance, in Peshawar with a Palestinian Muslim Brotherhood member named 'Abdallah 'Azzam. The MAK ultimately established recruitment centers around the world--including in the US, Egypt, Saudi Arabia, and Pakistan--that enlisted, sheltered and transported thousands of individuals from over 50 countries to Afghanistan to fight the Soviets. It also organized and funded paramilitary training camps in Afghanistan and Pakistan. Bin Ladin imported heavy equipment to cut roads and tunnels and to build hospitals and storage depots in Afghanistan.

Bin Ladin split from 'Azzam in the late 1980s to extend his campaign to all corners of the globe; 'Azzam remained focused only on support to Muslims waging military campaigns. Bin Ladin formed a new organization in 1988 called Al-Qa'ida--the military "base." After 'Azzam was killed by a carbomb in late 1989, the MAK split, with the extremist faction joining Bin Ladin's organization.

Bin Ladin returned to work in his family's Jeddah-based construction business after the Soviets withdrew from Afghanistan in 1989, but he continued his organization to support opposition movements in Saudi Arabia and Yemen.

Bin Ladin's anti-government activities prompted the Saudi government to expel him in 1991, after which he relocated to Sudan. Although the Afghan war had ended, al-Qa'ida has remained a formidable organization, consisting of mujahedin of many nationalities who had previously fought with Bin Ladin. Many of these have remained loyal to and continue working with him today.

In May 1996, Sudan expelled Bin Ladin, largely in response to US insistence and to the threat of UN sanctions following Sudan's alleged complicity in the attempted assassination of Egyptian President Hosni Mubarak in Ethiopia in 1995. Within a month, Bin Ladin took refuge in Afghanistan, where his support for and participation in Islamic extremist activities continued.

Bin Ladin's Organization

Al-Qa'ida's goal, in Bin Ladin's words, is to "unite all Muslims and establish a government which follows the rule of the Caliphs." Bin Ladin has stated that the only way to establish the Caliphate is by force. Al-Qa'ida's goal, therefore, is to overthrow nearly all Muslim governments, which Bin Ladin views as "corrupt," to drive Western influence from those countries, and eventually to abolish state boundaries.

4

UNCLASSIFIED

UNCLASSIFIED

Al-Qa'ida is multi-national, with members from numerous countries and with a worldwide presence. Senior leaders in the organization are also senior leaders in other Islamic terrorist organizations, including those designated by the Department of State as foreign terrorist organizations, such as the Egyptian al-Gama'at al-Islamiyya and the Egyptian al-Jihad. Al-Qa'ida seeks a global radicalization of existing Islamic groups and the creation of radical Islamic groups where none exist.

Al-Qa'ida supports Muslim fighters in Afghanistan, Bosnia, Chechnya, Tajikistan, Somalia, Yemen, and now Kosovo. It also trains members of terrorist organizations from such diverse countries as the Philippines, Algeria, and Eritrea.

Anti-US Agenda

Bin Ladin advocates the destruction of the United States, which he sees as the chief obstacle to reform in Muslim societies. Since 1996, his anti-US rhetoric has escalated to the point of calling for worldwide attacks on Americans and our allies, including civilians.

-- Bin Ladin publicly issued his "Declaration of War" against the United States in August 1996.

--When anti-US attacks did not materialize immediately, he explained the delay: "If we wanted to carry out small operations, it would have been easy to do so immediately after the statements. Even the nature of the battle requires qualitative operations that affect the adversary, which obviously requires good preparation."

--In November 1996 he pronounced as "praiseworthy terrorism" the bombings in Riyadh and at Khubar in Saudi Arabia, promising that other attacks would follow. He admitted carrying out attacks on US military personnel in Somalia and Yemen, declaring that "we used to hunt them down in Mogadishu."

--He stated in an interview broadcast in February 1997 that "if someone can kill an American soldier, it is better than wasting time on other matters."

--In February 1998, Bin Ladin announced the creation of a new alliance of terrorist organizations, the "International Islamic Front for Jihad Against the Jews and Crusaders." The Front included the Egyptian al-Gama'at al-Islamiyya, the Egyptian Islamic Jihad, the Harakat ul-Ansar, and two other groups. The Front declared its intention to attack Americans and our allies, including civilians, anywhere in the world.

--In May 1998, he stated at a press conference in Afghanistan that we would see the results of his threats "in a few weeks."

5

UNCLASSIFIED

UNCLASSIFIED

Use of Terrorism

Terrorism is a key component of Al-Qa'ida's strategy, and Bin Ladin cites Koranic references in an effort to justify it. He also quotes as authorities prominent past and present Muslim figures who advocate violence, including 'Umar 'Abd al-Rahman, (the "Blind Shaykh") who is serving a life sentence in a US prison for conspiracy to commit terrorism.

Al-Qa'ida has assisted in numerous terrorist operations around the world. It aided al-Gama'at al-Islamiyya's 1995 attempt to assassinate Egyptian President Mubarak, provided a safehouse to World Trade Center bomber Ramzi Yousef, and attacked US soldiers in Yemen and Somalia during Operation Restore Hope—a humanitarian mission to provide relief to starving Somalis.

6

UNCLASSIFIED

Anhang VI
Bericht über das wirtschaftliche
Umfeld der Familie bin Laden

Der folgende Bericht wurde von Jean-Charles Brisard 1996
verfasst und bis Juli 2001 mehrmals überarbeitet. Die entsprechenden Ermittlungen wurden im Auftrag eines französischen
Nachrichtendienstes durchgeführt.

Übersicht

I) Die SAUDI BINLADIN GROUP und ihre Tochtergesellschaften

A. SAUDI BINLADIN GROUP
B. SICO (Schweiz)
C. SICO (Offshore-Unternehmen und London)

2) Osama bin Laden und islamische Finanzinstitutionen

A. Nachgewiesene Investitionen des Osama bin Laden
B. AL-SHAMAL ISLAMIC BANK
C. GUM ARABIC COMPANY LTD.
D. Pharmazeutische Fabrik AL-SHIFA
E. DUBAI ISLAMIC BANK

3) Osama bin Laden und islamische karitative und humanitäre Einrichtungen

Anhang

Einleitung

Der Bericht bezieht sich auf Einrichtungen und das Umfeld von Einrichtungen, die aufgrund ihrer Vielschichtigkeit und ihrer Undurchsichtigkeit direkt oder indirekt Verbindungen und Absprachen mit dem wirtschaftlichen, finanziellen oder terroristischen Umfeld des Osama bin Laden, geboren am 30. Juli 1957 in Jeddah (Saudi-Arabien), erleichtert haben können; davon ausgenommen sind terroristische Netzwerke und politische Organisationen, die keine Verbindung mit diesem Thema aufweisen. Insgesamt wurden über 500 Unternehmen und knapp 400 Personen analysiert.

Die Einrichtungen und Personen, die in diesem Bericht angeführt werden, können auf keinen Fall von vornherein und pauschal mit den terroristischen Aktivitäten, derer Osama bin Laden verdächtigt wird, gleichgesetzt werden. Dies wird in der Presse allzu oft nicht berücksichtigt. In dem Bericht wurde darauf geachtet, die Einrichtungen, die mit der Familie bin Laden nur gewöhnliche Geschäftsverbindungen hatten, von denen zu unterscheiden, die direkte Verbindungen mit Osama bin Laden aufweisen oder aufwiesen.

Abstract

Verschiedene Kapitalverflechtungen zwischen Osama bin Laden und dem Familienkonzern Saudi Binladin Group sowie Personen, die der saudischen Königsfamilie nahe stehen oder zu ihr gehören, konnten festgestellt werden.

Diese Kapitalverflechtungen tauchen vor allem bei der Überprüfung von Finanznetzen der Unternehmensgruppe in

Europa und bei Auslandstransaktionen sowie bei Investitionen auf, die von saudi-arabischen Finanznetzen oder humanitären Einrichtungen im Ausland vorgenommen wurden. Die Verbindung konnte oft durch Personen hergestellt werden, die bekannten betrügerischen Finanznetzen angehören (insbesondere dem der BCCI).

Die festgestellten Berührungspunkte sind dem Wohlwollen oder auch der Willfährigkeit der betreffenden Personen zuzuschreiben. Es kann jedoch schwerlich angenommen werden, dass der gute Glaube der Beteiligten in den verschiedenen untersuchten Fällen hätte getäuscht werden können.

Die wichtigsten gesammelten Informationen betreffen:

– **Saudi Binladin Group** (insbesondere die Tochtergesellschaft SICO): Annäherung zwischen gewissen europäischen Repräsentanten der Unternehmensgruppe und Azzam Publications, einem Unternehmen, das wiederum Osama bin Laden nahe steht; Verbindung mit einem Mitglied des palästinensischen Islamischen Djihad; nachgewiesene Beziehungen mit betrügerischen französischen und internationalen Finanznetzen (BCCI, Sawari-2-Rüstungsgeschäft) und indirekte Verbindungen mit den Aktionären der Arzneimittelfabrik al-Shifa im Sudan.

– **Das islamische Banksystem:** Verbindungen über Faisal Islamic Bank und al-Shamal Bank mit den Finanzierungssystemen Osama bin Ladens im Sudan; Unterstützung der Aktionäre des Pharmaunternehmens al-Shifa; weitere Beschäftigung gewisser Mitglieder der Netze Osama bin Ladens; Verbundsysteme mit dem betrügerischen Netz der BCCI.

– **Offizielle islamische karitative und humanitäre Einrichtungen:** Verbindungen zwischen dem Netz der International Islamic Relief Organization und den sudanesischen Finanznetzen; Unterstützung Osama bin Ladens durch eine humanitäre Einrichtung, die vom Schwager des Königs Fahd geleitet wird.

Verschiedene Beteiligte mit Querverbindungen wurden ermittelt:

– Die Familie des Osama bin Laden.
– Das betrügerische Netz der BCCI, deren wichtigste Akteure aus der Einflusssphäre Ghayth Pharaons mehrmals identifiziert wurden (Khalid bin Mahfouz, Adnan al-Fulaidj, Kamal Adham, Roger Tamraz).
– Die Waffen- und Erdölhändlernetze, insbesondere ägyptische und saudische Händler (Ghayth Pharaon, Mounir und Fakhry Abd-el-Nour, Saffir und Joseph Iskander, Muhammad Salih Affara).
– Das saudi-arabische Finanznetz, das mit der Holding Dar al-Maal al-Islami (DMI) als Ausgangsbasis entwickelt wurde.

Das im Umfeld Osama bin Ladens und seiner Investitionen ermittelte Finanznetz entspricht in seiner allgemeinen Struktur dem in den achtziger Jahren von der BCCI für ihre betrügerischen Transaktionen eingesetzten Netz, wobei oft die Beteiligten (ehemalige Leiter oder Führungskräfte der Bank und ihrer Tochtergesellschaften, Waffen- und Erdölhändler, saudische Investoren et cetera) und manchmal auch die Unternehmen (NCB, Attock Oil, BAII et cetera) übereinstimmen.

Es wurde festgestellt, dass die Finanzierungsnetze der BCCI

trotz der Unterstützung Osama bin Ladens durch politische und terroristische Organisationen der islamistischen Bewegung weiterbestehen.

Die Konvergenz finanzieller und terroristischer Interessen, die vor allem in Großbritannien und im Sudan zu finden ist, scheint kein Hindernis für die Verfolgung der Ziele dargestellt zu haben.

Das Bestehen einer Verbindung zwischen dem terroristischen Netzwerk und einer weitläufigen Finanzierungseinrichtung ist kennzeichnend für die von Osama bin Laden durchgeführten Aktionen.

1) Die Saudi Binladin Group und ihre Tochtergesellschaften

A. Saudi Binladin Group (SBG) oder Binladin Organization

Die SAUDI BINLADIN GROUP (SBG) oder BINLADIN OR-GANIZATION[1] (PO Box 958, Jeddah 21421, Saudi-Arabien) wurde 1931 von Muhammad Awad bin Laden gegründet, dem Vater Osama bin Ladens.

Es handelt sich um einen Mischkonzern, der in den Bereichen Bauwirtschaft, Engineering, Immobilien, Vertrieb, Telekommunikation und Verlagswesen tätig ist. SBG erzielt die Hälfte seines Umsatzes im Bausektor.

SBG ist das größte Privatunternehmen Saudi-Arabiens. Sein besonderer Rechtsstatus enthebt es der Verpflichtung, seine Bilanz zu veröffentlichen. Ein Finanzmagazin schätzte seinen Umsatz 1991 auf 36 Milliarden Dollar.[2] 1995 beschäftigte SBG 5000 Mitarbeiter. Die Aktienbeteiligungen sind im Besitz der Familie.

Die Unternehmensgruppe wurde von Anfang an, auch nach dem Tod ihres Gründers 1968, von den saudi-arabischen Machthabern unterstützt. Sie war sogar mehrere Jahre lang der offizielle und einzige Vertragspartner für die heiligen Stätten des Königreichs.[3] Mehrere internationale Konzerne haben partnerschaftliche Beziehungen mit der SBG aufgebaut, um sich leichter im Mittleren Osten ansiedeln zu können.

Offiziell unterhält SBG keine Beziehungen mehr mit Osama bin Laden,[4] seit das Königreich ihm die saudi-arabische Staatsangehörigkeit im April 1994 aberkannt hat. Er soll damals ein Erbteil in Höhe von 300 Millionen Dollar erhalten haben.

Die Unternehmensgruppe wird heute von Bakr M. bin Laden, dem Sohn Muhammad bin Ladens, geleitet. Salim bin Laden, der älteste Sohn Muhammads, leitete den Konzern bis zu seinem Tod im Jahr 1988. Der Aufsichtsrat der SBG setzt sich aus Salih Ghazaz, Muhammad Bahareth, Abdullah bin Said, Muhammad Nour Rahimi, Tarek M. bin Laden und Omar M. bin Laden zusammen.

Die verschiedenen Branchen, in denen SBG tätig ist, werden nicht nur durch die eigenen Unternehmensbereiche abgedeckt, sondern auch durch die nachfolgend aufgeführten übergeordneten Holdings (Tochtergesellschaften im Ausland werden jeweils angegeben):

- Bausektor: BINLADIN GROUP INTERNATIONAL (Ägypten, Jordanien, Libanon, Malaysia, Vereinigte Arabische Emirate)
- Elektrotechnik: BINLADEN BEMCO
- Infrastrukturen: MUHAMMAD BIN LADIN ORGANIZATION
- Immobilien: PROJECT MANAGEMENT & DEVELOPMENT CO. REAL ESTATE LTD.
- Energie: BEMCO
- Industrie: AL-SALIM GROUP
- Textilien: MIMAR INDUSTRIAL GROUP (Libanon, GB, Spanien)
- Bekleidung: CASAREEN CONTRACT MANUFACTURING (GB)

- Beleuchtung: PALWA BELEUCHTUNGS GMBH (Deutschland), PALWA IBERICA (Spanien)
- Verlagswesen: HAZAR MEDIA GROUP (Libanon, Frankreich, GB, VAE, Ägypten)
- Wartung: UNITED SAUDI MAINTENANCE & SERVICES CO.
- Vertrieb: GFC, CASAREEN RETAIL INTERNATIONAL (GB, Malaysia, Singapur, Ägypten, Libanon, Frankreich, USA)
- Frachtverkehr: FORSHIP LTD. (GB, Frankreich, Ägypten, Kanada)
- Telekommunikation: BINLADIN TELECOMMUNICATIONS CO.
- Public Relations: MIDDLE EAST INTERNATIONAL GROUP – MEIG AG (Schweiz)

Die europäische Zweigstelle der SBG ist unter der folgenden Adresse gemeldet: 19, Berkeley Street, London, Großbritannien. Sie wird von Leonard Cowking, geboren am 24. März 1947, britischer Staatsangehöriger, und von Bakr M. bin Laden, geboren am 14. Februar 1947, saudi-arabischer Staatsangehöriger, geleitet.[5] Leonard Cowking leitet zusammen mit Akderali Muhammad Ali Moawalla (siehe Teil 1c) auch TURKEY ROCK UK LTD.[6] SBG UK nannte sich bis 1991 TYROLESE 199 LIMITED – 60, Goswell Road, London, Großbritannien – (siehe Teil 1c).

Die internationale Tochtergesellschaft der SBG, die BINLADIN GROUP INTERNATIONAL, (BGI) (PO Box 41008, Jeddah 21521, Saudi-Arabien), wird von Bakr M. bin Laden (Vorstandsvorsitzender), Yehya M. bin Laden (Generaldirektor), Omar M. bin Laden (Präsident) und Hassan M. bin Laden

(Vizepräsident) geleitet. Abou Bakr S. al-Hamad ist CEO für öffentliche Arbeiten und Flughäfen, Ahmed M. bin Laden koordiniert die Abteilung für Bauarbeiten, Henry M. Sarkissian leitet den Bereich Industrie- und Energieprojekte, Mu'tazz Sawwaf leitet die Abteilung Architektur und Innenausstattung, Abou Bakr bin Ali al-Akhdar den Bereich Erdöl und Bergbau und Shafiq M. bin Laden ist Mitglied des Aufsichtsrats.

Die Tochtergesellschaft BINLADIN-BEMCO AND MECHANICAL INDUSTRIAL AND POWER CONTRACTING[7] (PO Box 3143, Jeddah 21471) ist im Bereich der Elektrotechnik tätig. Sie wird von Henry Cabrera und Bakr bin Laden geleitet. Im Aufsichtsrat sind Souren M. Sarkissian, Henry M. Sarkissian und Greg M. Sarkissian. Unter den Aktionären des Unternehmens ist BINLADIN BROS. FOR CONTRACTING AND INDUSTRY[8] (PO Box 2734, Jeddah 21461) zu finden, die von Bakr M. bin Laden geleitet wird, der wiederum Aktionär von SAUDI TRAFFIC SAFETY LTD.[9] (PO Box 4445, Jeddah 21491) und ARABIAN AEROSURVEY COMPANY LTD.[10] (PO Box 6079, Riad 11442) ist.

In Europa ist die Tochtergesellschaft CASAREEN RETAIL INTERNATIONAL LTD.[11] (20, Upper Ground, London, Großbritannien) für den Vertriebsbereich zuständig. Sie wird von Mark Adams, geboren am 15. November 1966, britischer Staatsangehöriger, Thomas Payne, geboren am 1. Mai 1957, britischer Staatsangehöriger, und Nabella Khan, geboren am 3. Februar 1970, britische Staatsangehörige, geleitet. Letztere ist auch an der Geschäftsführung von CAPEX LTD.[12] beteiligt und Mitglied im Aufsichtsrat von HAZAR LICENSING & MARKETING LTD.[13] und von CASAREEN LTD.[14] (12, York Gate, London, Großbritannien), das von Sadek Sawwaf geleitet wird.

Am 6. Oktober 1992 wird das Unternehmen CASAREEN FRANCE[15] gegründet. Es hat seinen Sitz in Courbevoie und wurde von Charles Nakhle, geboren am 10. März 1959 im Libanon, später von Muhammad Kammourieh geleitet.

Die SBG-Unternehmensgruppe ist in Europa auch durch den Verlag HAZAR PUBLISHING LTD.[16] (12, York Gate, London, Großbritannien) vertreten. Das Unternehmen wird von Basim Nicolas Ziadeh, geboren am 8. November 1950, libanesischer Staatsangehöriger, geleitet. In Frankreich wird dieses Unternehmen durch den Verlag ÉDITIONS HAZAR[17] in Courbevoie vertreten, der von Charles Nakhle geleitet wird.

Basim Nicolas Ziadeh ist Mitglied der Nationalistischen Arabischen Konferenz, die sich zum größten Teil aus ägyptischen Islamisten zusammensetzt. Innerhalb dieser Bewegung steht er Mona al-Solh nahe, die wiederum mit Hisham al-Solh verwandt ist, der zusammen mit Dalya Salam Rhishani die British Lebanese Association in London gegründet hat. Diese führt verschiedene Aktivitäten in Zusammenarbeit mit der Familie Azzam (Azzam Publications) durch und macht aus ihrer Unterstützung für Osama bin Laden keinen Hehl (Teil 3).

Basim Nicolas Ziadeh pflegt innerhalb dieser Bewegung auch Beziehungen mit Diya'-ed-Din Dawoud, dem Generalsekretär der Nasser-Partei Ägyptens. Er hält sich oft in der sunnitischen Moschee al-Azhar in Kairo auf (deren Name dem des von ihm geleiteten Verlags ähnlich ist). Er wurde dort vor allem im Dezember 1998 gesehen, als die Bewegung zum Djihad gegen die Vereinigten Staaten aufrief. Diya'-ed-Din Dawoud wurde zweimal mit Mitgliedern der Muslim-Brüder verhaftet (1977 und 1981). Osama bin Laden ist ebenfalls Sunnit.[18]

Mu'tazz Sawwaf, ein am 12. Juni 1950 geborener Libanese, der die BGI leitet, hat auch in der DAR AL-REISHA FOR PU-

BLISHING AND DISTRIBUTION LTD., die sich unter der gleichen Adresse wie Hazar Publishing in London befindet, neben Mustafa Kamil Kassas, geboren am 23. Oktober 1940, eine Führungsposition inne.

FORSHIP LTD.[19] (12, York Gate, London, Großbritannien) übernimmt seit 1989 Dienstleistungen im Frachtverkehr. Das Unternehmen wird von Adnan Kronfol, einem am 1. März 1947 geborenen Amerikaner, und Omar Youssef Salhab (der in mehreren französischen Tochtergesellschaften tätig ist) geleitet. In Frankreich wird FORSHIP[20] (31, rue Chaptal – 75009 Paris) durch Nouhad Gholam vertreten.

SBG verfügt in Europa auch über eine auf Public Relations spezialisierte Tochtergesellschaft, die MIDDLE EAST INTERNATIONAL GROUP – MEIG AG[21] in der Bahnhofstrasse 52 in Zürich (Schweiz). Das 1998 gegründete Unternehmen wird durch Hassan bin Laden, Elisabeth Guggenheim und Pierre Guggenheim vertreten.

Die Textilbranche wird durch die Tochtergesellschaft MIMAR TRADING IM- UND EXPORT GMBH[22] (Steinschönauer Str. 4, 64823 Groß-Umstadt, Deutschland) abgedeckt. Das 1994 gegründete Unternehmen wird von Muhammad Ghazi Ragheb geleitet. Seine niederländische Tochtergesellschaft MIMAR TRADING[23] (W Prinsenstraat 134, BL Helmond) wird von U. Özdemir, geboren am 1. September 1970, geleitet.

Der Bereich der Beleuchtungsindustrie wird durch das direkte Tochterunternehmen PALWA BELEUCHTUNGSGESELLSCHAFT MBH[24] (Steinschönauer Str. 2, 64823 Groß-Umstadt, Deutschland) abgedeckt. Dieses am 30. März 1987 gegründete

Unternehmen wird von Muhammad Ghazi Ragheb (Direktor der Mimar GmbH) und Ahmad Farid al-Azem geleitet, bei dem Basim Nicolas Ziadeh Aktionär ist (dieser ist Direktor von Hazar Publishing in London und zusammen mit Namir Michel Cortas – der auch in Hazar Publishing vertreten ist – von MULTIMEDIA VENTURES LTD.[25]).

Farid al-Azem, der die Palwa GmbH leitet, hat auch eine Führungsposition in der Firma EGYPTIAN FINANCE CO.[26] (4, Hassan Sabri Street, PO Box 1824, Zamalek, Kairo, Ägypten). Die wichtigsten Aktionäre dieser 1974 gegründeten Investment- und Finanzgesellschaft sind AMERICAN EXPRESS und die saudi-arabische Unternehmensgruppe OLAYAN. Der Aufsichtsrat setzt sich aus Farid W. Saad, Mounir F. Abd-el-Nour, Djamil W. Saad, Gilbert N. Gargour, Akram Abd-ul-Hidjazi und Elie Baroudi zusammen.

Die Unternehmensgruppe Olayan wird von Sulayman Salih Olayan, geboren am 5. November 1918 in Onaira (Saudi-Arabien), geleitet, der Akram Ojjeh, Kamal Adham und Ghayth Pharaon nahe steht.

Akram Abd-ul-Hidjazi, geboren am 14. September 1939, im Besitz der griechischen Staatsangehörigkeit, leitet das britische Unternehmen WORLDMASS LTD.[27]

Elie Baroudi ist Mitglied im Aufsichtsrat von INTERNATIONAL CORPORATE BANK INC.[28] (111 Paseo de Roxas, Manila, Philippinen), an der AMERICAN EXPRESS als Aktionär beteiligt ist.

Mounir Abd-el-Nour und sein Bruder Fakhry Abd-el-Nour leiteten die in Panama eingetragenen Firmen MIDDLE EAST PETROLEUM und INTERSTATE, die zu Beginn der achtziger Jahre unter Verletzung des von der UNO verhängten Embargos Südafrika mit ägyptischem Erdöl belieferten.[29] Die Umgehung der Handelssperre wurde vom südafrikanischen Strategic Fuel Fund koordiniert.

Während dieser Zeit stand Fakhry Abd-el-Nour mit dem Mittelsmann Emmanuel Shaw in Verbindung. Dieser liberianische Wirtschaftsminister war über TIGER OIL (in Partnerschaft mit Marc Rich, einem in den Irangate-Skandal verwickelten Waffenhändler, nach dem das FBI fahndete) ebenfalls an diesen Geschäften beteiligt.[30] Emmanuel Shaw leitet ein Offshore-Unternehmen, FIRST LIBERIAN HOLDINGS, in dem Ghayth Pharaons Bruder Mazen Rashad Pharaon, geboren am 7. September 1940 in Saudi-Arabien, als Teilhaber zu finden war.

Dieser war wiederum eine der Schlüsselfiguren der BCCI-Affäre (siehe Teil 1c und 1d). Mazen Rashad Pharaon steht dem libyschen Präsidenten Moammar Gaddafi nahe, für den er verschiedene Waffenlieferungen organisiert haben soll.[31]

Das Vermögen der Brüder Pharaon stammt zum größten Teil aus dem Familienbesitz ihres Vaters Rashid, der als Berater des Königs Abd-ul-Aziz, des Gründers von Saudi-Arabien, fungierte. Rashid Pharaon bekleidete zwischen 1948 und 1954 verschiedene diplomatische Posten in Europa.

Ghayth Pharaon wurde in Paris, im Libanon, in der Schweiz und in den Vereinigten Staaten ausgebildet, wo er sich auf Erdöltechnik spezialisierte. Mitte der sechziger Jahre wurde er beim Leiter des damaligen saudi-arabischen Nachrichtendienstes, Kamal Adham, eingeführt, der ihn dem Gründer der BCCI, Agha Hassan Abedi, vorstellte, mit dem er verschiedene Investitionen tätigte.

Er ließ sich von diesem bis zum Konkurs der BCCI 1991 auch bei betrügerischen Transaktionen der Bank als Strohmann benutzen, insbesondere bei der Übernahme der National Bank of Georgia (NBG) und der Financial General Bankshares (FGB).

Kamal Adham leitete ATTOCK OIL, das Ghayth Pharaon gehörte (siehe Teil 2d). 1996 überließ Ghayth Pharaon einen Teil seiner Beteiligung an der BCCI Khalid Salim bin Mahfouz und dessen Bruder, die dadurch 20 Prozent des Kapitals erhielten (siehe Teil 1b).

Ghayth Pharaon wird vom FBI in den Vereinigten Staaten wegen Betruges im Rahmen der BCCI-Affäre und Schutzgelderpressung gesucht. Verschiedene Gerichte in New York, Washington, Georgia und Florida haben Haftbefehle gegen ihn erlassen.[32]

Die BANK OF NEW YORK – INTER MARITIME BANK[33] (5, Quai du Mont-Blanc, Genf, Schweiz), die von Bruce Rappaport geleitet wird, war insbesondere in die Geschäfte der BCCI und den Verkauf amerikanischer Waffen an den Iran (Irangate) verwickelt, bei dem sie als Partner von Oliver North fungierte. Ihr Vizepräsident war Alfred Hartmann, geboren am 21. Februar 1923, Schweizer Staatsangehöriger, ehemaliger Direktor und Verwaltungsrat der BANQUE DE COMMERCE ET DE PLACEMENTS SA-BCP, Tochter der BCCI.

Die BCP hatte insbesondere an verschiedenen betrügerischen Transaktionen der BCCI teilgenommen. Die Inter Maritime Bank hat verschiedene spezialisierte Tochtergesellschaften, so die britische INTER MARITIME SECURITIES UNDERWRITERS LTD.,[34] später INTER MARITIME MANAGEMENT SA, die unter der gleichen Adresse wie die Bank gemeldet ist.

Letztere gehört wiederum zum libanesischen Zweig der saudischen NATIONAL COMMERCIAL BANK,[35] die ihren Sitz in Beirut, Corniche Mazraa, Verdun Plaza hat. Die saudi-arabische Bank wird von Khalid Salim bin Mahfouz, dem ehemaligen Direktor und Aktionär der BCCI, geleitet, der unter dem Verdacht steht, die Aktionen Osama bin Ladens mitfinanziert zu haben (siehe weiter unten).

B. SICO (Schweiz)

Am 19. Mai 1980 gründete SBG in der Schweiz eine Kapitalanlagegesellschaft, die erst unter CYGNET SA firmierte, später unter SAUDI INVESTMENT COMPANY (SICO)[36] mit Sitz in Genf, 2, rue François-Le-Fort, und einem Kapital von einer Million Schweizer Franken. SICO wird von Yeslam bin Laden, einem Bruder Osama bin Ladens, geleitet. Die Verwaltungsräte sind Baudoin Dunand, geboren am 5. Dezember 1954 in Saint-Germain-en-Laye (Frankreich), Kjell Carlsson, geboren am 7. März 1951 in Ludvik (Schweden), Franck Warren, Bruno Wyss, Charles Rochat, al-Hanafi Tiliouine und Béatrice Dufour. Bruno Wyss leitet die auf den Im- und Export von Automobilen spezialisierte SPORT-GARAGE BRUNO WYSS (Untere Brühlstrasse 31, 4800 Zofingen, Schweiz).

SICO wurde von MAGNIN, DUNAND & ASSOCIES[37] angemeldet, einer 1972 gegründeten Anwaltskanzlei in Genf (2, rue Charles Bonnet), in der die Anwälte Baudoin Dunand, Jean-Jacques Magnin, geboren am 5. Dezember 1940 in Genf (Schweiz), Otto-Robert Guth, geboren am 22. November 1950 in Budapest (Ungarn), und Muhammad Mardam Bay, geboren am 19. Oktober 1962 in Damaskus (Syrien), tätig sind.

Saudi Investment Company (SICO) ist Aktionär der folgenden Unternehmen:

- CI GROUP PLC. (Stahlbau)[38]
- JOHNSONS FRY HOLDINGS PLC. (Finanzdienstleistungen)[39]
- STARMIN PLC. (Hochbau) – mit TALAL Y ZAHID & BROS. und Ahmed Abdullah[40]
- WATER HALL GROUP PLC. (Hochbau) – mit EL-KHEREILI TRADING & ELECTRONIC und GOLDENASH LTD.[41]

Außer diesen Transaktionen hat SICO weitere Investitionen über die NICRIS LTD. mit Sitz in Genf, 2, rue Charles Bonnet, wo sich auch die Anwaltskanzlei Magnin, Dunand & Associés befindet, abgewickelt. Das Unternehmen wird von Yehya bin Laden, dem Vizepräsidenten der in Jeddah ansässigen Saudi Binladin Group, geleitet. Nicris ist wiederum einer der Hauptaktionäre (18 Prozent) des amerikanischen Pharmakonzerns HYBRIDON INC.,[42] 155, Fortune Blvd. in Milford, Massachusetts, der von Eugene Andrews Grinstead, Sudhir Agrawal und Robert Andersen geleitet wird. Im März 1998 hielt Yehya bin Laden außerdem auch noch 7,5 Prozent des Kapitals der US-Unternehmensgruppe.

Außer Nicris Ltd. haben folgende Unternehmen Beteiligungen erworben:

- INTERCITY HOLDINGS LTD., Cuson Milner House, 18, Parliament Street, Hamilton, Bermudas (14 Prozent)

- SEDCO, PO Box 4384 – 21491 Jeddah (Saudi-Arabien) (14 Prozent)
- PILLAR SA, 28, avenue de Messine, Paris (26 Prozent)[43]
- FAISAL FINANCE SWITZERLAND SA, 84, av. Louis Casai, Genf (7 Prozent).

1997 überwies Hybridon Inc. ein paar Monate vor dem Konkurs der BANK FÜR VERMÖGENSANLAGEN UND HANDEL (BVH BANK), Berliner Allee 43 in Düsseldorf, einen Betrag von 1,034 Millionen Dollar auf ein Konto dieser Bank. Im November 1997 ging diese in Konkurs und ein Ermittlungsverfahren wegen betrügerischen Bankrotts, Geldwäsche und Betrugs wurde gegen den Vorstandsvorsitzenden Dominique Santini (und andere) eingeleitet. Dafür wurde ein internationales Rechtshilfeersuchen gestellt.

Dominique Santini saß auch im Vorstand von BAII GESTION (12, Place Vendôme in Paris), einer 1984 gegründeten Investmentgesellschaft, die wiederum eine Tochtergesellschaft der BANQUE ARABE ET INTERNATIONALE D'INVESTISSEMENT – BAII – mit der gleichen Adresse war. Die BAII war eng mit der BCCI verbunden, da die FIRST ARABIAN CORP. (siehe weiter unten) einer ihrer Aktionäre war.

Die amerikanischen Bundesbehörden brachten 1991 an den Tag, dass diese von der BCCI als Scheinfirma vorgeschoben wurde, als eine aus Kamal Adham, Faisal al-Fulaidj und Abdullah Darwish zusammengesetzte Gruppe von Investoren versuchte, die amerikanische FINANCIAL GENERAL BANK-SHARE auf betrügerische Weise aufzukaufen. Darüber hinaus konnten die US-Behörden nachweisen, dass Ghayth Pharaon 1985 die INDEPENDENCE BANK mithilfe eines Darlehens aufkaufen konnte, das ihm aufgrund eines Kreditbriefs der

BAII gewährt worden war. Außerdem war Yves Christian Lamarche, der Vorstandsvorsitzende der BAII, einer der Direktoren und Vorstandsmitglied der BCCI.[44]

FAISAL FINANCE SWITZERLAND SA (84, avenue Louis Casai, 1216 Genf) wird von Iqbal al-Fallouji geleitet und stellt einen Zweig der islamischen Finanzholding DAR AL-MAAL AL-ISLAMI (DMI) SA dar, die unter der gleichen Adresse in der Schweiz eingetragen ist. DMI wird von Prinz Muhammad al-Faisal al-Saud geleitet (siehe Teil 2b).

SAUDI ECONOMIC AND DEVELOPMENT COMPANY LTD. (SEDCO),[45] PO Box 4384 –, 21491 Jeddah, Saudi-Arabien, 1976 gegründet, ist eine Unternehmensgruppe für den Vertrieb von elektrischen und elektronischen Betriebsmitteln, deren Vorstandsvorsitzender Muhammad Salim bin Mahfouz, geboren am 24. Juni 1944 in Saudi-Arabien, ist. Der Vorstand setzt sich aus den Familienmitgliedern Khalid Salim bin Mahfouz, Salih Salim bin Mahfouz, Abdullah Salim bin Mahfouz und Ahmed Salim bin Mahfouz zusammen.

Das wichtigste Tochterunternehmen, AL-KHALIJIYYA FOR EXPORT PROMOTION AND MARKETING CO. oder AL-MADDAH CORP.[46] (PO Box 1892, Jeddah, Saudi-Arabien), wird von Walid bin Mahfouz geleitet. Diese 1977 gegründete Werbefirma wird von den Vereinigten Staaten verdächtigt, Schenkungen an Osama bin Laden vorgenommen zu haben. Außerdem ist die Holding SEDCO einer der Hauptaktionäre der BINLADIN TELECOMMUNICATIONS COMPANY LTD.[47] (PO Box 6045, Jeddah, Saudi-Arabien), die von Salih bin Mahfouz geleitet wird.

Muhammad Salim bin Mahfouz war zusammen mit Muhammad Salih Affara, geboren am 21. Juli 1934, britischer Staatsangehöriger, Gründer der INTERNATIONAL DEVELOPMENT FOUNDATION (IDF)[48], 3, Worcester Street in Oxford, Großbritannien. Muhammad Salih Affara, der aus dem Jemen stammt und bei Waffengeschäften als Zwischenhändler fungiert, war in das Sawari-2-Rüstungsgeschäft mit Saudi-Arabien verwickelt. Er stand Ali bin Mussalam nahe.[49]

Muhammad Salih Affara gründete am 14. Oktober 1982 ARAB INVESTMENT LTD.,[50] Gloucester Road in London, sowie MOCO INVESTMENTS POND BRIDGE LTD.[51] (London) und TEKEM INTERNATIONAL LTD.[52] (Hongkong).

Muhammad Salim bin Mahfouz gründete auch die SAUDI SUDANESE BANK,[53] PO Box 1773, Kh. Baladia Street in Khartum im Sudan (siehe Teil 2d). IDF ist an der gleichen Adresse gemeldet wie die International Islamic Relief Organization, eine der Rekrutierungsorganisationen Osama bin Ladens (siehe Teil 3).

Khalid bin Mahfouz war eine der Schlüsselfiguren der BCCI-Affäre:

Scheich Khalid Salim bin Mahfouz wurde am 9. Dezember 1928 als Sohn einer Familie geboren, die wie die bin Laden aus Hadramawt im Jemen stammte.[54] Sein Vater Salim bin Mahfouz, Jahrgang 1909, ist 1994 gestorben. Khalid Salim bin Mahfouz ist mit Naila Abd-ul-Aziz Kaaki verheiratet. Er hat drei Kinder: Sultan bin Khalid bin Mahfouz, geboren am 2. März 1973, Abdul-Rahman bin Khalid bin Mahfouz und Iman bin Mahfouz. Muhammad bin Salim bin Mahfouz, geboren am 24. Juni 1944, ist sein Bruder.[55] Umayya Yassin Kaaki ist seine Schwiegertochter.

Die Familie bin Mahfouz besitzt eines der größten Vermögen der Welt; es wurde 1999 auf 2,4 Milliarden Dollar geschätzt.[56] Zwischen 1986 und 1990 war Khalid Salim bin Mahfouz als CEO in der Führungsspitze der BCCI.[57] Seine Familie hielt zirka 20 Prozent des Kapitals der Bank.[58] Khalid bin Mahfouz wurde 1992 in den Vereinigten Staaten im Zusammenhang mit der BCCI-Affäre zusammen mit seinem Stellvertreter Haroun Kahlon wegen Steuerhinterziehung angeklagt.[59]

1995, nachdem er für den Bankrott der BCCI mitverantwortlich gemacht worden war, akzeptierte Khalid Salim bin Mahfouz einen Vergleich und zahlte den Gläubigern der Bank eine Abfindung in Höhe von 245 Millionen Dollar.

Sein Vater Salim wurde 1950 dazu ermächtigt, die erste Bank Saudi-Arabiens zu eröffnen, die National Commercial Bank, von der die Familie bin Mahfouz bis letztes Jahr 52 Prozent des Kapitals hielt.[60] Das saudische Königreich beschloss im Juni, 50 Prozent des Kapitals der Bank aufzukaufen. Die Familie kontrolliert jedoch nach wie vor die wichtigsten Führungsposten der NCB.[61] Salim Ahmad bin Mahfouz wurde 1997 von der Arab Bankers Association of North America (ABANA) für seine Bankkarriere ausgezeichnet. Unter den ehemaligen Vorsitzenden der Vereinigung mit Sitz in New York sind insbesondere Talat M. Othman (1985 bis 1986), Camille A. Chebeir (1992) und Ziyad K. Abd-el-Nour (1995) zu erwähnen.[62]

Das Imperium der bin Mahfouz deckt die wichtigsten Wirtschaftssektoren in Saudi-Arabien wie im Ausland ab, insbesondere Banken, Landwirtschaft, Pharmaindustrie, Telekommunikation et cetera.

Die wirtschaftliche Präsenz der bin Mahfouz wurde durch drei große Holdings ausgebaut: NATIONAL COMMERCIAL BANK[63] (PO Box 3555, King Abdul Aziz Street, Jeddah, Saudi-

Arabien), NIMIR PETROLEUM LIMITED[64] (Almahmal Centre, 18th Floor, Jeddah, Saudi-Arabien) und SAUDI ECONOMIC AND DEVELOPMENT COMPANY LTD. (SEDCO), PO Box 4384 – 21491 Jeddah, Saudi-Arabien. Mit dieser Ausgangsbasis verfügen Khalid Salim bin Mahfouz und seine Familie über Mehrheitsbeteiligungen in knapp 70 Unternehmen in der ganzen Welt.

Dazu zählen vor allem:

– NATIONAL COMMERCIAL BANK (Saudi-Arabien)[65]
– SNCB CORPORATE FINANCE LIMITED (Großbritannien)[66]
– SNCB SECURITIES LIMITED (Großbritannien und USA)[67]
– LANGDON P. COOK (USA)[68]
– EASTBROOK (USA)[69]
– ARAB ASIAN BANK EC (Bahrain)[70]
– ARAB FINANCIAL SERVICES COMPANY EC (Bahrain)[71]
– TRANS ARABIAN INVESTMENT BANK EC (Bahrain)[72]
– TAIB BANK EC, TAIB INVESTMENT MANAGEMENT CO und TAIB SECURITIES WLL (Bahrain)
– YATIRIM BANK AS (Türkei)
– MIDDLE EAST CAPITAL GROUP SAL (Libanon)[73]
– CREDIT LIBANAIS SAL (Libanon)[74]
– UNITED BANK OF SAUDIA AND LEBANON SAL (Libanon)[75]
– FIRST PHOENICIAN BANK SAL (Libanon)
– PRIME COMMERCIAL BANK LTD. (Pakistan)[76]

- MIDDLE EAST FINANCIAL GROUP (Luxemburg)
- INTERNATIONAL TRADE AND INVESTMENT BANK (Luxemburg)
- HOUSING BANK und HOUSING BANK JORDAN FUND (Jordanien)[77]
- INDUSTRIAL DEVELOPMENT BANK (Jordanien)
- CAPITAL INVESTMENT HOLDING CO EC (Bahrain)
- JORDAN INTERNATIONAL BANK PLC (Großbritannien)
- INTERNATIONAL DEVELOPMENT FOUNDATION (Großbritannien)
- INTERNATIONAL BANK OF YEMEN (Jemen)[78]
- YEMEN HOLDINGS (Jemen)[79]
- AL-MURDJAN COMPANY, AL-MURDJAN MINERALS CO., AL-MURDJAN TRADING & INDUSTRIAL CO., AL-MURDJAN ENVIRONMENTAL MANAGEMENT & TECHNOLOGIES (Saudi-Arabien)
- AL ZAMIL COMPANY (Saudi-Arabien)[80]
- RED SEA INSURANCE EC, RED SEA PAINT FACTORY (Saudi-Arabien)[81]
- SAUDI DAVY COMPANY LIMITED (Saudi-Arabien)[82]
- SAUDI INTERNATIONAL GROUP LIMITED (Saudi-Arabien)[83]
- SAUDI TARMAC COMPANY LIMITED (Saudi-Arabien)[84]
- SAUDI ECONOMIC AND DEVELOPMENT COMPANY LIMITED, SEDCO SERVICES LIMITED (Saudi-Arabien)
- SAUDI INDUSTRY & DEVELOPMENT CO. LIMITED (Saudi-Arabien)
- HEALTH CARE TECHNOLOGIES INTERNATIONAL LIMITED (Saudi-Arabien)

- AL-HIKMA MEDICAL SUPPLIES & SERVICES CO. LIMITED (Saudi-Arabien)
- BINLADIN TELECOMMUNICATIONS COMPANY LIMITED (Saudi-Arabien)
- SAIF NOMAN SAID AND PARTNERS CO. (Saudi-Arabien)
- MAREI BIN MAHFOUZ AND AHMAD AL-AMOUDI CO. (Saudi-Arabien)[85]
- AL-KHALIJIYYA FOR EXPORT PROMOTION AND MARKETING CO. oder AL-MADDAH CORP. (Saudi-Arabien)[86]
- SAUDI SUDANESE BANK (Sudan)[87]
- SAUDI SUDANESE COMMERCIAL CO. LIMITED (Sudan)
- SAUDI SUDANESE SOLIDARITY INVESTMENT CO. LIMITED (Sudan)
- NIMIR PETROLEUM CORP., NIMIR PETROLEUM OPERATING LIMITED, NIMIR PETROLEUM OVERSEAS LIMITED (Saudi-Arabien, Großbritannien)[88]
- ARABIAN SHIELD DEVELOPMENT CO. (USA)[89]
- INTERCITY HOLDINGS LIMITED (Bermudas)
- HYBRIDON INC. (USA)
- METROWEST (USA)
- ISOLYSER CO. INC. (USA)
- HTI INVESTMENTS LIMITED NV (Niederländische Antillen)
- AAK PROPERTIES LIMITED (Großbritannien)[90]
- DELTA INTERNATIONAL BANK SAE (Ägypten)[91]

Mehrere dieser Unternehmen weisen Berührungspunkte mit dem Umfeld Osama bin Ladens auf:

Betroffen sind davon insbesondere International Development Foundation (siehe weiter oben Punkt b), Al-Khalijiyya for Export Promotion and Marketing Co. (siehe weiter oben Punkt b), Saudi Sudanese Bank (siehe Teil 2d) und SEDCO.

Außerdem soll nach Angaben des ehemaligen CIA-Direktors James Woolsey die Schwester Khalid bin Mahfouz' mit Osama bin Laden verheiratet sein.[92]

Bei anderen Unternehmen tauchen gleichzeitig auch Verbindungen mit Kamal Adham auf (siehe Teil 1a). Dies gilt für Delta International Bank SAE und Arabian Shield Development Co., an der Kamal Adham als Aktionär beteiligt ist.

Die Prime Commercial Bank, deren Sitz sich in Lahore in Pakistan befindet, wird von Sami Mubarak Baarma, geboren am 23. Februar 1955, saudi-arabischer Staatsangehöriger, Said Chodary und Abd-ul-Rahman bin Khalid bin Mahfouz geleitet.

Sami Mubarak Baarma hat auch eine Führungsposition in der SNCB Securities Limited in London. Er leitet die internationale Abteilung der saudi-arabischen National Commercial Bank. Außerdem ist er Mitglied im Vorstand der amerikanischen Carlyle Group.

An der Spitze der CARLYLE-GROUP-Investmentgesellschaft sind zahlreiche Persönlichkeiten aus der Umgebung von George Bush sen. und dem heutigen Präsidenten, seinem Sohn George W. Bush, zu finden.

Zum Vorstand zählen insbesondere James A. Baker III., der ehemalige Außenminister unter Präsident George Bush,

233

Franck C. Carlucci, unter Ronald Reagan Staatssekretär im Verteidigungsministerium, Richard G. Darman, ehemaliger Leiter des Office of Management and Budget des Vizepräsidenten George Bush (1989–1993), und John Sununu, unter George Bush sen. Staatssekretär im Weißen Haus.

Darüber hinaus verfügt der saudi-arabische Prinz Al-Walid bin Talal, Neffe des Königs Fahd, über eine unbestimmte Beteiligung an dem Investmentfonds. George W. Bush war zwischen 1990 und 1994 Mitglied im Vorstand von CATERAIR, einem der Tochterunternehmen der Carlyle Group.

Khalid bin Mahfouz ist indirekt mit George W. Bush verbunden, denn Abdullah Taha Bakhsh, saudischer Investor und Geschäftspartner von Khalid bin Mahfouz und Ghayth Pharaon, erwarb 1987 eine Aktienbeteiligung von 11,5 Prozent an der HARKEN ENERGY CORP.[93] Talat Othman, geboren am 27. April 1936 in Betunia (Palästina), vertrat ihn im Vorstand der Ölgesellschaft, die George W. Bush von 1986 bis 1993 leitete.[94] Talat Othman ist neben Franck Carlucci Mitglied im amerikanischen Middle East Policy Council.[95] James R. Bath, der die Interessen Salim M. bin Ladens in den Vereinigten Staaten im Rahmen einer Vereinbarung von 1976 vertrat, erwarb Ende der siebziger Jahre eine Beteiligung in Höhe von 50 000 Dollar an den beiden GmbHs von George W. Bush (ARBUSTO 79 LTD. und ARBUSTO 80 LTD.). Diese beiden Unternehmen wurden später mit Harken Energy zusammengelegt.

Überdies soll James R. Bath gegenüber den Behörden des Financial Crimes Enforcement Network (FINCEN) behauptet haben, im Besitz der SKYWAY AIRCRAFT LEASING LTD. zu sein, die – wie sich später herausstellen sollte – jedoch Khalid bin Mahfouz gehörte.

1990 beschaffte letzterer James R. Bath ein Darlehen von 1,4 Millionen Dollar, mit dem er eine Parzelle des Flughafens von Houston in Texas erwerben konnte. Nach dem Tod Salim bin Ladens 1988 soll Khalid bin Mahfouz diese Beteiligung wieder übernommen haben.[96]

Said Chodary ist im Vorstand der National Commercial Bank und der International Bank of Yemen.

SEDCO Holding

SEDCO Holding hat in Großbritannien eine Tochtergesellschaft namens SEDCO SERVICES LIMITED,[97] die am 6. Dezember 1994 in London unter 9, Curzon Street eingetragen wurde. Die Adresse entspricht seit dem 6. September 1999 dem neuen Sitz der INTERNATIONAL DEVELOPMENT FOUNDATION[98] (IDF, siehe weiter oben).

Das Unternehmen hat zwei Direktoren: Adnan Soufi, geboren am 23. September 1953, im Besitz der saudi-arabischen Staatsangehörigkeit, wohnhaft in Jeddah 21422, PO Box 5486, und Dr. Ahmad Nashar, geboren am 1. Februar 1957, saudi-arabischer Staatsangehöriger, wohnhaft in Jeddah 21422, PO Box 5485. Adnan Soufi ist neben Camille Abbas Chebeir, geboren am 19. November 1938, amerikanischer Staatsangehöriger, wohnhaft in New York, 155, Monterey Avenue, Pelham, auch Leiter des BIDENDEN GOLF CLUB LIMITED[99] in der Weeks Lane in Bidenden, Großbritannien.

Camille Chebeir war wiederum Vizepräsident und Generaldirektor der von Khalid bin Mahfouz geleiteten saudi-arabischen

235

NATIONAL COMMERCIAL BANK. Er wurde am 21. Dezember 1999 in seiner Eigenschaft als Vertreter von SEDCO, das Aktionär von Hybridon Inc. ist, zum Vorstandsmitglied des amerikanischen Pharmakonzerns ernannt.[100]

Ahmad Nashar ist der ehemalige Direktor des pakistanischen Zweigs der BCCI.

AVCON BUSINESS JETS GENEVA SA

Yeslam bin Laden gründete am 7. Juli 1998 in Genf eine Fluggesellschaft namens AVCON BUSINESS JETS GENEVA SA[101] mit einem Kapital von 100 000 Schweizer Franken; diese hat ihren Sitz unter der gleichen Adresse wie SICO (2, rue François-Le-Fort). Das Unternehmen ist eine Tochterfirma der 1994 gegründeten AVCON AG [102] mit Sitz in Kloten in der Schweiz, die von dem Uhrenhändler Sandro Arabian, geboren am 3. März 1941 in Genf, wohnhaft in Monaco, geleitet wird.

Die Organe von Avcon Business Jets sind Jürg Edgar Brand-Jud, Schweizer Staatsangehöriger, Alfred Muggli, Schweizer Staatsangehöriger, und UNITREVA AG,[103] Waserstraße 69 in Zürich. Jürg Edgar Brand-Jud ist zusammen mit Alfred Muggli Mitglied im Verwaltungsrat mehrerer Fluggesellschaften. Die Unitreva AG wird von Rolf Peter Fuchs geleitet.

Jürg Edgar Brand-Jud leitet bzw. leitete mehrere Unternehmen, u. a. EUNET AG[104] (Zweierstraße 35 in Zürich), EURO-FLOATS AG[105] (Schmidgasse 3 in Zug), G5 EXECUTIVE HOLDING AG[106] (Vorstadt 4 in Zug), HELIZ AIR SERVICES AG[107] (Aegeristraße 25 in Zug), POSEIDON DERIVATES AG[108] (Aegeristraße 25 in Zug), PREMIERE BETEI-

LIGUNGEN GMBH[109] (Aegeristraße 25 in Zug), FACTO TREUHAND AG[110] (Gewerbestraße 5 in Cham), GROCOR GROUP AG[111] (Aegeristraße 25 in Zug), SKY UNLIMITED AG[112] (Aegeristraße 25 in Zug).

Sandro Arabian kontrolliert mehrere Investment- und Bauträgergesellschaften in der Schweiz und in Frankreich. Am aktivsten ist die SOGESPA FINANCE SA,[113] 22, rue du Puits-Godet in Neuchâtel; ihr Verwaltungsratspräsident ist Pierre-Alain Blum, geboren am 31. Juli 1945 in Neuchâtel (Schweiz). Claude-André Weber und AGENDA HOLDING sowie LOOK HOLDING SA sind an dem Unternehmen beteiligt.

In Frankreich leitet Sandro Arabian die Holding PARLOOK,[114] 27, rue du Docteur Leveillé in Nevers, zu deren Vorstand Michel Vauclair, geboren am 29. Mai 1947 in Rocourt (Schweiz), und Bruno Finaz, geboren am 7. Februar 1951 in Lyon (Frankreich), zählen. Diese Holding kontrolliert LOOK CYCLE SA,[115] 27, rue du Docteur Leveillé in Nevers, deren Vorstandsmitglieder Pierre-Alain Blum (Vorstandsvorsitzender von Sogespa Finance), Bruno Finaz und John Jellinek, geboren am 30. Mai 1945 in Chicago, sind. Die Beteiligungen Sandro Arabians erstrecken sich über SPAD,[116] 26, rue de Montevideo in Paris (mit Pierre-Alain Blum), und SIMAR FILMS,[117] 12, rue Kléber in Paris, auch auf audiovisuelle Produktionen. Mehrere dieser Firmen existieren heute nicht mehr.

Sandro Arabian war auch Vorstandsvorsitzender der LK HOLDING,[118] 27, rue du Docteur Leveillé in Nevers, die seit 1998 gerichtlich liquidiert wird. Das Unternehmen wurde von James Hamlin McGee, geboren am 20. September 1940 in Salem, Dakota, Vereinigte Staaten, geleitet.

Er war von 1984 bis 1986 Auslandsdirektor der FIRST ARABIAN MANAGEMENT CO. LTD. (FAMCO),[119] 11, rue Heinrich, Boulogne-Billancourt, die ein britisches Tochterunternehmen hatte (15, Pembroke Road, Bristol). Die Kapitalanlagegesellschaft wurde von Pierre Levine, geboren am 27. Dezember 1951 in Le Plessis-Robinson (Frankreich), französischer Staatsangehöriger, geleitet.

Die First Arabian Co., deren Aktionäre Prinz Abdullah bin Musaid von Saudi-Arabien und Salem bin Laden waren, stand im Mittelpunkt des BCCI-Bankenskandals. Ab 1974 wurde sie von Roger Tamraz geleitet, der vor allem Investitionen mit Kamal Adham, einem der Teilhaber Ghayth Pharaons (siehe Teil Ia), und mit Khalid bin Mahfouz tätigte.[120]

James Hamlin McGee ist auch im Vorstand der SOCIETE OCCIDENTALE POUR LA FINANCE ET L'INVESTISSEMENT (SOFIC), 20, rue d'Armenonville in Neuilly-sur-Seine. Diese Investmentgesellschaft wird von Jean-Pierre Calzaroni, geboren am 29. August 1940 in Kambodscha, und von Peter Bunger, geboren am 25. Oktober 1940 in Magdeburg, geleitet.

C. SICO (Offshore-Unternehmen und London)

Zur gleichen Zeit wie die SICO wurden Offshore-Unternehmen auf den Cayman Islands, den Niederländischen Antillen und den britischen Kanalinseln gegründet. Sie wurden von ein und demselben Genfer Anwaltsbüro angemeldet. Es handelt sich um SICO CURACAO (Niederländische Antillen) mit Yeslam bin Laden als Vorsitzendem und Salih bin Laden,

Béatrice Dufour und Charles Tickle im Aufsichtsrat, FAL-KEN LTD. (Cayman Islands), TROPIVILLE CORP. NV (Niederländische Antillen) und ISLAY HOLDINGS (Insel Islay).

Charles Tickle ist Vorstandsvorsitzender der amerikanischen Immobiliengesellschaft DANIEL CORP. (PO Box 385001, Birmingham, Alabama, USA).

Diese Durchlaufgesellschaften machten während der achtziger Jahre die Gründung von Tochtergesellschaften in London möglich: SAUDI INVESTMENT CO. – SICO – (LONDON) LTD., Kennet House, Kennet Wharf Lane, Upper Thames Street in London, gegründet am 15. November 1984, aufgelöst am 15. Dezember 1992, SAUDI INVESTMENT COMPANY – SICO – (UK) LTD., 21, St Thomas Street in Bristol, angemeldet am 2. August 1985, aufgelöst am 15. Mai 1990, und SICO SERVICES LTD., an der gleichen Adresse wie Erstere, eingetragen am 27. September 1985, aufgelöst am 19. Dezember 1989.

Diese Firmen wurden nach und nach durch die Investmentgesellschaft RUSSELL WOOD HOLDINGS LTD.,[121] gemeinsame Tochter von Tropiville Corp. und Falken Ltd., 30, Great Guilford Street in London, ersetzt, die am 17. Februar 1987 gegründet wurde. Hanafi Tiliouine (Vorstandsmitglied von SICO in Genf) und Akderali Muhammad Ali Moawalla, geboren am 9. April 1949 in Tansania, waren an diesem Unternehmen beteiligt.

Russell Wood Holdings Ltd. gründete am 9. Juni 1987 eine Tochterfirma namens RUSSELL WOOD LTD.,[122] die von Akderali Muhammad Ali Moawalla (der die Russell Wood Holding Ltd. leitete), John Cyril Dorland Pilley, geboren am 25. Januar 1935 in Großbritannien, und Seng Hock Yeoh, geboren am 2. Mai 1951 in Malaysia, geleitet wurde.

Akderali Muhammad Ali Moawalla hatte am 8. Mai 1984 zusammen mit Sajjad Jiwaji, geboren am 25. September 1956, britischer Staatsangehöriger, TEQNY LTD.[123] und am 30. April 1985 die Investmentgesellschaft LONSHARE NOMINEES LTD.,[124] 30, Great Guilford Street in London, gegründet.

Akderali Muhammad Ali Moawalla ist gleichzeitig auch einer der Direktoren der Saudi Binladin International Sdn. Bhd., einer malaysischen Tochter der Saudi Binladin Group, deren Vorstandsvorsitzender Omar bin Laden ist.[125]

Russell Wood Ltd. schuf ab 1987 ein verwickeltes Netz von Kapitalanlagegesellschaften. Es handelt sich um folgende Unternehmen:

– GLOBE ADMINISTRATION LTD.,[126] gegründet am 29. Oktober 1987, Devonshire House, 60, Goswell Road in London, Tochter der Islay Holdings; der Direktor ist Akderali Muhammad Ali Moawalla.[127]
– FALCON CAPITAL MANAGEMENT LTD.,[128] gegründet am 9. Mai 1988, 30, Guilford Street in London (Sitz von Russell Wood), geleitet von Akderali Muhammad All Moawalla.
– FALCON CAPITAL NOMINEES LTD.,[129] gegründet am 9. Mai 1988, 30, Guilford Street in London, geleitet von Akderali Muhammad Ali Moawalla.
– FALCON PROPERTIES LFD. (Bahamas) (siehe Teil 2d).
– TURKEY ROCK UK LTD.[130] (vormals Tyrolese 350 Limited), gegründet am 20. Februar 1996, 66, Lincolns Inn Fields

in London; Leonard Cowking (Vertreter der Saudi Binladin Group in Europa) ist Vorstandsmitglied.
- SAFRON ADVISORS UK LTD.[131] (vormals Tyrolese 359 Limited), gegründet am 17. Mai 1996, 19, Berkeley Street in London, geleitet von Akderali Muhammad Ali Moawalla und Basil Mehdi ar-Rahim, geboren am 14. Juni 1953, amerikanische Staatsangehörigkeit.

Der Hauptaktionär der Investmentgesellschaft Tyrolese ist die First Arabian Management Holding Ltd. mit Sitz auf den Niederländischen Antillen. Ihre britische Tochterfirma FIRST ARABIAN MANAGEMENT CO. (UK) LTD. (2nd Floor, Lynton House, 7–12, Tavistock Square, London, Großbritannien) wird von Colin Granville Murray geleitet. Im Handelsregister sind FAMCO SA (Saudi-Arabien) und FAMCO Panama als Holdings aufgeführt. Salem bin Laden und Prinz Abdullah bin Musaid von Saudi-Arabien waren Aktionäre von FAMCO (siehe Teil 1 b).

2) Osama bin Laden und islamische Finanzinstitutionen

A. Nachgewiesene Investitionen des Osama bin Laden

Osama bin Laden baute in den neunziger Jahren ein weitläufiges Netz zur Finanzierung seiner terroristischen Aktivitäten auf. Die von politischen Bewegungen zur Verfügung gestellten Mittel wurden von der Internationalen Islamischen Front für den Heiligen Krieg gegen Juden und Kreuzritter mit Stützpunkt in Kandahar in Afghanistan koordiniert. Darüber hinaus wurden die wirtschaftlichen Aktivitäten Osama bin Ladens über die Holding WADI AL-AQIQ in Khartum im Sudan abgewickelt, die als Durchlaufgesellschaft diente.[132]

Sie wurde von dem Sudanesen Abou al-Hassan geleitet. Nach mehreren übereinstimmenden Informationsquellen sollen sieben sudanesische Unternehmen und eine unbestimmte Zahl von Firmen, die im Jemen in den Bereichen Import-Export, Verlagswesen und der Herstellung von Keramik sowie in Kenia in der Elektroindustrie tätig sind, zu dieser Holding gehören.[133]

Offiziell soll Osama bin Laden sein Vermögen im Sudan eingefroren haben, nachdem er 1996 das Land verließ. Die Informationen über direkte oder indirekte Verbindungen, die zwischen diesen Firmen und Osama bin Laden bestehen könnten, sind jedoch nicht übereinstimmend.

**Die wichtigsten dieser von der CIA
identifizierten Unternehmen[134] waren:**

- AL-HIDJRA FOR CONSTRUCTION AND DEVELOP-
MENT LTD. oder HIDJRA CONTRACTING COMPANY
mit Sitz in Khartum, Sudan. Diese Baugesellschaft hat unter
anderem 1200 Kilometer Autobahn zwischen Khartum und
Port Sudan sowie den neuen Flughafen von Khartum gebaut.
- TABA INVESTMENT COMPANY LTD. mit Sitz im Sudan;
Investitionsgesellschaft im landwirtschaftlichen Sektor, der
die meisten Mais-, Sonnenblumen- und Sesamfelder des
Landes gehören.
- AL-SHAMAL ISLAMIC BANK: sudanesische Bank, wur-
de zusammen mit der Islamischen Nationalfront im Sudan
gegründet (siehe Punkt b).
- GUM ARABIC COMPANY LTD.: sudanesisches Unter-
nehmen, spezialisiert auf die Verarbeitung und die Vermark-
tung von Gummi (siehe Punkt c).
- LADIN INTERNATIONAL: Investmentgesellschaft in
Khartum, Sudan.
- AL-THIMAR AL-MUBARAKA: landwirtschaftliche Pro-
duktionsgesellschaft mit Sitz im Sudan.
- AL-QUDARAT: Transportgesellschaft im Sudan.

In anderen Informationsquellen werden Beteiligungen im
Chemiesektor erwähnt (siehe Punkt d).

B. SHAMAL ISLAMIC BANK

Kurz nachdem er sich 1991 in Khartum im Sudan niedergelassen hatte, beteiligte sich Osama bin Laden am Aufbau verschiedener Finanz- und Handelsunternehmen. Eine seiner größten Investitionen floss in eine Bank, die AL-SHAMAL ISLAMIC BANK[135] (PO Box 10036, Khartum, Sudan), an der er damals mit 50 Millionen Dollar beteiligt war.[136]

Einer der Hauptaktionäre der Bank ist die zweitgrößte Bank des Landes, die TADAMON ISLAMIC BANK[137] (PO Box 3154, Baladin Avenue, Khartum, Sudan), die am 28. November 1981 gegründet wurde und ihre Geschäftstätigkeit am 24. März 1983 aufnahm. Die Bank ist mit 21 Niederlassungen im gesamten sudanesischen Staatsgebiet präsent. Sie wird von Sayyed al-Tighani Hassan Hilal und Sayyed Salah Ali Abou al-Nadja geleitet.

1998 waren die Hauptaktionäre der Bank die NATIONAL CO. FOR DEVELOPMENT AND TRADE (15 Prozent) in Khartum, KUWAIT FINANCE HOUSE KSC, DUBAI ISLAMIC BANK PLC. (siehe Punkt e), YASIEN LEATHER CO., BAHRAIN ISLAMIC BANK BSC[138] sowie mehrere Einzelaktionäre, u. a. Adel Abd-ul-Rahim Mikkawi, Salih Abdullah al-Kamil, Abd-ul-Basit Ali, Muhammad Ibrahim Muhammad as-Subaye, Abdullah Ibrahim Muhammad as-Subaye und Said Muhammad al-Daregie al-Amoudi. Der Sozialminister der Vereinigten Arabischen Emirate war ebenfalls am Kapital der Bank beteiligt.

Tadamon hat mehrere Tochterfirmen im Sudan, insbesondere im landwirtschaftlichen, industriellen und Immobiliensektor. Die Bank investierte im Sudan, um Mehrheitsbeteiligungen an

ISLAMIC INSURANCE CO., ISLAMIC TRADING AND
SERVICES CO. und REAL ESTATE DEVELOPMENT CO.
zu erwerben.

Die Kapitalbeteiligungen an der Tadamon Islamic Bank haben
sich seit 1991 kaum geändert. Im Vorstand wurde die FAISAL
ISLAMIC BANK[139] (PO Box 10143, Khartum, Sudan) 1995
durch ihre Tochter National Co. for Development and Trade
ersetzt. Die 1977 gegründete Faisal Islamic Bank wird von Prinz
Muhammad al-Faisal al-Saud von Saudi-Arabien geleitet.

Die Faisal Islamic Bank ist eine Tochtergesellschaft der ISLA-
MIC INVESTMENT COMPANY OF THE GULF (Bahrain),
deren Holding die DAR AL-MAAL AL-ISLAMI (DMI)
SA[140] in Cointrin (Schweiz), 84, avenue Louis-Casai, ist. DMI
wurde am 29. Juli 1981 gegründet. Bis Oktober 1983 war Ibrahim Kamil Verwaltungsratspräsident. Er wurde am 17. Oktober 1983 durch Prinz Muhammad al-Faisal al-Saud, den Sohn
des Königs al-Saud und Cousin des Königs Fahd, ersetzt. DMI
wird als zentrale Einrichtung zur Finanzierung des internationalen Islamismus durch Saudi-Arabien angesehen.

C. GUM ARABIC COMPANY LTD.

Kurz nach seiner Ankunft im Sudan erwarb Osama bin Laden
eine Beteiligung an der sudanesischen GUM ARABIC COM-
PANY LTD.[141] (PO Box 857, Khartum, Sudan), die von der CIA
als Mehrheitsbeteiligung eingestuft wurde. Das 1969 gegründete Unternehmen ist dafür bekannt, praktisch den gesamten
Markt der sudanesischen Gummiproduktion und -vermark-

tung sowie den Export zu kontrollieren. Gum Arabic Company ist in Khartum ansässig und hat in Port Sudan eine Tochtergesellschaft mit 120 Beschäftigten gegründet.

1996 wurde das Management des Unternehmens nach der Ausreise Osama bin Ladens umstrukturiert und unter die Leitung Omar al-Mubaraks gestellt.

1995 wurde das Unternehmen zu 30 Prozent von der Regierung kontrolliert, während 70 Prozent des Kapitals in Händen verschiedener privater Investoren waren. Damals wurde es von Fouad Mustafa Abou al-Aliya geleitet, dessen wichtigste Mitarbeiter Mubarak Mirghami, M. Hajj Ali, Makawi S. Akrat, Mubarak M. Logman, Mahmoud A. Hafiz, Mustafa Dawoud, Salih M. Salih, Abdullah Muhammad al-Hassan und Osman Muhammad al-Hassan waren.

Die damaligen Manager bauten ihre Aktivitäten ab 1995 durch Familienmitglieder in Europa aus.

Ein Teil der Familie M. Hajj Ali ließ sich in Großbritannien nieder, um dort 1995 KHTM COMPANY LIMITED mit Sitz in London, 73, First Avenue, Acton, zu gründen, das sich auf den Vertrieb pharmazeutischer Produkte spezialisierte. Das Unternehmen wird von Khalid Ibrahim Hajj Ali, geboren am 22. September 1963 im Sudan, und Hala Muhammad Hamad geleitet.

J. H. Akrat leitet SEMPERIT BENELUX[142] (Ambachtstraat 13d, 3861 RH Nijkerk in den Niederlanden), eine Importgesellschaft für Gummi, Tochterfirma von SEMPERIT TECHNISCHE PRODUKTE GMBH[143] (Postfach 201, 1031 Wien, Österreich), einer von Rainer Zellner und Helmut Rauch geleiteten Firma, die Pharmazeutika und Kosmetika herstellt. Die beiden Unternehmen gehören zur SEMPERIT AKTIEN-

GESELLSCHAFT HOLDING[144] (Modecenterstraße 22, 1031 Wien, Österreich), die von denselben Personen kontrolliert wird.

D. Pharmazeutische Fabrik al-Shifa

Der aus dem Sudan stammende saudi-arabische Geschäftsmann Salih Idris war seit April 1998 Eigentümer der Pharmafabrik al-Shifa, als diese am 20. August 1998 von den Amerikanern bombardiert wurde. Die Vereinigten Staaten glaubten damals, die Fabrik könne Bestandteile chemischer Waffen herstellen.

Bis zu diesem Zeitpunkt nahm die CIA an, dass Osama bin Laden einer der Hauptaktionäre des Unternehmens sei und auf dem Umweg über Tarngesellschaften interveniere. Nachforschungen der amerikanischen Wirtschaftsdetektei Kroll Associates ließen Zweifel an der Herstellung chemischer Waffen in dieser Fabrik aufkommen. Die Ermittlung wurde von der amerikanischen Anwaltskanzlei Akin, Gump, Strauss, Hauer & Feld in Auftrag gegeben, die Salih Idris verteidigte und früher bereits die Interessen von Khalid bin Mahfouz und Muhammad al-Amoudi wahrgenommen hatte.

Tatsache ist, dass Salih Idris durch verschiedene Investitionen an Khalid bin Mahfouz und Muhammad al-Amoudi gebunden ist. Salih Idris ist insbesondere bei der Firma AL-MADJD GENERAL SERVICES LTD.[145] tätig, die am Sitz von ABOU FATH AL-TIGANI INVESTMENT INTENA, 15 Alemarat, Khartum, Sudan, ansässig ist; Letztere ist eine Tochtergesellschaft der Tadamon Islamic Bank (Aktionär der al-Shamal Islamic Bank, siehe Punkt b).

Salih Idris ist auch Direktor der SAUDI SUDANESE BANK[146] (PO Box 11773, Kh Baladia Street, Khartum, Sudan), deren Präsident Khalid bin Mahfouz ist, der wiederum eine Führungsposition in der saudi-arabischen NATIONAL COMMERCIAL BANK[147] (PO Box 3555, King Abdul Aziz Street, Jeddah 21481) innehat.

Im Lauf der achtziger Jahre war Salih Idris sogar Vorstandsmitglied dieser Bank. Er ist in der britischen M.S. MANAGEMENT Ltd. zusammen mit Nasr-ul-Lah Khan (verwandt mit Nabella Khan, unter deren Leitung Casareen Retail International Ltd., Tochter der SBG, steht) auch Geschäftspartner von Muhammad al-Amoudi.

Khalid bin Mahfouz ist außerdem neben der BANK OF AMERICA (20 Prozent) einer der Hauptaktionäre (25 Prozent) der INTERNATIONAL BANK OF YEMEN (PO Box 2847, 106, Zubeiry Street, Sanaa). Die jemenitische Bank wird von Ahmad Qaid Barakat und Ali Lutf al-Thor geleitet. Die Familie bin Mahfouz besitzt auch eine Erschließungsgesellschaft in Saudi-Arabien, MAREI BIN MAHFOUZ AND AHMAD AL-AMOUDI CO.[148] (PO Box 2059, Jeddah), in der Muhammad Hussein al-Amoudi tätig ist.

An der Versicherungsgruppe RED SEA INSURANCE EC[149] (PO Box 5627, Jeddah 21432, Saudi-Arabien) sind sowohl die bin Mahfouz als auch die Barakat (Ahmad Qaid Barakat ist Präsident der International Bank of Yemen) beteiligt.

Muhammad Hussein al-Amoudi ist Vorstandsvorsitzender von AL-AMOUDI GROUP COMPANY LTD. in Saudi-Arabien (PO Box 13271, Jeddah 21493), einem der wichtigsten Mischkonzerne des Königreichs. Dessen Generaldirektor ist Ali bin Mussalam, der in die Affäre des Sawari-2-Rüstungsgeschäfts verwickelt war (siehe Teil 1 b). Muhammad Hussein al-Amoudi und Khalid bin Mahfouz sind außerdem beide Aktionäre von WORLD SPACE, einem Konsortium von Telefonbetreibern, das Satellitenkommunikation anbietet.[150]

Muhammad Hussein al-Amoudi gründete 1998 in Somalia die Arzneimittelfabrik PHARMACURE.[151]

Bevor das pharmazeutische Werk al-Shifa von Salih Idris übernommen wurde, gehörte es Bashir Hassan Bashir und Salim Baabood.[152] Bashir Hassan Bashir ist seit 1995 einer der Direktoren der Faisal Islamic Bank in Khartum, die von Prinz Muhammad al-Faisal al-Saud geleitet wird und indirekt Aktionär der al-Shamal Bank ist (siehe Punkt b).

Der Führungsspitze der Faisal Islamic Bank gehört auch Dafie-ul-Allah al-Hajj Youssef an, Präsident von RAINBOW FACTORIES LTD.[153] (PO Box 1768, Khartum, Sudan), dessen Hauptaktionäre Aziz Kfouri Sons Ltd. und Gabir Abou-l-Izz sind. Dieses Unternehmen ist auf Baumaterialien spezialisiert.

Dafie-ul-Allah al-Hajj Youssef leitet zusammen mit Khalil Osman Mahmoud auch die auf Textil-, chemische und landwirtschaftliche Produkte spezialisierte Firma GULF INTERNATIONAL[154] (PO Box 2316 und 1377, Khartum, Sudan), die Handelsvertretungen in Frankreich wie in Großbritannien besitzt. Im Vorstand ist Mahmoud Sid Ahmad Swar al-Dahab, der auch WORLDPRIME TRADING LTD.[155] (Woodham Road, Horsell Woking, Surrey, Großbritannien) leitet. Gabir Abou-l-Izz, Aktionär von Rainbow Factories Ltd., leitet GABIR AB-

249

UELIZZ CONTRACTING AND TRADING COMPANY LTD.[156] (PO Box 706, Khartum, Sudan).

Gulf International hat eine pharmazeutische Tochtergesellschaft, SUDANESE CHEMICAL INDUSTRIES LTD.[157] (PO Box 2178, Khartum, Sudan), deren Präsident und Hauptaktionär Joseph Iskander, der Bruder Safir Iskanders, ist. Letzterer ist ein Waffenhändler, der Ghayth Pharaon nahe steht.

Die Bank des Unternehmens ist die al-Shamal Islamic Bank (siehe Teil b). Joseph Iskander fungiert auch als Generaldirektor der Engineering- und Baugesellschaft AL-HAMRA ENGINEERING COMPANY WLL[158] (PO Box 768, Sharjah), deren Präsident Hanna Nicola Ayyoub ist und in der Yaaqub Youssef al-Hamad den Posten des Direktors bekleidet.

Das Unternehmen ist eine Tochter der AL-HAMRA GROUP OF COMPANIES (HAMENG HOLDINGS LTD.)[159] (PO Box 2048, Safat, 13021 Kuwait), deren Hauptaktionäre Hanna Nicola Ayyoub, Elias Shalhoub und Adnan al-Fulaidj sind.

Letzterer ist Ghayth Pharaons Teilhaber in der ATTOCK OIL COMPANY LTD.[160] (38, Grosvenor Gardens, London, Großbritannien), die auf Erdölerschließung und -raffination spezialisiert ist.

Faisal al-Fulaidj, Bruder von Adnan al-Fulaidj, war in der BCCI-Affäre bei der betrügerischen Übernahme der Financial General Bankshare der Partner Ghayth Pharaons. Auch Khalid bin Mahfouz wurde in den Vereinigten Staaten im Zusammenhang mit diesem Skandal unter Anklage gestellt.[161]

Ein weiterer Direktor der Faisal Islamic Bank, Salah Ahmad Omar Kambal, ist auch Präsident der am 2. März 1994 gegründeten NORSUD SERVICES SA,[162] einer Gesellschaft für Pharmazeutika und Finanzdienstleistungen an Dritte mit Sitz in Genf, 8, rue de l'Arquebuse. Der Schweizer Jost Vincenz Steinbruchel ist Vizepräsident und betreut unter der gleichen Adresse die Treuhandgesellschaft GRANITE TRUST SA.[163] Er ist auch Vizepräsident der britischen Wohnungsbaugesellschaft ECLODEC LTD.[164] (43, London Road, Kingston upon Thames in der Grafschaft Surrey).

Salim Baabood, der Partner von Bashir Hassan Bashir, verfügt über zahlreiche Kapitalanlagen in Oman, die von Said bin Salim al-Wahaibi kontrolliert werden. Er ist an AL-HAQ TRADING AND CONTRACTING COMPANY LLC[165] (PO Box 647, Salalah 211, Oman) und ASSARAIN INTERNATIONAL CONSTRUCTION COMPANY LLC[166] (PO Box 5910, Ruwi, Oman) beteiligt.

E. DUBAI ISLAMIC BANK

Mehreren Informationsquellen zufolge soll die CIA nachgewiesen haben, dass ein Teil der Finanzierung Osama bin Ladens von der DUBAI ISLAMIC BANK[167] (PO Box 1080, Dubai City, VAE) stammt.

Diese 1975 gegründete islamische Bank wird von Muhammad Khalfan bin Kharbash, dem heutigen Finanzminister der Vereinigten Arabischen Emirate, geleitet.

Die Bank ist Aktionär der BAHRAIN ISLAMIC BANK, der ISLAMI BANK BANGLADESH LTD.[168] und der TA-

DAMON ISLAMIC BANK.[169] Letztere ist wiederum Aktionär der AL-SHAMAL ISLAMIC BANK (siehe Teil 2b).

Zu den Aktionären der DUBAI ISLAMIC BANK zählen die Regierungen von Dubai (10 Prozent) und Kuwait (10 Prozent). DUBAI ISLAMIC BANK war mit einer Beteiligung von über 80 Millionen Dollar einer der Hauptaktionäre der BCCI. Die Bank war in mehrere Skandale verwickelt, insbesondere wegen Geldwäsche (242 Millionen Dollar) für Foutanga, genannt Babani Sissoko, einen malischen Milliardär.[170]

3) Osama bin Laden und islamistische karitative und humanitäre Einrichtungen

Saudi-Arabien hat ein weitläufiges Netz karitativer Einrichtungen und islamischer Hilfsorganisationen aufgebaut. Eine dieser Einrichtungen, die als Träger fungiert, die Internationale Islamische Hilfsorganisation, wurde in Jeddah gegründet und hat eine Außenstelle in Großbritannien.

Die INTERNATIONAL ISLAMIC RELIEF ORGANIZATION (IIRO)[171] in Oxford, 3, Worcester Street, wurde am 28. November 1985 gegründet und wird von dem Saudi-Araber Abdullah Salih al-Obeid geleitet. Die Einrichtung hat ihren Sitz unter der gleichen Adresse wie die International Development Foundation (IDF), die von Muhammad Salim bin Mahfouz und Muhammad Salih Affara gegründet wurde (siehe Teil 1 b).

Unter der gleichen Adresse in Großbritannien ist auch eine Hilfsorganisation namens OXFORD TRUST FOR ISLAMIC STUDIES[172] gemeldet, die von Farhan Ahmad Nizami, geboren am 25. Dezember 1956, indischer Staatsangehöriger, Khalid Alireza, geboren am 7. Juli 1948, saudi-arabischer Staatsangehöriger, und Pehin Abd-ul-Aziz Umar, geboren am 20. März 1936 in Brunei, geleitet wird.

Khalid Alireza besitzt Führungspositionen bei ABT GROUP (PO Box 2824, Jeddah, Saudi-Arabien), einer Bau- und Transportgesellschaft, bei XENEL INDUSTRIES LTD. (PO Box 2824, Jeddah, Saudi-Arabien) und bei SAUDI SERVICES AND OPERATING COMPANY LTD. (PO Box 753, Dhahran Airport 31932, Saudi-Arabien).

Islamic Relief hat mehrere Ableger in Europa, insbesondere in Frankreich, Deutschland, in der Schweiz, den Niederlanden und in Schweden. Nach Informationen der CIA soll sich Osama bin Laden das Netz der IIRO im Rahmen seiner Aktionen «zunutze gemacht» haben.

Vor dem gleichen Hintergrund rief Abd-ul-Aziz al-Ibrahim, der durch seine Ehefrau Mounayyir mit König Fahd verschwägert ist, in den neunziger Jahren eine Stiftung ins Leben, die offiziell als humanitäre Hilfsorganisation fungierte.

Der kenianische Zweig der Organisation in Nairobi, die IBRAHIM BIN ABD-UL-AZIZ AL-IBRAHIM FOUNDATION[173] (PO Box 742499, Eldama Ravine Garden, Nairobi, Kenia), wurde jedoch im Rahmen der Ermittlungen des FBI zu den Attentaten am 7. August 1998 in Nairobi und Daressalam mit dem Umfeld Osama bin Ladens in Verbindung gebracht.

Das kenianische Büro der Organisation wurde im September 1998 von den Staatsbehörden geschlossen, nachdem an ihrem Sitz Dokumente beschlagnahmt worden waren, die geheime Absprachen bezüglich der Aktionen Osama bin Ladens belegten. Die Stiftung wurde größtenteils von der Familie al-Ibrahim und verschiedenen saudiarabischen Unternehmen finanziert.

Die Brüder Abd-ul-Aziz und Walid al-Ibrahim nahmen im Maghreb, in Afrika und in den Vereinigten Staaten umfangreiche Investitionen im Immobiliensektor vor.

1993 kauften sie den ersten Anbieter für arabisches Satellitenfernsehen auf, die MIDDLE EAST BROADCASTING

CORP. (MBC), die 1988 von Salih Abdullah Kamil gegründet worden war. Das Netz ist auch Eigentümer der Agentur UNITED PRESS INTERNATIONAL (UPI).

Salih Abdullah Kamil, 1941 in Makkah (Saudi-Arabien) geboren, Sohn Abdullah Kamils und Fatma Nagros, verheiratet mit Mayda M. Nazer, hat in der King Saud University in Riad Betriebswirtschaft studiert und war als Berater des saudi-arabischen Finanzministers tätig.

Er ist Aktionär und leitender Direktor der AL-BARAKA ISLAMIC INVESTMENT BANK BSC in Bahrain (PO Box 1882, al-Hedaya Building 1, Government Rd., Manama), die nur in Pakistan eine Auslandsniederlassung hat, wo sie Zweigstellen in Faisalabad, Islamabad, Karatchi und Lahore besitzt.

Salih Kamil war außerdem 1986 Präsident der AL-BARAKA BANK – SUDAN und Aktionär der SUDANESE ISLAMIC BANK,[174] einer Tochter der FAISAL ISLAMIC BANK OF EGYPT SAE,[175] der TADAMON ISLAMIC BANK (siehe Teil 2b) und der ISLAMIC WEST SUDAN BANK.

Darüber hinaus war er Mitglied im Vorstand der NATIONAL DEVELOPMENT BANK im Sudan. Schließlich ist er auch einer der Gründer der FAISAL ISLAMIC BANK – SUDAN (siehe Teil 2b) und der ARAB INVESTMENT CO.[176]

Salih Abdullah Kamil gründete 1969 die DALLAH AL-BARAKA GROUP und wurde innerhalb kurzer Zeit zu einem der wichtigsten Förderer eines islamischen Banken- und Finanzsystems, das es mit den großen westlichen Einrichtungen aufnehmen konnte und das die religiösen wie politischen Ambitionen des Königreichs in der ganzen Welt unterstützte.

Gleichzeitig gründete er mehrere islamische Wohltätigkeitsorganisationen mit kulturellen und sozialen Aufgaben. Das persönliche Vermögen Salih Abdullah Kamils wurde 1999 auf 3,5 Milliarden Dollar geschätzt.

In seiner Eigenschaft als Hauptaktionär der AL-BARAKA ISLAMIC INVESTMENT BANK in Bahrain leitet Salih Abdullah Kamil verschiedene Banken, deren Aktivitäten vor kurzem in Ermittlungen zu betrügerischen und terroristischen Finanznetzen einbezogen wurden.

Salih Kamil ist seit 1986 Präsident der AL-BARAKA BANK – SUDAN und Hauptaktionär der SUDANESE ISLAMIC BANK, Tochter der FAISAL ISLAMIC BANK OF EGYPT SAE, der TADAMON ISLAMIC BANK und der ISLAMIC WEST SUDAN BANK. Er ist auch Mitglied im Vorstand der NATIONAL DEVELOPMENT BANK im Sudan und einer der Gründer der FAISAL ISLAMIC BANK – SUDAN.

TADAMON ISLAMIC BANK ist seit 1991 Aktionär der AL-SHAMMAH ISLAMIC BANK im Sudan, die von den US-Behörden als eine der wichtigsten Investitions- und Finanzierungseinrichtungen der islamistischen und terroristischen Netze Osama bin Ladens ab 1991 – als Letzterer sich im Sudan niederließ – genannt wurde (siehe Teil 2b).[177]

Anfang 1999 wurde von verschiedenen Seiten die finanzielle und logistische Unterstützung angeführt, die Osama bin Laden der Terroristenorganisation Moro Islamic Liberation Front (MILF) auf den Philippinen gewährt haben soll. Diesen Informationen zufolge soll die Finanzierung dieser Organisation über eine in Jeddah in Saudi-Arabien ansässige wohltätige Einrichtung, die IKH-WAN AL-ISLIMIN, erfolgt sein.

Diese Einrichtung wird von Ustadz Muslimen geleitet, der im Oktober 1998 die Einreise des Geschäftsmanns Hussein Mustafa auf die Philippinen erleichtert haben soll. Letzterer ist wiederum Teilhaber Muhammad Djamal Khalifas, des Schwagers Osama bin Ladens.

Osama bin Laden war jahrelang ein treuer Gefolgsmann des inzwischen verstorbenen Scheichs Abdullah Azzam,[178] der insbesondere den Verlag AZZAM PUBLICATIONS (BCM Uhud, 27, Old Gloucester Street, London, Großbritannien) leitete.

Er gab eine Biographie Osama bin Ladens sowie verschiedene Bücher heraus, in denen Waffengewalt offen gerechtfertigt wird. Einige Scheich Abdullah Azzam nahe stehende Personen bauten ab Mitte der achtziger Jahre ähnliche Unternehmen in Großbritannien auf. Azzam Publications hat auch eine Website, in der Waffengewalt verherrlicht wird. Sie wurde von einem Karim D. angemeldet.

Die von Azzams Gefolgsleuten gegründeten Unternehmen sind ISLAMIC WORLD REPORT LTD. (Salisbury House, Station Road, Cambridge, Großbritannien), LONDON INTERNATIONAL ISLAMIC AND MIDDLE EASTERN BOOK (gleiche Adresse) und HOOD HOOD BOOKS LTD. (29, Bolingbroke Grove, London, Großbritannien).

Die bestehenden Einrichtungen werden von Abd-ul-Rahman Azzam, geboren am 20. April 1963, britische Staatsangehörigkeit, Mona Azzam, geboren am 13. November 1964, britische Staatsangehörigkeit, und Dalya Salam Rishani, geboren am 14. April 1967, libanesische Staatsangehörigkeit, geleitet.

1
SICO – Offshore-Unternehmen und London

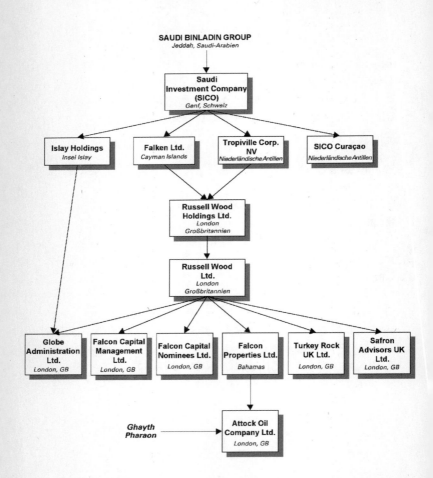

2
Nachgewiesene Investitionen von Osama bin Laden

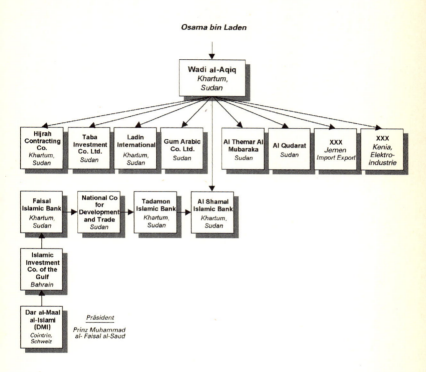

3
Familie bin Laden

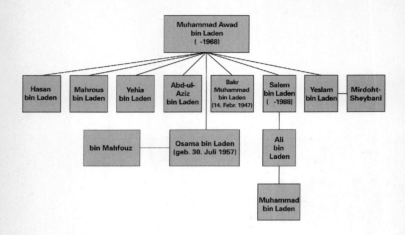

4
Familie bin Mahfouz

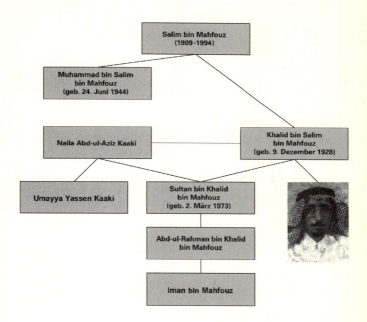

5
Direkte Verbindungen zwischen Osama bin Laden – Khalid bin Mahfouz

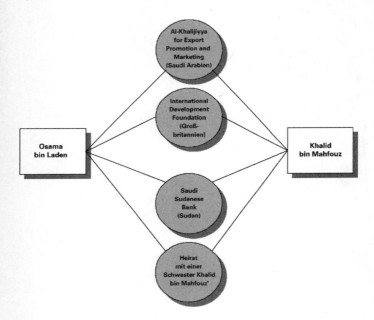

6
Das Netzwerk der BCCI

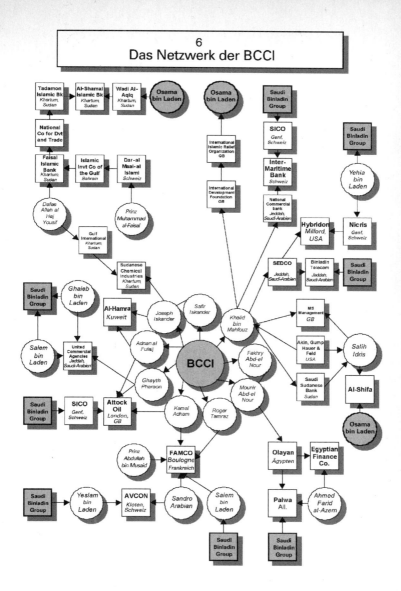

1 Quelle: IAC Company Intelligence, 1997; Saudi Binladin Group.

2 Quelle: «US Raids», *Middle East Economic Digest,* 4. September 1998.

3 Quelle: Deklassifizierte Mitteilung der CIA über Osama bin Laden (nicht datiert), siehe Anhang.

4 Quelle: «Bin Ladin family distances itself from Osama», *APS Diplomat Recorder,* 5. März 1994.

5 Quelle: ICC Directors, 1998.

6 Quelle: ICC Directory of UK Companies, 1997; ICC Directors, 1998.

7 Quelle: IAC Company Intelligence, 1997.

8 Quelle: IAC Company Intelligence, 1997.

9 Quelle: IAC Company Intelligence, 1997.

10 Quelle: IAC Company Intelligence, 1997.

11 Quelle: ICC Directory of UK Companies, 1998; ICC Directors, 1998.

12 Quelle: ICC Directors, 1998.

13 Quelle: ICC Directors, 1998.

14 Quelle: ICC Financial Analysis Reports, 1996.

15 Quelle: Geschäftsstelle des Handelsgerichts in Paris, 1998.

16 Quelle: ICC Directory of UK Companies, 1998; ICC Directors, 1998.

17 Quelle: Geschäftsstelle des Handelsgerichts in Paris, 1998.

18 Quelle: «The state of the arab nation», *Mideast Mirror,* 17. Mai 1994.

19 Quelle: ICC Financial Analysis Reports, 1998.

20 Quelle: Geschäftsstelle des Handelsgerichts in Paris, 1998.

21 Quelle: Creditreform Swiss Companies, 1999.

22 Quelle: Creditreform German Companies, 1999.

23 Quelle: MASAI, 1998.

24 Quelle: Creditreform German Companies, 1999.

25 Quelle: ICC Directors, 1998.

26 Quelle: IAC Company Intelligence, 1997.

27 Quelle: ICC Directors, 1998.

28 Quelle: IAC Company Intelligence, 1997.

29 Quelle: «South Africa's pariah cost to get oil likely higher due to gulf crisis», *Platt's Oilgram News,* 12. September 1990.

30 Quelle: «Inquiry hears fund MD horrified by bribe he did not report», *Africa News,* 23. Juni 1998; «South Africa: New order follows the bad old ways», *Africa News,* 12. Dezember 1997.

31 Quelle: «Sheik Down», *Time,* 21. März 1983.

32 Quelle: «The BCCI Affair», Report to the Committee on Foreign Relations, United States Senate, Senator John Kerry and Senator Hank Brown, December 1992 – 102d Congress 2d Session Senate Print 102–140.

33 Quelle: Creditreform Swiss Companies, 1999; *The Bankers Almanach,* 1999.

34 Quelle: ICC Directory of UK Companies, 1999.

35 Quelle: Association of Banks in Lebanon, database, 1999.

36 Quelle: Creditreform Swiss Companies, 1999.

37 Quelle: International Professional Biographies, Martindale-Hubbell Law Directory 1999.

38 Quelle: Jahresbericht 1993; IAC Company Intelligence, 1997.

39 Quelle: IAC Company Intelligence, 1997.

40 Quelle: Jahresberichte 1992 und 1993; IAC Company Intelligence, 1997; *Investment Dealers Digest,* 1998.

41 Quelle: Worldscope, 1999; Extel Cards Database, 1996; ICC Financial Analysis Reports, 1998; ICC Directors, 1998.

42 Quelle: US Securities and Exchange Commission, form S1, 23. Dezember 1998; form SC13E4, 6. Februar 1998.

43 Quelle: Geschäftsstelle des Handelsgerichts in Paris, 1999; ICC Directors 1998.

44 «The BCCI Affair», Report to the Commitee on Foreign Relations, United States Senate, Senator John Kerry and Senator Hank Brown, December 1992 – 102d Congress 2d Session Senate Print 102–140.

45 Quelle: IAC Company Intelligence, 1997.

46 Quelle: IAC Company Intelligence, 1997.

47 Quelle: IAC Company Intelligence, 1997.

48 Quelle: ICC Directors, 1998; ICC Directory of UK Companies, 1998.

49 Quelle: «On trail of Ali Bin Mussalam», *Intelligence Newsletter,* 15. Oktober 1998; «Complaint details secret swiss bank accounts», *Associated Press,* 1. März 1985.

50 Quelle: ICC Directors, 1998; ICC Financial Analysis Reports, 1997.

51 Quelle: ICC Directors, 1998.

52 Quelle: ICC Financial Analysis Reports, 1997.

53 Quelle: *The Bankers Almanach,* 1999.

54 Quelle: Bank of Credit and Commerce International SA, ICC Directors, 1998.

55 Quelle: *Who's who in international banking,* 1997.

56 Quelle: «Billionaires», *Forbes,* 5. Juli 1999 und 28. Juli 1997.

57 Quelle: ICC Directors, 1998; «The BCCI Affair», Report to the Committee on Foreign Relations, United States Senate, Senator John Kerry and Senator Hank Brown, December 1992 – 102d Congress 2d Session Senate Print 102–140.

58 Quelle: «A rich man whose reputation was on the rocks», *The Irish Times,* 4. Oktober 1997.

59 Quelle: Manhattan District Attorney, 2. Juli 1992.

60 Quelle: «NCB net profit edges up in 1998», *Middle East Economic Digest,* 9. Juli 1999; «NCB names twenty owners under new arrangement», *Moneyclips,* 18. Juni 1997; «NCB moves towards public ownership», *Financial Times,* 5. Mai 1997.

61 Quelle: «State ousts Bin Mahfouz from NCB», *Middle East Economic Digest,* 11. Juni 1999; «Africa, Middle East», *Forbes,* 5. Juli 1999.

62 Quelle: Arab Bankers Association of North America, 2000.

63 Quelle: *The Bankers Almanach,* 1999.

64 Quelle: ICC Directors, 1999; «Saudi Aramco-Nimir Petroleum Company Limited», *APS Review Downstream Trends,* 24. November 1997.

65 Quelle: *The Bankers Almanach,* 1999.

66 Quelle: ICC Directors, 1998.

67 Quelle: ICC Directors, 1998.

68 Quelle: «Bin Mahfouz family», *Forbes,* 25. Juli 1988.

69 Quelle: «Bin Mahfouz family», *Forbes,* 25. Juli 1988.

70 Quelle: *The Bankers Almanach,* 1999.

71 Quelle: IAC Company Intelligence, 1997.

72 Quelle: IAC Company Intelligence, 1997.

73 Quelle: MECG, 1999.

74 Quelle: «Dubai group invests in lebanese bank», *Middle East Economic Digest,* 13. Februar 1998.

75 Quelle: IAC Company Intelligence, 1997.

76 Quelle: Prime Commercial Bank, 1999; *The Bankers Almanach,* 1999.

77 Quelle: *The Bankers Almanach,* 1999.

78 Quelle: IAC Company Intelligence, 1997.

79 Quelle: «PSA takes equity stake in Aden terminal project», *Business Times Singapore,* 22. Oktober 1997.

80 Quelle: «Family firms start to share their riches», *Middle East Economic Digest,* 31. Juli 1998.

81 Quelle: IAC Company Intelligence, 1997.

82 Quelle: IAC Company Intelligence, 1997.

83 Quelle: IAC Company Intelligence, 1997.

84 Quelle: IAC Company Intelligence, 1997.

85 Quelle: IAC Company Intelligence, 1997,

86 Quelle: IAC Company Intelligence, 1997.

87 Quelle: *The Bankers Almanach,* 1999.

88 Quelle: ICC Directors, 1999.

89 Quelle: Standard & Poor, 1999; SEC filings.

90 Quelle: ICC Directors, 1999.

91 Quelle: *The Bankers Almanach,* 1999; IAC Company Intelligence, 1997.

92 Quelle: James Woolsey hearing, US Counterterrorism strategy, Senate Judiciary Committee, US Senate, 3. September 1998.

93 Quelle: Mergers & Acquisitions Database, 3. Dezember 1987; SEC Document 13D – Amendment n° 1, 3. Dezember 1987.

94 Quelle: Directory of Corporate Affiliations, National register, 1999; S&P Daily News, 2. November 1993; Reuters, 6. Dezember 1991.

95 Quelle: MEPC, 1999.

96 Quelle: «Feds investigate entrepreneur allegedly tied to Saudis», *The Houston Chronicle,* 4. Juni 1992.

97 Quelle: ICC Directors, 1999.

98 Quelle: ICC Directors of UK Companies, 1999.

99 Quelle: ICC Directors, 1999.

100 Quelle: Hybridon Inc. Press release, 21. Dezember 1999.

101 Quelle: Creditreform Swiss Companies, 1999.

102 Quelle: Creditreform Swiss Companies, 1999, «One stop service center for private planes expand to Gulf», *Moneyclips*, 8. Dezember 1994.

103 Quelle: Creditreform Swiss Companies, 1999.

104 Quelle: Creditreform Swiss Companies, 1999.

105 Quelle: Creditreform Swiss Companies, 1999.

106 Quelle: Creditreform Swiss Companies, 1999.

107 Quelle: Creditreform Swiss Companies, 1999.

108 Quelle: Creditreform Swiss Companies, 1999.

109 Quelle: Creditreform Swiss Companies, 1999.

110 Quelle: Creditreforin Swiss Companies, 1999.

111 Quelle: Creditreform Swiss Companies, 1999.

112 Quelle: Creditreform Swiss Companies, 1999.

113 Quelle: Creditreform Swiss Companies, 1999.

114 Quelle: Geschäftsstelle des Handelsgerichts in Paris, 1999.

115 Quelle: Geschäftsstelle des Handelsgerichts in Paris, 1999.

116 Quelle: Geschäftsstelle des Handelsgerichts in Paris, 1999.

117 Quelle: Geschäftsstelle des Handelsgerichts in Paris, 1999.

118 Quelle: Geschäftsstelle des Handelsgerichts in Paris, 1999.

119 Quelle: Geschäftsstelle des Handelsgerichts in Paris, 1999.

120 Quelle: «Arab investor cites Kaiser's expertise», *New York Times*, 26. März 1981.

121 Quelle: ICC Financial Analysis Reports, 1998.

122 Quelle: ICC Financial Analysis Reports, 1998; ICC Directors, 1998.

123 Quelle: ICC Financial Analysis Reports, 1997; ICC Directors, 1998.

124 Quelle: ICC Directory of UK Companies, 1998; ICC Directors, 1998.

125 Quelle: «No link between firm and Osama», *New Straits Times Malaysia*, 17. Dezember 1998.

126 Quelle: ICC Financial Analysis Reports, 1998; ICC Directors, 1998.

127 Quelle: ICC Directors, 1998.

128 Quelle: ICC Directory of UK Companies, 1998; ICC Directors, 1998.

129 Quelle: ICC Directory of UK Companies, 1998; ICC Directors, 1998.

130 Quelle: ICC Directory of UK Companies, 1997; ICC Directors, 1998.

131 Quelle: ICC Directory of UK Companies, 1998; ICC Directors, 1998.

132 Quelle: US Grand Jury Indictment (USA v. Usama Bin laden), S 2 98 Cr. 1023, point 10d, 5. November 1998; «Bin Ladin reportedly severed financial ties with Sudan, Saudi Arabia», *BBC Summary of World Broadcast,* 25. August 1998.

133 Quelle: *African Economic Digest,* 29. August 1994.

134 Quelle: US Grand Jury Indictment (USA v. Usama Bin laden), S 2 98 Cr. 1023, point 10d, 5. November 1998; «A global, pan-islamic network», *The Washington Post,* 23. August 1998.

135 Quelle: *The Bankers Almanach,* 1998.

136 Bin Laden trial transcript, US District Court, Southern District of New York 05/01.

137 Quelle: IAC Company Intelligence, 1997; *The Bankers Almanach,* 1998.

138 Quelle: *The Bankers Almanach*, 1999.

139 Quelle: IAC Company Intelligence, 1997.

140 Quelle: Creditreform Swiss Companies, 1999.

141 Quelle: IAC Company Intelligence, 1997.

142 Quelle: ABC for Commerce and Industry, 1997.

143 Quelle: Wer liefert was, 1998.

144 Quelle: Hoppenstedt Companies and Executives in Austria, 1998.

145 Quelle: ICC Directors, 1998.

146 Quelle: *The Bankers Almanach*, 1999.

147 Quelle: *Who's Who in International Banking*, 1997.

148 Quelle: IAC Company Intelligence, 1997.

149 Quelle: IAC Company Intelligence, 1997.

150 Quelle: «Worldspace reveals identity of investors», *Space Business News*, 3. Februar 1999.

151 Quelle: *Africa News*, 5. Juni 1998.

152 Quelle: «Many in Sudan dispute plant's tie with bomber», *Washington Post*, 22. Oktober 1998; «Sudan invites UN to inspect factory», *The Independent*, 24. August 1998; «A case of mistaken identity»,

The Economist, 29. August 1998; Interview mit Tom Carnaffin, dem technischen Leiter der al-Shifa-Fabrik, World Socialist Web Site, 12. September 1998; «Embassy bombing suspects charged in US», *World New Digest*, 3. September 1998.

153 Quelle: IAC Company Intelligence, 1997.

154 Quelle: IAC Company Intelligence, 1997.

155 Quelle: ICC Directors, 1998; ICC Financial Analysis Reports, 1997.

156 Quelle: IAC Company Intelligence, 1997.

157 Quelle: IAC Company Intelligence, 1997.

158 Quelle: IAC Company Intelligence, 1997.

159 Quelle: IAC Company Intelligence, 1997.

160 Quelle: IAC Company Intelligence, 1997.

161 Quelle: AFP, 19. Mai 1995.

162 Quelle: Creditreform Swiss Companies, 1999.

163 Quelle: Creditreform Swiss Companies, 1999.

164 Quelle: ICC Financial Analysis Reports, 1997.

165 Quelle: IAC Company Intelligence, 1997.

166 Quelle: IAC Company Intelligence, 1997.

167 Quelle: *The Bankers Almanach*, 1999; IAC Company Intelligence, 1997.

168 Quelle: *The Bankers Almanach*, 1999.

169 Quelle: *The Bankers Almanach*, 1999.

170 Quelle: «Dubai bank withstands BCCI collapse», UPI, 3. Juni 1996; «Closing in on Baba», *Miami New Times*, 8. April 1999; «Islamic bank rocked by allegations of massive fraud», *AFP*, 30. März 1998; «BCCI payout, islamic bank dividend tied», *UPI*, 19. Mai 1996; «BCCI deal buys UA E stocks», *Inter Press Service*, 6. Februar 1995; «Arab banks objections may put BCCI deal in jeopardy», *Financial Times*, 6. Mai 1992; «Baba's big bucks», *Miami New Times*, 30. Juli 1998; «Nouvelle affaire de fraude dans une banque des Emirats», *AFP*, 30. März 1998.

171 Quelle: ICC Financial Analysis Reports, 1998; ICC Directors, 1998; ICC Directory of UK Companies, 1998.

172 Quelle: ICC Directors, 1998.

173 Quelle: *Africa Online*, 1998.

174 Quelle: *The Bankers Almanach*, 1999.

175 Quelle: *The Bankers Almanach*, 1999.

176 Quelle: *The Complete marquis Who's who*, 1986.

177 Quelle: US State Department Factsheet 08/96; Congressional Research Service Issue Brief 27/08/98.

178 Quelle: deklassifizierte Mitteilung der CIA über Osama bin Laden (nicht datiert), siehe Anhang V.